Jón Svensson   Nonni

Jón Svensson

NONNI

*Erlebnisse
eines jungen Isländers
von ihm selbst
erzählt*

Herder Freiburg · Basel · Wien

Erste Auflage 1913
Neuausgaben 1932, 1952, 1960
Internationale Gesamtauflage
1 Million Exemplare

Neuausgabe
© Verlag Herder Freiburg im Breisgau 1979

3. Auflage

Einband und Illustrationen: Walter Grieder
Alle Rechte vorbehalten – Printed in Germany
Herstellung: Freiburger Graphische Betriebe 1983
ISBN 3-451-17958-X

Inhalt

1. Eine große Überraschung

Der 31. Juli 1870 war für mich ein großer Tag. Er sollte mir die größte Überraschung bringen, die ich je erlebt habe.

Es war in der friedlichen kleinen Stadt Akureyri am Eyjafjördur in Nord-Island.

Das Wetter war bezaubernd schön. Die ganze Stadt war wie gebadet in leuchtendem Sonnenschein.

Draußen auf der Reede, der Stadt gerade gegenüber, lag eine Menge fremder Schiffe vor Anker, vor allem dänische, norwegische, englische und französische.

Das Meer, das sich bis zu den Häuserreihen hinzog, war seltsam ruhig und still und sah aus wie eine leuchtende Mischung von geschmolzenem Gold und Silber. Es schien soviel wie immer möglich von all der Schönheit der Natur ringsum in sich hineinsaugen zu wollen.

Die Jugend des Städtchens hatte sich schon lange ins Freie hinauslocken lassen. Denn Sonne, Wärme und Licht flossen da draußen zusammen zu einem unbeschreiblichen goldenen Schimmer, der alles umgab und durchdrang, Land und Meer und Himmel, und auch der Menschen Herz.

Ich spielte mitten in all dieser Herrlichkeit unten am Strande eifrig mit meinen Freunden unmittelbar vor unserem Haus, dem sogenannten „Paulshaus", einem schwarzweißen Holz-

7

bau, der sich neben dem freundlichen Kirchlein des Städtchens erhob.

Plötzlich bemerkte ich meine Schwester Bogga, die schnell auf uns zukommt. Sie tritt nahe an mich heran, nimmt mich am Arm und flüstert mir ganz geheimnisvoll ins Ohr:

„Nonni, Mutter sagt, du sollst gleich zu ihr hineinkommen. Sie hat dir etwas zu sagen."

Nonni wurde ich meistens gerufen. Mit meinem eigentlichen Namen Jón wurde ich nur bei feierlichen Anlässen und von Fremden genannt.

Im ersten Augenblick fuhr ich zusammen. Ich dachte, da ist etwas nicht ganz geheuer. Es mußte wohl etwas vorgefallen sein.

Was mochte es wohl sein? Mir wurde etwas bange.

Ich war eben zwölf Jahre alt, also in dem Alter, wo man allerlei tolle Streiche ausführt.

Habe ich wieder etwas verkehrt gemacht? Das war mein erster Gedanke.

Ich überlegte: Hatte ich vielleicht ohne Erlaubnis vom Zucker genascht? Oder war ich an den Kuchen gegangen? Oder hatte ich etwa meinen kleinen Bruder Manni geschlagen?

Richtig – ganz gewiß –, das war's. Gerade das hatte ich getan! Und das eben heute vormittag.

Ach wie dumm! Er hat sicher bei der Mutter geklagt, und nun sollte ich dafür büßen.

Mein kleiner Bruder spielte da drüben, zusammen mit den kleineren Kindern.

Ich lief zu ihm hin.

„Hör mal, Manni, tut es dir noch weh?"

Manni sah etwas erstaunt auf.

„Nicht wahr, Manni, du weißt ja, wie ich dazu kam – so –, ohne daß ich daran dachte. – Ja, nicht wahr, ich stieß dich etwas hart heute morgen. Spürst du noch was?"

Manni tastete nach dem Rücken.

„Nein, ich spüre nichts mehr."

„Aber, Manni, was sagte die Mutter, als du es ihr erzähltest? Du hast ihr bestimmt etwas gesagt?"

„Nein, Nonni, ich habe ihr nichts gesagt. – Wenigstens bis jetzt noch nicht", fügte er zögernd hinzu.

8

„Oh, das war nett von dir. – Morgen hole ich dir Heidelbeeren. Und nicht wahr, so brauchst du ja der Mutter nichts mehr davon zu sagen?"

„Nein, das glaube ich auch nicht."

Ich atmete erleichtert auf. *Ein* Stein war nun wenigstens von meinem Gewissen gewälzt.

Jetzt lief ich zu Bogga zurück und fragte:

„Bogga, weißt du, was die Mutter mir eigentlich sagen will?"

Bogga setzte eine sonderbar ernste Miene auf, die mich nicht gerade beruhigte.

„Nonni", sagte sie, „geh nur schnell hinein. Die Mutter will es dir selbst sagen."

„Ist es etwas Schlimmes, Bogga? Sag es mir doch."

„Ich darf dir nichts sagen. Es ist etwas sehr, sehr Wichtiges. Ja, etwas *ganz außerordentlich Wichtiges.* – Aber nun geh gleich zur Mutter."

Oh, diese böse Bogga!

„Du guter Gott, was mag das wohl sein!" So sprach ich zu mir selbst, während ich langsam auf unser Haus zuging.

Mindestens zwei bis drei Minuten blieb ich draußen vor der Tür stehen, bis ich sie zu öffnen wagte. Ich war beinahe sicher, daß ich etwas ganz außerordentlich Schlimmes angestellt hätte.

Die Mutter war sehr gut zu uns; doch sie wachte auch sorgfältig über unser Betragen, besonders seit dem Tode unseres Vaters. Er war im verflossenen Jahr gestorben, und seitdem unterließ sie es nicht, uns streng zu strafen, sooft wir es verdient hatten. Trotz ihrer Strenge sorgte sie sich liebevoll um uns.

Endlich öffnete ich die Tür und ging in die Stube.

Die Mutter saß da und nähte.

Sie schaute mich an, und es kam mir vor, als wenn sie mich länger als sonst von oben bis unten betrachtete. Es schien mir, daß sie mir etwas Außergewöhnliches sagen wollte.

Ich ging ans Fenster und wartete mit klopfendem Herzen, was da kommen werde.

Es vergingen einige Augenblicke.

Endlich sagte sie ganz leise mit merkwürdig bebender Stimme: „Nonni, nimm den Stuhl da, und setz dich zu mir her."

Ich folgte, ohne ein Wort zu sagen.

9

In einem scheinbar gleichgültigen Tone sprach sie weiter: „Sag mal, Nonni, gehst du gern in die Schule?"

„In die Schule? – Ja, Mutter, es gefällt mir ganz gut dort – so für gewöhnlich; aber zuweilen kommt es mir sehr langweilig vor."

„Wirklich, Nonni? Gehst du nicht gern in die Schule?"

„Ja, weißt du, Mutter, wenn der Lehrer lustig ist, dann gefällt es mir in der Schule sehr gut."

„Was meinst du damit: ‚Wenn der Lehrer lustig ist'?"

„Ich meine, wenn er schöne Geschichten erzählt. Das habe ich am liebsten. Und da, glaube ich, lerne ich am meisten."

Ich merkte, daß die Mutter nicht ganz zufrieden war mit dem, was ich gesagt hatte, und dachte nun selbst, es sei dumm von mir gewesen, so zu sprechen. Deshalb fügte ich schnell hinzu: „Ich halte sonst viel vom Lesen; aber ich kann bloß nicht leiden, daß man jedesmal Strafe bekommt, wenn man seine Aufgabe nicht kann."

„Das begreife ich gut, mein Junge. Aber du sagtest doch, du möchtest gern etwas lernen?"

„O ja, Mutter, wenn man nur nicht den ganzen Tag lernen müßte. Ich habe so große Freude am Spielen."

„Hättest du nicht Lust, Nonni, ganz ernsthaft zu lernen? Ich meine studieren und an eine höhere Schule, an ein Gymnasium gehen? Denk mal darüber nach."

Nun bekam ich aber Herzklopfen. Aber wirklich, im Ernst. Studieren! An eine höhere Schule gehen! An ein Gymnasium! Das war wirklich etwas ganz Neues.

Jetzt merkte ich, daß Bogga recht hatte, als sie sagte, das, worüber die Mutter mit mir reden wolle, sei etwas sehr Wichtiges, ja etwas *ganz außerordentlich Wichtiges*.

Eine höhere Schule! – Aber es gab nur *eine* höhere Schule auf ganz Island; das war die in Reykjavik. Reykjavik lag aber auf der anderen Seite der Insel, in einer Entfernung von mehreren hundert Kilometern.

Sollte es wirklich sein, daß ich so weit fortgeschickt würde? Bis nach Reykjavik! In die höhere Schule dort!

Ich war so betroffen, daß ich nichts zu sagen wußte.

Die Mutter sah mich lächelnd an und sagte: „Nun, Nonni, was

denkst du davon? Möchtest du studieren und ein gelehrter Mann werden?"

„Mutter, das möchte ich wirklich sehr gern. – Aber dann müßte ich ja bis nach Reykjavik reisen!"

„Und wenn dir angeboten würde", die Mutter sprach die Worte langsam, „wenn dir angeboten würde, noch weiter zu reisen als nach Reykjavik, was würdest du dann wohl sagen?"

Ich schaute die Mutter mit großen Augen an.

Noch weiter als nach Reykjavik? – Aber, lieber Himmel, das hieße ja, ins Ausland! In die weite, große Welt, an deren äußerster Grenze mein Vaterland, Island, lag? Ja, von der es getrennt war durch den Atlantischen Ozean, Hunderte von Meilen entfernt!

Die große Welt! Dänemark, Norwegen, Schweden, England, Deutschland – weiter wagten meine kühnsten Gedanken sich nicht.

Eine höhere Schule im Ausland! – Aber da konnte doch eigentlich nur die Rede sein von einer Schule in Dänemark, dem Lande, mit dem wir ja in engerer Verbindung standen.

„Mutter, soll ich wirklich daran denken, nach Dänemark zu reisen, und dort eine höhere Schule besuchen?"

„Nein, mein Kind, es handelt sich nicht um Dänemark. Es handelt sich um ein Land, das noch viel weiter entfernt liegt. Es ist eines jener großen Länder im Süden, wo die Sonne viel stärker leuchtet und brennt als bei uns; wo alles wächst und blüht in einer Üppigkeit und Frische, von der wir uns kaum eine Vorstellung machen können; wo es kaum einen Winter gibt, wo fast immer der wärmste Sommer herrscht oder Frühjahr und Herbst; wo die Bäume sich beugen unter der Last der köstlichen Früchte: Feigen, Apfelsinen, Pfirsiche, Weintrauben und viele andere, deren Namen du nicht einmal kennst.

Überleg mal, Nonni, hast du Lust, in ein solches Land zu reisen? Nicht aber, um das Leben zu genießen in all diesen Herrlichkeiten, sondern um etwas zu lernen, Jahr um Jahr fleißig zu studieren, ein tüchtiger Mann zu werden und dann wieder heimzukehren als Arzt oder Jurist oder Schriftsteller oder zu irgendeiner anderen Stellung, die du dann selber wählen kannst.

Was denkst du von dem Plan? Hast du Lust zu dieser großen Reise? – Antworte mir nicht gleich. Überleg es dir gut."
Mir wurde beinahe schwindlig.
Ich lehnte mich zurück und versuchte nachzudenken.
Wirr schossen mir die Gedanken durch den Kopf.
Verlassen meine liebe Mutter, das Liebste, was ich auf der Welt hatte, meine guten Geschwister, Manni und Bogga, alle meine Freunde und Bekannten, mein Vaterland, und das vielleicht für immer!
Denn daß ich je wieder zurückkehren würde nach einer so langen Studienzeit, das war mir doch sehr ungewiß.
War es nicht gerade so, als sollte ich mit der Wurzel ausgerissen und in einen neuen Boden, in eine neue Welt eingepflanzt werden?
Ja, es war fast so, als müßte ich sterben und dann neu geboren werden und das Leben von neuem anfangen in einem fernen, unbekannten Land.
Es kam mir vor, als stürzte ich mich in einen gähnenden, bodenlosen Abgrund!
Ich schreckte davor zurück.
Und doch von der anderen Seite, welch lockende Aussicht!
Eine Reise in die weite Welt, ein langer Aufenthalt in einem der schönsten Länder des Südens! Oh, wie herrlich!
Ich hatte schon immer eine unwiderstehliche Sehnsucht gefühlt, hinauszuwandern, weit, weit weg.
Schon oft hatte ich den Entschluß gefaßt, nach dem Beispiel meiner Vorväter, der alten Normannen, das Vaterland zu verlassen und rund um die Welt zu reisen, die Sitten und Gebräuche anderer Völker kennenzulernen.
Und nun kommt plötzlich ein geheimnisvolles Angebot, das es mir möglich macht, diesen Plan auszuführen, ihn auszuführen auf die beste Weise, die ich mir denken konnte. –
Ja, ich muß reisen, je eher, desto lieber! Es ist doch allzu schön; es ist eine Gelegenheit, die mir kaum je wieder geboten wird.
Ich muß mit beiden Händen zugreifen.
Jetzt unterbrach ich das Stillschweigen, und in der Meinung, lange genug überlegt zu haben, sagte ich mit Bestimmtheit: „Ja, Mutter, ich möchte gern reisen, gern studieren.

12

Aber um welches Land handelt es sich, Mutter? Und wer ist es, der uns dieses Angebot macht?"

„Ich ahnte es, mein lieber Nonni, daß du Lust dazu hättest. Gleich werde ich dir erzählen, wie das alles zusammenhängt. Aber sag mir nun erst: Kannst du das betreffende Land nicht selbst herausfinden? Welches von den großen Ländern des Südens ist dir am meisten bekannt?"

Ich dachte etwas nach.

Die verschiedenen Länder, die ich in der Schule kennengelernt hatte, kamen mir nun nacheinander in den Sinn. Es konnte, dachte ich, wohl nur die Rede sein von Spanien, Italien, Deutschland oder Frankreich.

Frankreich! Das Land der „Großen Revolution", das Land Napoleons und der Jungfrau von Orléans. Frankreich mit der Hauptstadt Paris, worüber ich so vieles gelesen hatte. Ein Mann, der in Paris gewesen war, hatte mir kurz vorher Wunderdinge von dieser Stadt erzählt.

Spanien! Das warme, weinreiche Land mit dem königlichen, stolzen Volke. Das Land mit den Wunderpalästen Eskorial und Alhambra und den großen Kathedralen.

Italien! Das Land der mächtigen Römer mit den großen Erinnerungen an die alte Zeit. Italien mit dem ewigen Rom, dem Vatikan, der Peterskirche und dem Flavischen Amphitheater, dem riesengroßen Kolosseum.

Deutschland! Das geschichtsreiche, weit ausgestreckte Land der Germanen, mit den verschiedenartigen Völkern. Deutschland! Das gewaltige Land mit den tiefen Wäldern, dem Rhein und seinen Weinbergen und alten starken Burgen.

Ich konnte mich noch immer nicht entscheiden. Meine Mutter warf mir lächelnd einen Blick zu.

Es wird sich wohl entweder um Deutschland oder Frankreich handeln, dachte ich.

Ich selbst gehörte ja zu der großen deutschen Völkerfamilie. Wir Isländer waren ja ein goto-germanisches Volk, und ich hätte nicht wenig Lust gehabt, nach dem herrlichen Lande der Deutschen zu reisen.

Doch merkwürdig! Immer wieder kam es mir in den Sinn: Es ist Frankreich, wohin du reisen sollst.

14

Frankreich war ja auch das Land, dessen Einwohner ich nächst Dänemark am besten kannte.

Jeden Sommer kamen nämlich viele französische Schiffe nach Island. Sie lagen oft lange Zeit im Eyjafjördur, gerade unserem Haus gegenüber. Vor allem waren es große französische Kriegsschiffe. Aber auch zahlreiche französische Fischkutter legten in den Sommermonaten an unserer Küste an.

Ich spielte gern mit den französischen Kindern, die manchmal ans Land kamen. Auch besuchten sie uns und wurden immer freundlich empfangen.

Zwar verstanden wir unsere Sprache gegenseitig nicht; aber wir halfen uns durch Zeichen und Bewegungen.

Zuweilen holte ich unsere Pferde und machte mit den fremden Jungen Spazierritte.

Ich hinwieder war ein häufiger Gast draußen auf den Kriegsschiffen. Kein Wunder, daß ich die Franzosen so gut kannte.

Alle diese Gedanken schwebten mir wie lichte Traumbilder vor Augen.

Endlich sagte ich zu der Mutter:

„Ich glaube, es ist nach Frankreich, wohin ich reisen soll."

Bei diesen Worten mußte die Mutter lächeln.

„Nun", sagte sie, „du hast das Richtige getroffen, lieber Nonni. Nach *Frankreich*, dem Vaterland deiner kleinen fremden Spielkameraden, sollst du wirklich reisen."

„Aber wie ist das alles so gekommen, Mutter? Wer hat dir das Angebot gemacht?"

„Das will ich dir jetzt erzählen, mein Kind.

Du kennst wohl dem Namen nach Herrn Baudoin, den französischen Priester, der jetzt schon mehrere Jahre hier auf Island lebt?"

„Ja, Mutter, vom Hörensagen kenne ich ihn gut. Er ist von Reims. Gewöhnlich hat er in Reykjavik gewohnt, und da ist er auch jetzt. Ein Jahr lang hat er sich auch hier am Eyjafjördur aufgehalten bei unserem Freund Einar Asmundson, auf dem Gute Res."

„Ganz richtig."

„Pfarrer Baudoin hat mir nun vor kurzem einen Brief geschrieben, worin er mitteilt, daß ein französischer Edelmann aus

15

Avignon, das unten am Mittelmeer liegt, eine große Vorliebe für Island gefaßt hat. Er soll ein guter, frommer Mann sein, und zudem sehr reich. Nun ist es sein größter Wunsch, daß zwei isländische Jungen zu ihm nach Avignon kommen. Er will für sie sorgen, sie studieren und auf die beste Weise erziehen lassen. Sie sollen ungefähr zwölf Jahre alt sein, gesund, gut erzogen und müssen Lust und Fähigkeit zum Studieren haben."

„Aber Mutter, glaubst du, daß ich alle diese Eigenschaften besitze?" fragte ich etwas verlegen und kleinlaut.

„Ich hoffe es, mein Junge. Herr Baudoin schreibt nämlich, er sei durch unseren Freund Herrn Einar Asmundson auf uns aufmerksam geworden. Und nun fragt er mich, ob ich auf sein Angebot eingehen wolle. Wenn wir beide einverstanden sind, dann sollst du schon im August abreisen.

Das ist ein ganz ungewöhnliches Angebot, und ich bin gewiß, wenn dein Vater noch lebte, würde er sofort darauf eingehen."

„Aber, Mutter, du sagtest, es sollten *zwei* Jungen sein. Wer ist denn der andere?"

„Das ist einer von Herrn Einar Asmundsons Söhnen, ein netter und begabter Junge. Er heißt Gunnar. Er reist schon vor dir ab. Du wirst ihn in Kopenhagen treffen. Von dort werdet ihr dann zusammen nach Frankreich reisen.

Noch etwas will ich dir sagen. Ein Herr hier am Eyjafjördur hat dasselbe Angebot für seinen zwölfjährigen, sehr begabten Sohn Thorhall erhalten. Der Vater war schon entschlossen, seinen Sohn reisen zu lassen. Der Junge selbst war auch einverstanden. Aber die Mutter war dagegen; sie fürchtete, es könne ihn auf der weiten Reise ein Unglück treffen. Der Vater war zwar davon überzeugt, daß Gott dort geradesogut über ihr Kind wachen würde wie hier; doch die Mutter wollte nicht nachgeben, und so wurde nichts aus der Reise. Jetzt sollst du, wenn es dir recht ist, Thorhalls Platz einnehmen."

„Wie ist doch alles das merkwürdig, Mutter! – Aber wie soll die Reise vor sich gehen?"

„Du fährst von hier mit dem letzten dänischen Handelsschiff, das dieses Jahr Akureyri verläßt. Wahrscheinlich wird es das kleine bornholmische Schiff ‚Valdemar' sein, mit Kapitän Foß. In den nächsten Wochen kommt es hierher und bleibt eine

16

Zeitlang hier liegen. Es wird dich direkt nach Kopenhagen bringen, wo du dann einige Zeit bleiben mußt."

„Bei wem werde ich aber in Kopenhagen wohnen, Mutter?"

„Bei einem vornehmen deutschen Herrn. Man nennt ihn ‚Präfekt‘; sein Name ist Hermann Grüder. Er soll ein sehr gewissenhafter und guter Mann sein. Bei ihm wirst du Gunnar antreffen. Herr Grüder will für den anderen Teil der Reise, von Dänemark nach Frankreich, sorgen."

„Aber, Mutter, ich kenne diesen Herrn Grüder nicht, und bei ihm werde ich wohl keine Isländer finden. Wäre es nicht möglich, daß ich bei einer isländischen Familie in Kopenhagen wohnen könnte? Es ist doch was ganz anderes, bei seinen Landsleuten zu sein als bei wildfremden Menschen."

„Das wird nicht gut gehen, mein lieber Nonni. Aber du brauchst nicht ängstlich zu sein, sowohl er als auch die anderen Leute alle, die in seinem Hause wohnen, werden dich sehr gut und liebevoll behandeln. Ich habe mich über die Verhältnisse erkundigt."

Die Worte meiner Mutter beruhigten mich.

„Aber, Mutter", fuhr ich fort, „ich werde doch einige Isländer in Kopenhagen besuchen können?"

„Gewiß, mein Kind, und ich werde dir Briefe an verschiedene unserer Landsleute mitgeben. Du wirst sehen, mein Kind, es wird dir in Kopenhagen an Freunden nicht fehlen."

„Und jetzt, mein lieber Nonni", fuhr die Mutter ernst fort, „in der kurzen Zeit, die du hier noch verweilst, mußt du dich recht zusammennehmen. Bist du einmal von hier abgereist, dann beginnt ein ganz neues Leben für dich. Dann bin ich nicht mehr da, um dich ermahnen und dir raten zu können. Deshalb mußt du schon jetzt versuchen, dich wie ein Mann und nicht wie ein kleiner Junge und unvernünftiger Knabe zu benehmen."

Und mit Nachdruck setzte sie hinzu, indem sie mich liebevoll anschaute:

„Vor allem mußt du darauf sehen, gut Freund mit Gott zu bleiben, mein Kind. Vertraue dich mehr und mehr ihm im Gebet an. Wir müssen bald voneinander Abschied nehmen, und wer weiß, ob wir uns je wiedersehen werden. Nun, so möge Gott für dich Vater und Mutter sein."

17

Diese Worte meiner guten Mutter machten einen solchen Eindruck auf mich, daß ich in Tränen ausbrach.
Die Mutter stand auf, strich mir zärtlich über die Haare, tröstete und beruhigte mich.
„So", sagte sie, „nun geh zu den anderen Kindern, die draußen im Sonnenschein spielen."

2. Auf dem Berge

Ich wischte meine Tränen ab und ging hinaus.
Unwillkürlich zog es mich hinab zum Strande, um dort mit meinen Freunden wieder zu spielen, zu laufen und zu springen.
Das hatte ich bisher immer am liebsten gemacht.
Aber plötzlich war alle Lust dazu auf einmal verschwunden.
Ich blieb stehen und schaute hinab auf all die Kinder dort unten.
Ihr Spielen kam mir jetzt vor wie etwas, das mich nichts anging, ja als etwas so Leeres und Gleichgültiges, daß ich mich umwandte und den Bergabhang gleich hinter unserem Hause hinauflief.
Ich wollte allein sein. Ich mußte nochmals alles das überdenken, was sich eben zugetragen hatte.
Bald war ich so hoch oben, daß ich nach Norden hin meilenweit hinaus über den mächtigen Eyjafjördur schauen konnte.

18

Es war so still und einsam hier. Im Westen stiegen die hohen Berge bis hinauf zu den Wolken, im Osten sah ich die spiegelblanke Wasserfläche des Eyjafjördur und darüber hinweg die Bergkette Vadlaheidi.

Weit, weit draußen im Norden entdeckte ich mitten im Fjord einen kleinen schneeweißen Punkt, der einer schwimmenden Möwe glich. Es war ein einsames Segelschiff, das, wie es schien, fortsegelte. Es fuhr wohl hinaus auf das offene Meer, in den Atlantischen Ozean.

Auf so einem kleinen Fahrzeug, dachte ich, werde ich auch bald sein und zu einem fernen, sonnigen Strande fahren. Dort wartet auf mich eine ganz unbekannte Welt.

Wie wird es mir da wohl gehen?

Ich werde zwischen fremden Menschen leben müssen, die eine mir unbekannte Sprache sprechen und andere, ungewohnte Sitten und Gebräuche haben.

Da bin ich dann ganz allein, ohne Vater und Mutter, ohne Geschwister, ohne Freunde und Verwandte, ja, ohne Vaterland.

Alle diese Gedanken drängten mit unheimlicher Gewalt und Klarheit auf mich ein, als ich so dem kleinen, weißen Schiff nachschaute, das immer mehr meinen Blicken entschwand.

Es kam mir vor, als wäre ich auf einmal älter geworden. Jetzt sollte ich anfangen, Mann zu werden, hat die Mutter gesagt. Aber würde ich dazu imstande sein? Lief ich nicht Gefahr, ganz allein und verlassen in der großen, weiten Welt unterzugehen?

Wäre es nicht besser, ich änderte meinen Entschluß und nähme das seltsame Angebot nicht an? Ja, das wäre wohl das klügste.

Bange Furcht überfiel mich.

In meiner Herzensangst und Ratlosigkeit seufzte und stöhnte ich laut auf:

„Ach, mein Gott! Allmächtiger Gott, was soll ich anfangen? Hilf mir doch!"

Da auf einmal fuhr ich zusammen. Ich hatte Stimmen gehört – Kinderstimmen. Woher kamen sie? Ich konnte es nicht sagen.

Sonderbar!

Ich schaute umher, niemand war zu sehen. Ich war ganz allein.

Sollte mich jemand belauschen? Nein, ich muß mich geirrt haben. Auch hörte ich jetzt nichts mehr.

Aber eigentümlich war es doch. Ich hatte es so deutlich vernommen. –

Ich setzte mich auf einen Stein.

Die kleine Unterbrechung hatte mich in eine andere Stimmung versetzt und meinen Gedanken eine neue Richtung gegeben.

Wozu doch alle diese trüben Gedanken? sagte ich zu mir. Weshalb sollte ich mich eigentlich bange machen vor einer Reise in ein fremdes Land?

War es denn im Grunde nicht eine lockende, ja eine überaus glänzende Zukunft, die mir da winkte?

Und hatte ich mich nicht immer nach Abenteuern gesehnt?

Ja, welch ein Glück! Erst zu Schiff die Hunderte von Meilen über das große Meer, den gewaltigen Atlantischen Ozean, von Island bis nach Dänemark!

Wie verlockend war schon das, dieses schöne Land kennenzulernen, worüber ich soviel von meiner Mutter gehört und selbst gelesen hatte!

Es mußte doch wahrhaft ein wunderbares Land sein. Schon in der Edda hieß es ja „Freijas Saal".

Und dann Kopenhagen, die größte Stadt des Nordens!

Eine Zeitlang saß ich da und träumte über die Wunderdinge dieser glänzenden Hauptstadt. – Der Runde Turm, in dem man mit Wagen hinauffahren kann. Die altnordischen Sammlungen mit den Waffen der Normannen und den Wohnungen und Pelzkleidern der Eskimos. Der Lustgarten Tivoli mit dem Labyrinth. Thorvaldsens, meines großen Landsmannes, Meisterwerke. Die Häuser und Paläste, die vielen Menschen, das heitere Leben und das Gewühl der Großstadt!

Und Kopenhagen wird nun eine Haltestelle auf der großen Reise sein! Noch vieles andere werde ich erleben auf der Fahrt nach dem Süden bis hinab zum Mittelländischen Meer.

Ich werde wohl mit einem Schiff von Kopenhagen zur Nordküste Frankreichs segeln. Von da wird es dann weitergehen mit der Eisenbahn. Die habe ich noch nie in meinem Leben gesehen. Welch herrliche Fahrt quer durch das große Land, über Paris nach Avignon! –

20

War nicht schon das allein ein strahlendes, bezauberndes Märchen! –

Und in Avignon die gelehrte Schule! – Da würde ich zusammenkommen mit den lebhaften französischen Jungen und fleißig studieren, um so bald wie möglich gelehrt zu werden. Und dann würde ich vielleicht später als großer Herr nach Island zurückkommen? –

Während ich so meinen Träumereien nachging, kam mir plötzlich wieder ein Aber in den Sinn.

Aber die Gefahren unterwegs! Wird Gott mich beschützen?

„Alles hängt doch schließlich ab von Gottes Segen." So sagt die Mutter immer. Und was sie sagt, muß doch wahr sein.

Es werden gewiß auf dem langen Wege manche und große Gefahren auf mich lauern.

Soll ich nicht niederknien und, wie die Mutter mir geraten, an Gott mich wenden und ihn bitten, er möge meine Zukunft segnen? Ja, das will ich tun.

Ich war gewohnt zu beten. Selten ließ ich einen Tag ohne Gebet hingehen. Und in dem täglichen Gebet vergaß ich nie meine Eltern, die ich so liebte.

Ich stand also auf, kniete nieder, und mit gefalteten Händen begann ich mein kindliches Gebet.

„Allmächtiger Gott, lieber, guter Gott, hilf mir! Wenn ich von hier fortgereist bin, habe ich sonst niemand, an den ich mich wenden, auf den ich mich stützen kann, als dich allein. Ach segne doch meine Reise und meine Zukunft. Hilf mir, daß ich ein guter Junge bleibe. Sei immer mit mir und verlaß mich nicht. Auch bitte ich dich, lieber Gott, nimm dich meiner Mutter an. Laß sie glücklich sein, noch mehr als mich. Ja, lieber Gott, sie ist mir so lieb. Segne, ich bitte dich, meine liebe, gute Mutter und meine Geschwister…"

Weiter kam ich nicht.

Abermals fuhr ich zusammen und sprang auf; wieder hatte ich dieselben Laute gehört wie vorhin! Jetzt aber ganz deutlich!

Was mochte das doch sein?

Da sprangen plötzlich einige Schritte von mir Bogga und Manni aus einer kleinen Vertiefung hervor und liefen auf mich zu.

Bogga, die mich sehr liebte, umarmte mich und rief: „Lieber

Nonni, sei nur nicht böse auf uns. Wir wollten dich nicht belauschen; wir waren dort in der Kuhle und pflückten Heidelbeeren. Wir kamen nicht gleich zu dir, um dich nicht zu stören."

Jetzt kam Manni mit einer Papierschachtel voll von frischen Heidelbeeren und sagte:

„Du versprachst mir, Blaubeeren für mich zu pflücken. Nun habe ich Blaubeeren für dich gepflückt. Da hast du sie alle, Nonni."

Mit diesen Worten reichte er mir die Schachtel.

Ich stand da und war ganz verwirrt.

Die sind gewiß schon längere Zeit dort gewesen, dachte ich, und ich glaubte, ganz allein zu sein. Das machte mich so verlegen, daß ich kaum wußte, was ich sagen sollte.

Besonders war es mir unangenehm, daß sie mich hatten beten sehen.

Doch ihre Unbefangenheit beruhigte mich bald wieder.

Ich dankte Manni, ganz gerührt von seiner Selbstlosigkeit, und sagte dann zu Bogga:

„Aber wie seid ihr hierhergekommen? Ich habe euch ja gar nicht bemerkt."

„Als wir dich hinaufsteigen sahen", erzählte Bogga, „liefen wir auf einem kleinen Umwege hinter dir her. Wir hielten uns ganz still in der Vertiefung dort und pflückten Heidelbeeren für dich."

Mit dieser Erklärung gab ich mich zufrieden.

Eine kleine Weile standen wir nun da, ohne ein Wort zu sprechen. Dann aber wandte sich Bogga in einem ganz andern Tone zu mir und sagte:

„Aber jetzt höre, mein lieber Nonni. Ich wollte dich etwas anderes fragen, und deshalb bin ich dir eigentlich nachgelaufen. Ich weiß, worüber die Mutter mit dir gesprochen hat, und möchte gern von dir erfahren, was ihr ausgemacht habt. Willst du es mir sagen?"

„Gut, du sollst es hören, Bogga. Es ist abgemacht, daß ich in einigen Wochen von hier fortreise nach Frankreich. Und das läßt sich nicht mehr ändern. Ich bin fest entschlossen dazu."

Bogga schwieg.

Sie schlug die Augen nieder. Ich sah, sie war sehr traurig. Manni hingegen schaute mich mit seinen großen Augen fragend an. Er verstand noch nicht recht, worum es sich handelte.

Dann sagte er:

„Wo ist das, wohin du reisen willst, Nonni?"

„Weit weg von hier, Manni, nach Frankreich hinab."

„Und wann kommst du wieder?"

„Ich komme vielleicht niemals zurück, Manni."

„Niemals zurück?" –

Der Kleine konnte die Worte nicht recht fassen, doch fügte er hinzu: „Das ist aber schade, Nonni!"

Für einen Augenblick schlug auch er die Augen nieder.

Aber dann kam er plötzlich mit der Frage:

„Nimmst du deine schönen Holzschuhe auch mit, wenn du nach Frankreich gehst?"

„Nein, Manni."

„Dann bekomm ich sie, nicht wahr? Ich werde die Mutter schon drum bitten. Du hast doch sicher nichts dagegen?"

„Nein, gewiß nicht, Manni."

Ich hatte vor kurzem ein Paar niedliche dänische Holzschuhe als Geschenk erhalten. Sie waren schwarz und rot lackiert, und ich sah sie als etwas besonders Feines, als eine Kostbarkeit an. Sonst trugen wir meist kleine Stiefel oder isländische Schuhe aus Schafleder. Holzschuhe waren bei uns etwas ganz Neues, Ausländisches. Nur wenige hatten solche. Die meinigen waren in Kopenhagen hergestellt, kamen also von weit her.

Manni hatte keine bekommen und war deshalb etwas neidisch auf mich.

„Gut, Manni", sagte ich also zu ihm, „du kannst die Holzschuhe jetzt gleich haben."

Der Kleine dankte mir so stürmisch, als wenn ich weiß Gott was getan hätte.

Wir setzten uns nun alle drei nieder, und Bogga sagte:

„Jetzt kann aber auch *ich* dir etwas Neues erzählen; ich habe es heute gehört. Das Schiff, welches heute morgen von England hierher kam, hat die Neuigkeit mitgebracht, und augenblicklich spricht man in der ganzen Stadt von nichts anderem."

„Ja, was ist denn das, Bogga?"

„Eine Neuigkeit, auf die du sehr gespannt sein wirst. Denk dir,

Frankreich, das Land, wohin du reisen sollst, hat Deutschland den Krieg erklärt!"

„Wie? Frankreich hat Deutschland den Krieg erklärt? Das ist doch wohl nicht wahr?"

„Doch, Nonni, das ist ganz gewiß wahr. Kaiser Napoleon will gegen die Preußen kämpfen. Vor kaum zwei Wochen, am 19. Juli, hat er den Krieg erklärt. Als die Nachricht heute nachmittag bei den französischen Seeleuten, die zur Zeit sich hier aufhalten, bekannt wurde, waren sie alle rein wild vor Begeisterung. Sie wollen so bald als möglich nach Frankreich zurücksegeln, um für ihr Vaterland zu kämpfen."

„Nein, ist das aber auch wirklich wahr? So komme ich ja nach Frankreich mitten in den Krieg! Ist das nicht schrecklich?"

„Ja, wahrhaftig, das ist bedenklich. Aber glaubst du nicht, daß es gefährlich für dich werden könnte, eben jetzt während des Krieges nach Frankreich zu reisen?"

„Allerdings, das kann schon sein. Aber das Schlimmste wäre doch, wenn dieser Krieg meine Reise verhinderte, so daß ich überhaupt gar nicht abreisen könnte."

„Gewiß. Unmöglich ist es nicht, daß es so kommen könnte und daß aus deiner Reise wegen des Krieges nichts würde."

„Aber dann bekäme ich ja die Holzschuhe nicht", wandte Manni ganz ernsthaft ein.

„O Manni, du wirst schon sehen, ich reise ganz sicher fort."

Sowohl mir als Manni wurde es eigentlich doch etwas unbehaglich zumute bei dem Gedanken an diesen unseligen deutsch-französischen Krieg: mir, weil ich dachte, meine Reise könnte schließlich doch verhindert werden; Manni, weil er fürchtete, er bekäme vielleicht die schönen Holzschuhe nicht. –

Wir blieben noch eine Weile oben mitten im blühenden Kraut sitzen, unterhielten uns über die bevorstehende Reise und – bauten Luftschlösser.

Endlich standen wir auf. Wir mußten uns beeilen.

Wir nahmen den kleinen Manni in die Mitte und sprangen in vollem Lauf über Blumen und Kräuter den steilen Berg hinab, bis wir an unserem Hause waren, wo die Mutter schon lange auf uns wartete.

3. Abschiedsbesuche

„Lieber Nonni", sagte ein paar Wochen später meine Mutter zu mir, „es wird Zeit, daß du einige Abschiedsbesuche bei Freunden und Verwandten machst. Du könntest heute hinaufreiten zum Hof Hals zu unserem Freund, Herrn Thorson. Sag ihm Lebewohl und danke ihm für alle Liebe, die er dir erwiesen hat."

Schnell war ich zu diesem Ausflug bereit. Ich war gern unterwegs, mochte es kurz oder lang sein.

Sofort holte ich eines von unseren zwei Pferden, sattelte es, und bald ging es im Galopp den Berg hinauf, der zum Hofe Hals führte. Schon oft hatte ich den hübsch gelegenen Hof besucht.

Sobald ich mich dem Hause näherte, erkannten mich die Kinder, die alle meine Freunde waren.

Erwartungsvoll liefen sie mir entgegen, umringten mich, griffen in die Zügel meines Pferdes und hielten es an.

„Wohin geht's?" rief Julius, der älteste Sohn des Herrn Thorson, gleich alt wie ich und einer meiner besten Freunde.

Wir waren schon oft zusammen auf die Jagd gegangen und hatten eine Menge wilder Enten geschossen, einmal sogar einen wilden Schwan.

„Vorläufig", sagte ich, „will ich nicht weiter als hierher, Julius. – Ist dein Vater zu Hause?"

„Ja, was führt dich denn heute zu uns, Nonni?"

„Ich komme, um euch Lebewohl zu sagen, denn ich soll bald ins Ausland."

„Ich habe schon davon gehört", erwiderte Julius. „Aber nun will ich dir auch etwas sagen, was du sicher noch nicht weißt. Es war nämlich die Rede davon, daß ich nach Frankreich gehen sollte."

„Nein, davon habe ich nichts gewußt. Hast du wirklich dieselbe Einladung erhalten wie ich?"

„Ja, das habe ich."

„Weshalb hast du sie denn nicht angenommen?"

„Mein Vater war dagegen, und so mußte natürlich auch ich nein sagen. – Aber bestimmt werde ich es später bereuen", fügte er traurig hinzu.

Ich sprang vom Pferd. Sofort kletterten vier, fünf kleine Reiter auf seinen Rücken. Das kleine Pony ließ es ruhig geschehen.

Julius bat nun die anderen, sie möchten uns allein lassen. Wir gingen eine kleine Strecke schweigend. Dann begann ich zu reden und fragte:

„Weshalb will dein Vater dich eigentlich nicht gehen lassen?"

„Er glaubt nicht, daß ich dann glücklich sein würde."

„Genauso wie Thorhalls Mutter!"

„Ja, das habe ich auch gehört."

„Sonderbar! *Meine* Mutter scheint keine Furcht zu haben."

„Nonni, ich glaube, sie hat recht. Du kannst von Glück sprechen. Aber du verstehst sicher, daß ich nicht anders handeln konnte. Mein Vater ließ mir zwar volle Freiheit; doch gegen seinen ausdrücklichen Wunsch wollte ich nicht reisen.

„Was hält deinen Vater denn ab?"

„Ja ich weiß nicht recht, wie ich das ausdrücken soll. Er fürchtet, daß die Reise zu gefährlich für mich sei."

„Das begreife ich nicht."

„Ich auch nicht, Nonni. Aber es ist nun mal so."

„Was meint er eigentlich damit?"

„Ich vermute, es hängt unter anderem mit der Religion zusammen. Du weißt ja, es gibt draußen in der großen Welt so viele Menschen, die keinen Glauben haben und die über jede Religion spotten."

26

„Das hat meine Mutter mir auch schon gesagt. Aber sie hat hinzugefügt, daß es überall auch viele gute Menschen gibt, und zu solchen soll ich reisen."

„Das weiß ich, Nonni. Und gerade der französische Edelmann, der uns zu sich einlädt, soll ein außerordentlich guter Mann sein. Aber trotzdem ist mein Vater nun einmal sehr besorgt."

Inzwischen waren wir zum Eingangstor des Hofes gekommen, und Julius lief ins Haus, um seinen Vater zu rufen.

Gleich darauf kam Herr Thorson, grüßte freundlich und bat mich, ihm in sein Zimmer zu folgen.

Ich hatte vor, ihm sofort zu erzählen, weshalb ich gekommen sei. Aber nach dem, was ich eben von Julius gehört hatte, wußte ich nicht recht, wie ich anfangen sollte. Doch half er mir bald aus meiner Verlegenheit.

„Den Grund deines Besuches kann ich wohl erraten", begann er, „du willst gewiß Abschied nehmen."

„Ja, Herr Thorson, und Ihnen dafür danken, daß Sie immer so freundlich zu mir waren."

„Das laß schon gut sein. Du willst also nach Frankreich reisen. Wann wirst du uns denn verlassen?"

„In einigen Tagen mit dem kleinen Schiff von Rönne, das nach Kopenhagen fährt."

„Du meinst wohl das kleine Handelsschiff ‚Valdemar‘, mit Kapitän Foß? – Das ist allerdings ein sehr kleines Schiff, ein Einmaster mit drei Matrosen."

„Und einem Jungen", fügte ich bei.

„Ja, ja; aber der zählt nicht mit. Er wird wohl Koch sein und ist nicht viel älter als du."

„Ja, aber dann sind noch der Kapitän und der Steuermann da."

„Ohne Zweifel! Es wäre schlimm, wenn die fehlten. – Du willst also nach Frankreich reisen. Hast du wirklich große Lust dazu?"

„Ja, Herr Thorson."

„Nun, das kann ich mir vorstellen. Du bist noch ein Kind und denkst nur an das verlockende einer solchen Reise. Du siehst eben das Leben noch mehr von der angenehmen Seite. Aber denkst du auch daran, daß es draußen in der Welt Gefahren gibt?"

„Ja, ich habe schon davon gehört und auch in Büchern davon gelesen. Aber ich habe mir fest vorgenommen, immer gut zu sein."

„Das ist ein guter Vorsatz, aber du bist noch zu jung, um ihn halten zu können, wenn du ganz allein dastehst. – Ich fürchte sehr für dich, mein kleiner Nonni…"

Ich wurde verlegen und wußte nicht, was ich sagen sollte.

Doch nach einer kleinen Pause fiel mir folgende Antwort ein: „Ich glaube nicht, daß Sie sich um mich sorgen müssen. Meine Mutter hat gesagt, daß der Edelmann, zu dem ich reise, ein sehr guter und frommer Mann ist.

„Ja, aber einen Vater und eine Mutter wird er kaum ersetzen können."

„Die Mutter hat mir auch noch gesagt, daß Gott ebensogut für mich in Frankreich sorgen wird wie hier."

„Ja, das ist gewiß wahr. Aber dann mußt du selbst dich an Gott halten und täglich zu ihm beten. – Ob du das auch tun wirst, wenn die Mutter nicht mehr da ist, um dich daran zu erinnern?"

„Ja, Herr Thorson, ich werde es tun. Ich habe es mir fest vorgenommen. Übrigens hat mir die Mutter versprochen, mir oft zu schreiben."

„Schon recht, das sind gewiß gute Vorsätze. Behalte sie nur immer! Aber eine so weite Reise ist doch eine sehr gewagte Sache…"

Doch ließ ich mich nicht weiter einschüchtern.

Es wurden mir nun einige Erfrischungen angeboten, die ich mit Julius zusammen verspeiste.

Dann nahm ich Abschied von Herrn Thorson und versprach ihm, die Ermahnungen, die er mir gegeben hatte, nicht zu vergessen.

Wie es in Island üblich ist, küßte er mich und drückte mir nebenbei still einige Taler in die Hand. Dabei sagte er mir leise ins Ohr: „Leg das zu deinem Taschengeld! Und nun lebe wohl! Gott sei mit dir!"

Ich war ganz gerührt von dieser Freundlichkeit.

Dann holte ich mein Pony, und Julius begleitete mich noch ein Stück den Berg hinab.

28

Wir waren beide sehr traurig. Keiner sprach ein Wort. Endlich trennten wir uns mit Tränen in den Augen. –

Einige Tage später rief meine Mutter mich wieder und sagte: „Heute wollen wir beide zusammen zu Pastor Magnusson reiten. Du weißt, er ist ein besonderer Freund von uns."

‚Oh, das ist schön, Mutter! Das ist mal eine weite Reise, und außerdem kann ich Pastor Magnusson gut leiden."

„Das weiß ich, mein Junge, ich habe aber noch einen besonderen Grund, gerade *ihn* zu besuchen", fuhr die Mutter fort. „Ich möchte nämlich seine Meinung darüber hören, was er von deinem Aufenthalt in Frankreich hält."

Eine Stunde später waren wir unterwegs. Ich ritt einen Goldfuchs, die Mutter saß auf einem stahlgrauen Schimmel.

Wir sprachen nur wenig, denn die Pferde liefen ständig in starkem Trab, so daß es schwer war, ein Gespräch zu führen.

Nach etwa zwei Stunden waren wir am Ziel.

Die Leute empfingen uns sehr freundlich und boten uns zunächst eine kleine Stärkung an. Dann führte der Pastor uns in sein Zimmer und bat uns, Platz zu nehmen.

„Herr Pastor", begann die Mutter, „ich komme, um sie in einer wichtigen Sache um Rat zu fragen. Ich habe vor, meinen Sohn Nonni nach Frankreich reisen zu lassen. Er soll dort studieren. Da er aber noch jung ist, könnte er leicht von der fremden Umgebung ungünstig beeinflußt werden. Einige Freunde haben mir deshalb abgeraten. Was meinen nun Sie, Herr Pastor, und was würden Sie mir wohl raten?"

Pastor Magnusson sah mich ernsthaft an. Dann sagte er: „Es ist wirklich selten, daß ein Junge in diesem Alter von hier nach Frankreich reist, um zu studieren. – Ich wünsche dir von Herzen Glück, Nonni! Es kann für dich ein großer Segen werden."

Er schwieg eine Weile und blickte sinnend vor sich hin. Dann fuhr er fort:

„Vor vielen hundert Jahren ist einer der größten Männer Islands auch nach Frankreich gereist. Er weilte dort viele Jahre und studierte an der Pariser Hochschule. Dann ließ er sich zum Priester weihen. Schließlich kam er als Gelehrter zurück. – Du kennst doch sicher seinen Namen?"

Ich fühlte, daß ich rot im Gesicht wurde, denn ich wußte im Augenblick nicht, wer es war.

Pastor Magnusson merkte meine Verlegenheit und kam mir gleich zur Hilfe.

„Doch, Nonni, du kennst seinen Namen schon. Er soll ein Buch zusammengestellt haben, das eines der berühmtesten Bücher der Welt geworden ist."

Jetzt wußte ich Bescheid.

„Es war Sämundr der Weise", sagte ich, „der die Lieder der älteren Edda gesammelt haben soll."

„Ganz richtig", erwiderte Herr Magnusson und fuhr lächelnd fort: „Und jetzt willst du nach Frankreich reisen wie Sämundr der Weise? – Wer weiß, vielleicht wirst du einst ein gelehrter Mann, am Ende gar ein berühmter Geistlicher werden wie er."

„O nein, Herr Pastor!" antwortete ich lachend. „Ich glaube nicht, daß ich je ein Gelehrter werde. Und bestimmt werde ich niemals ein berühmter Geistlicher. Ich will bloß in Frankreich studieren, und dann wähle ich mir irgendeinen Beruf, der mir gefällt."

Pastor Magnusson nickte mir freundlich zu. – Dann wandte er sich an meine Mutter und sagte:

„Nun, es wird mit Ihrem Sohne gehen wie mit uns allen: wir machen unsere Pläne und meinen, unseren Lebenslauf selbst zu ordnen und zu bestimmen. Und doch sind wir es trotz unserer Freiheit in Wirklichkeit nicht; es ist ein anderer, der alles ordnet und lenkt und uns zuletzt zu Zielen führt, an die wir vielleicht nie gedacht hatten.

Sie fragen mich um meinen Rat. Es ist ja gewiß ein überaus wichtiger Entschluß, den Sie da fassen müssen. Es ist ein Schritt, der für das ganze Leben des Jungen entscheidend ist."

Diese Worte stimmten mich ernst, und wir saßen alle drei eine Weile schweigend da.

Bald fuhr aber Herr Magnusson fort:

„Was meinst du eigentlich selber, Nonni, zu dieser gewaltig großen Reise? Fürchtest du dich nicht, so weit in eine dir ganz unbekannte Welt hinauszuziehen?"

„Ab und zu wird es mir etwas merkwürdig zumute, Herr Pastor, wenn ich an meine Abreise denke."

30

„Und was ist es, was dich dann drückt?"

„Es ist besonders der Gedanke, daß ich meine Mutter verlassen muß. Das ist für mich das schlimmste."

Bei diesen Worten traten mir die Tränen in die Augen.

Pastor Magnusson faßte tröstend meine Hand und sagte:

„Das kann ich begreifen, aber Gott wird dir nicht nur Vater, sondern auch Mutter in der Fremde sein. – Gibt's aber sonst etwas, was dich wegen dieser Reise beunruhigt?"

„Vieles nicht, Herr Pastor, aber doch einiges: ich habe gehört, daß die Kinder im Ausland ganz anders behandelt werden als hier bei uns. Man sagt, sie hätten keine Freiheit wie wir und dürfen nicht mit den Erwachsenen umgehen, sondern müssen immer unter sich sein wie Schafe in einer Hürde. – Das gefällt mir überhaupt nicht."

Pastor Magnusson erwiderte lächelnd:

„Etwas Wahres ist daran. Hier darfst du dich sozusagen in völliger Freiheit in Berg und Tal und auf dem Meere noch dazu bewegen. Eine solche Freiheit gibt es im Ausland nicht so leicht. Da leben die jungen Leute in Internaten und müssen sich gewissen – übrigens vernünftigen – Bestimmungen fügen. Davor brauchst du aber keine Angst zu haben. Du wirst dich schon leicht daran gewöhnen."

Es entstand eine Pause.

„Sie meinen also nicht, Herr Pastor", fragte schließlich meine Mutter, „daß ich mich beunruhigen muß?"

„Nein, ich glaube nicht. Ich bin im Gegenteil davon überzeugt, daß es Gott selber ist, der Ihren Sohn auf diesen Weg führt, und daß er auch über ihn wachen wird. Sie brauchen keine Angst zu haben."

Dann schloß er mit folgenden Worten, die großen Eindruck auf mich machten:

„Ich glaube fest an eine höhere Macht, die alles in unserem Leben leitet. Es gibt keinen Zufall in der Welt. ‚Die Würfel werden in den Schoß geworfen, aber der Herr verteilt sie', sagt die Heilige Schrift. Alles, was uns trifft, mag es angenehm oder unangenehm, groß oder klein sein, kommt von Gott und wird uns immer von ihm zu unserem Besten gegeben."

Ich war erstaunt über die Sicherheit, mit welcher Herr Magnusson sprach, und ich fühlte mich in meinem Entschluß, nach Frankreich zu reisen, mächtig gestärkt.

Meine Mutter dankte dem Pastor für den Rat, den er uns gegeben hatte. Dann dankte auch ich ihm. Er zog mich etwas auf die Seite und drückte mir drei Taler in die Hand.

„So", sagte er, „da mußt du noch etwas Taschengeld haben auf die lange Reise. Halte dich nur immer an unseren Herrn und Gott. Er wird sich deiner annehmen."

Dann nahmen wir Abschied und ritten heim.

Noch lange dachte ich nach über alles, was wir beim Pastor gesprochen hatten. Gott hatte etwas Wichtiges mit mir vor, dachte ich, und all mein Denken und Fühlen ging nun darauf aus, seinen geheimnisvollen Absichten zu entsprechen.

Eins aber konnte ich nicht begreifen, wie Pastor Magnusson und Herr Thorson, beide erfahrene und kluge Männer, eine entgegengesetzte Ansicht über meine Auslandsreise haben konnten. Nun, sagte ich zu mir, du wirst schon sehen, wer von beiden recht hat, wenn du zu dem deutschen Herrn in Kopenhagen kommst, und vielleicht mehr noch, wenn du mal in dem fernen Frankreich bist. –

Mein Reitpferd hatte in den folgenden Tagen wenig Ruhe. Täglich ritt ich bald dahin, bald dorthin im Eyjafjördur herum. Überall, wohin ich kam, war das Erstaunen groß, sobald mein Vorhaben bekannt wurde, manche gaben mir zu Ehren sogar ein kleines Abschiedsfest.

Mein Geldtäschchen, das ich einst von einem französischen Jungen gegen eine Mundharmonika eingetauscht hatte, wurde immer schwerer. Jeder wollte beitragen zur Aussteuer für meine Reise. Es war zuletzt so voll von blanken Talern, daß ich mir ein größeres verschaffen mußte.

Am schwersten fiel mir der Abschied von meiner Geburtsstätte, dem großen Hof Mödruvellir im Hörgatal. Hier hatte ich meine schönsten Kinderjahre verlebt. Auf dem Heimweg war ich so traurig, daß mir immer wieder die Tränen in die Augen stiegen.

Als ich spät abends nach Akureyri zurückkam, es war in einer Mittsommernacht, war es noch so hell, daß ich die weitausgestreckte Reede überblicken konnte.

32

Da auf einmal fuhr es mir wie ein elektrischer Schlag durch den ganzen Körper!

Was sah ich dort im Hafen? – Ich hielt mein Pferd an und schaute genauer zu.

Ja, es ist so! – Es ist „Valdemar", das Schiff, das mich mitnehmen sollte!

Ich hatte es gleich erkannt. Jedes Jahr kam es zu uns, und schon oft war ich auf das Verdeck geklettert, um von den kleinen Dingen zu kaufen, die es immer von Dänemark mitbrachte. Auf dem Schiffe war nämlich eine Kajüte in einen Kramladen umgewandelt.

Also „Valdemar" war wirklich gekommen.

Nie vorher hatte seine Ankunft einen solchen Eindruck auf mich gemacht wie heute.

Früher empfand ich bei seiner Landung wohl Freude, weil ich einen lieben Bekannten wiedersah. Heute aber wurde es mir traurig ums Herz.

Schnell ritt ich heim, stieg ab und ließ das Pferd zu der ihm bekannten saftigen Weide laufen. Ich ging hinein zur Mutter und sagte scheinbar gleichgültig:

„Mutter, Kapitän Foß ist angekommen. Wann wird er wohl wieder abfahren?"

„Einige Tage bleibt er hier, um seine Waren zu verkaufen. Aber er muß sich beeilen; die Eisberge nähern sich der Nordküste. Du mußt diese kurze Zeit benutzen, um von den Leuten hier in der Stadt Abschied zu nehmen und deine Sachen einzupacken."

„Wann gehst du aber zu Kapitän Foß, Mutter, um mich bei ihm anzumelden?"

„Morgen früh, Nonni." –

Am folgenden Tag ruderten wir hinaus auf die große Reede, wo der Segler „Valdemar" lag.

Nach einer Viertelstunde lagen wir dicht an der pechschwarzen Schiffswand.

Der Steuermann hatte uns kommen sehen und half uns hinauf. Die Mutter fragte ihn auf dänisch:

„Ist Kapitän Foß an Bord?"

„Ja, ich werde ihn sofort rufen."

Er stieg in die Kajüte hinab, wo Kapitän Foß hinter der Theke stand und seine Sachen an einige Isländer verkaufte. Der Steuermann löste ihn ab, und alsbald kam der Kapitän die enge Kajütstreppe herauf.

Er sah gar nicht aus wie ein verwitterter Seemann, sondern eher wie ein vornehmer Beamter.

Er war mittelgroß, sein Haar war schwarz, und er trug einen kleinen Schnurrbart. Aus seinen schwarzen lebhaften Augen leuchtete ein scharf durchdringender Blick.

Der Kapitän begrüßte meine Mutter höflich. Mir nickte er kurz zu. Dann sagte er:

„Womit kann ich dienen?"

„Herr Kapitän, ich möchte gern einen Augenblick mit Ihnen allein sprechen."

Sofort winkte er dem kleinen Schiffsjungen, der zur Seite stand, und ließ ihn drei Stühle auf das Vorderdeck bringen. Dann geleitete er uns dorthin mit den Worten:

„Entschuldigen Sie, Frau, meine Kajüte ist im Augenblick besetzt, deshalb müssen wir uns mit einem ruhigen Plätzchen hier oben auf dem Deck begnügen."

Bald kam der Junge mit den Stühlen, und wir drei nahmen Platz.

Das Wetter war herrlich, kein Lüftchen regte sich. Die breiten ruhigen Wellen hoben und senkten das Schiff ganz behaglich, ohne die spiegelblanke See aufzurühren.

Meine Mutter begann nun:

„Herr Kapitän, dies hier ist mein Sohn. Er soll ins Ausland reisen. Können Sie ihn mitnehmen nach Kopenhagen?"

Der Kapitän dachte etwas nach, schaute mich an und fragte:

„Wie alt ist Ihr Sohn?"

„Zwölf Jahre, Herr Kapitän."

„Er scheint ein gesunder und aufgeschlossener Junge zu sein. Meinen Sie, er kann die Strapazen aushalten, die mit einer so langen Seereise besonders in dieser Jahreszeit verbunden sind?"

„Ja, das kann ich ganz gut", fiel ich ein.

Der Kapitän schaute mich lächelnd an und sagte:

„Schon gut, mein Junge; aber bedenke, der Herbst steht bevor;

wir werden schwere Stürme durchmachen, bis wir nach Kopenhagen kommen."

„Das macht mir gerade Spaß", erwiderte ich und fügte noch hinzu: „Es ist mir gar nicht bange vor hohem Seegang."

„Gut", wandte der Kapitän sich an meine Mutter, „dann steht nichts im Wege. Doch alle Kojen sind besetzt. Wir sind für Mitreisende eben nicht eingerichtet. Deshalb müssen Sie für Matratze und Bettzeug selbst sorgen. Wir wollen dem Jungen eine Schlafstelle in der Kajüte zwischen mir und dem Steuermann einrichten. Da wird er am besten aufgehoben sein."

„Danke, Herr Kapitän. Es freut mich, daß Sie ihm dort ein Plätzchen einräumen."

„Sie können beruhigt sein. Sowohl der Steuermann wie auch ich werden ein wachsames Auge auf Ihren Sohn haben. Nur muß er versprechen, während der Fahrt streng zu gehorchen."

„Ja, Herr Kapitän, das verspreche ich", fiel ich wieder ein.

„Nun, mein Junge, dann wird wohl alles gutgehen."

„Aber, Herr Kapitän", fragte die Mutter, „wie steht es mit der Geldfrage? Was verlangen Sie für die Fahrt?"

Nachdenkend sagte der Kapitän:

„Für Kost und Aufenthalt während der unbestimmten Zeit, welche die Fahrt nach Kopenhagen dauern wird – sie kann nämlich zehn Tage dauern, sich aber auch ebensogut, zumal in dieser Jahreszeit, einige Wochen hinziehen –, ja, was soll ich sagen? Haben Sie sich eine bestimmte Summe gedacht?"

„Nein, Herr Kapitän."

„Nun, wenn wir sagen zwanzig Reichstaler, scheint Ihnen das zuviel?"

„Nein, das ist mir nicht zuviel."

„Abgemacht. Der Knabe soll so behandelt werden, als wäre er mein eigener Sohn. Seien Sie ohne Sorge, ich werde ihn wohlbehalten nach Kopenhagen bringen."

Die Mutter reichte dem Kapitän die Hand und dankte ihm.

„Aber", fragte der Kapitän, „zu wem soll ich Ihren Sohn in Kopenhagen bringen?"

„Zu Herrn Gisli Brynjulfson. Dieser wird ihn dann zum Präfekten Grüder führen. Herr Gisli Brynjulfson wohnt auf der Dossering, der Präfekt Bredgade 64."

„Wann lichten Sie die Anker?" fragte die Mutter weiter.

„Der Abfahrtstag ist noch nicht genau bestimmt; doch es wird an einem der nächsten Tage sein. Ich werde Ihnen Nachricht schicken."

Die Mutter stand auf und verabschiedete sich vom Kapitän.

Beim Fortgehen besah sie sich nochmals das kleine Schiff, auf dem ihr Sohn nun bald die Fahrt durch die wilden Wogen des Atlantischen Ozeans machen sollte.

Wir stiegen hinab in unser Boot, das an der Seite des Schiffes ruhig auf und ab schaukelte.

Der Kapitän grüßte noch einmal freundlich, und ich ruderte wieder das kleine Boot nach Hause.

4. Eine unheimliche Nacht und ein strahlender Morgen

Alles war jetzt also abgemacht.

Mein Schicksal war besiegelt. Ich war als Passagier auf dem fremden Schiff angenommen.

Das Haus meiner Mutter war nicht mehr mein Haus.

Mein Haus war jetzt das kleine dänische Fahrzeug, das draußen im Fjord auf den tiefen Wassern schaukelte.

Von nun an wohnte ich nur noch als Gast bei meiner eigenen Mutter!

Diese Gedanken versetzten mich in eine so ernste, wehmütige Stimmung, daß ich es nicht beschreiben kann.

Es wurde mir ganz eigentümlich zumute.

Es kam mir vor, als sollte ich etwas ganz Neues werden, etwas ganz anderes, als ich bisher gewesen.

Beunruhigt durch diese Gedanken, ging ich abends zu Bett.

Ich schlief allein, oben in einem kleinen Dachstübchen, gerade über dem Zimmer meiner Mutter.

Bald fiel ich in Schlaf. Aber jetzt begann meine Phantasie, aufgeregt durch die Ereignisse des Tages, ihr nächtliches Spiel.

Die unheimlichen Geister der Nacht überfielen mich und jagten mich im gespenstischen Reich der Träume.

Ein entsetzliches Alpdrücken quälte mich. Ein Traum löste den anderen ab, aber alle endeten mit Unwetter und Sturm, mit Blitz und Donner, mit blutrotem Himmel und wildem Wellenschlag, mit gähnenden Abgründen, mit Schiffbruch, Tod und Grauen.

Endlich erwachte ich, ganz ermattet und wie in Schweiß gebadet.

Ich setzte mich aufrecht ins Bett und schaute umher.

Durch die schrecklichen Träume war ich noch voller Angst und ganz verwirrt.

Was mochte das alles bedeuten?

Waren es Warnungen? – Drohungen?

Mein Gewissen rührte sich, als wenn es mir Vorwürfe macht oder Strafen androhte

Ein entsetzlicher Gedanke kam mir: Ob du wohl Gottes Freund bist?

Verdiene ich überhaupt bei meinen Unarten, meinem Leichtsinn, meiner Trägheit, meiner Naschhaftigkeit, meinem Zorn Gottes Liebe?

Doch, so kam mir ein Gedanke: Wäre es nicht auch möglich, daß Gott mich hat warnen wollen, nicht in die weite Welt hinauszugehen?

Nein, ich darf es nicht wagen. Hier bei meiner Mutter bin ich in Sicherheit. Draußen lauert auf mich nur Unglück und Verderben.

Ganz niedergeschlagen und mutlos stand ich auf.

Es war Nacht, aber doch hell, wie die Sommernächte in Island es sind.

Der Kopf brannte mir. Ich tauchte ihn daher tief ins Waschbekken und ließ ihn so lange in dem kühlenden Wasser, wie ich den Atem anhalten konnte.

Nachdem ich mich gewaschen und angezogen hatte, ging ich leise die Treppe hinab.

Im Hause war alles still. Vorsichtig öffnete ich die Tür und ging hinaus.

Überall war tiefes Schweigen. Die ganze Stadt lag noch im Schlaf. Kein Laut war zu hören. Selbst die sonst so unruhigen Seevögel schienen noch alle zu schlummern. Nirgends sah ich eine Spur von ihnen.

Ich wurde ergriffen von der geheimnisvollen Stille, die auf der ganzen Natur lag.

Da hörte ich ein leises Geräusch. Mir schien, es kam von der anderen Seite des Hauses.

Ich ging um die Ecke und fand hier eines unserer zwei Pferde, das auf der saftigen Wiese hinter dem Hause graste.

Sobald es mich wahrnahm, erhob es den Kopf leicht zur Seite und schaute mich eine Weile an mit seinen großen Augen, die leuchteten, als wären sie von Glas.

Langsam kam es auf mich zu, fing zutraulich an zu schnuppern an meiner Brust, an Armen und Händen, sogar am Gesicht.

Ich patschte es leise an beiden Seiten des Kopfes. Das schien ihm zu gefallen. Putzig streckte es die dicken Lippen vor, als wollte es nach mir schnappen.

Eine Weile standen wir beiden Freunde einander gegenüber. Ich war wirklich froh, in meiner Unruhe ein lebendes Wesen bei mir zu haben.

Da kam mir unwillkürlich der Gedanke: Warum nicht jetzt einen Ritt den Berg hinauf wagen? Mein Pferdchen selbst schien ja mich einzuladen.

Gedacht, getan. Ich nahm eine Schnurleine, legte das eine Ende dem Pferde ins Maul und paßte dabei gut auf, daß die Schnur unter die Zunge zu liegen kam. Dann band ich sie mit einem Knoten unter dem Kiefer fest, doch nicht zu straff, damit

38

es nicht schmerzt. So hatte ich Zaum und Zügel in Ordnung; mehr brauchte es nicht.

Um aufzusteigen, führte ich mein Pferdchen zum kleinen Hundehäuschen, wo unser treuer Fidel im besten Schlafe lag.

Eben wollte ich auf das Häuschen treten, da wachte Fidel auf.

Er öffnete das eine Auge und schaute, noch ganz schlaftrunken, mich an. Aber gleich schloß er es wieder, um weiterzuschlafen.

„Fidel!" flüsterte ich ihm zu, „willst du nicht mit?"

Nun schlug er beide Augen auf – rührte sich aber nicht weiter.

„Bist du denn so faul, du kleiner Wicht?" sprach ich und stieß ganz leise mit dem Fuß an sein Haus.

Jetzt hob er langsam den Kopf, sperrte das Maul weit auf, streckte die Zunge heraus und gähnte einen langgezogenen Ton hervor, als wollte er klagen, daß ich ihn so ohne weiteres in seiner Nachtruhe störte.

Ich mußte ihm recht geben und versuchte nicht weiter, ihn aufzutreiben.

Schließlich stand er aber doch auf, streckte sich krampfhaft aus, wedelte mit dem Schwanz und leckte mir die Hand.

Ich streichelte ihn, und damit war es abgemacht, daß wir drei zusammen die seltsame Unternehmung machen wollten.

Ich stieg auf das Pferd, und im Galopp ging es davon, den Berg hinan.

Von den Huftritten wurden schlafende Vögel aufgescheucht. Sie flatterten ängstlich um uns herum, als wüßten sie nicht recht, wohin sie sollten.

Fidel überkamen Jagdgelüste.

In rasendem Lauf setzte er ihnen nach, bald rechts, bald links, bald voran, bald zuürck, und suchte vergebens einen Vogel zu schnappen. Er lief sich nur müde.

Kurz danach ritten wir an einer Herde weißer Lämmer vorüber. Sie schreckten auf und flohen in wildem Durcheinander davon. Fidel hinter ihnen her, als ginge es auf Tod und Leben. Diesmal glückte es ihm, eines zu fassen.

Als ich sah, daß er in seiner Hitze das arme Tier in das Hinterbein beißen wollte, rief ich ihn, so laut ich konnte, zurück. Sofort gehorchte er und kam keuchend auf mich zugelaufen. Damit er nicht noch mehr derartige Streiche machte, hielt ich das Pferd an, streckte mein rechtes Bein etwas aus und gab Fidel ein Zeichen, heraufzuspringen und sich zu mir zu setzen.

Gut gezogen, wie er war, folgte er meinem Wink, sprang auf meinen Fuß, von da auf den Rücken des Pferdes und legte sich vorsichtig hinter mir nieder. Ich zog ihn fest an mich, damit er unterwegs nicht herunterfalle.

So setzte ich meinen Ritt fort, doch mit Rücksicht auf Fidels Lage in gemäßigtem Tempo.

Sooft ein Vogel aufflog oder ein aufgescheuchtes Schaf flüchtete, ließ der Hund ein leises Knurren oder angebrochenes Bellen hören, um mir anzukündigen, daß er jeden Augenblick bereit sei, seine Pflicht zu tun. Doch hielt ich ihn zurück.

Doch plötzlich sprang ein gewaltig großes Schaf mit einem Paar langen, kräftigen Hörnern unmittelbar vor uns auf.

Es lief einige Schritte weit nach rechts, stand aber bald wieder still und wandte sich mit einer so furchtlosen Überlegenheit auf uns zu, daß ich unwillkürlich mein Pferd anhielt, um das schöne Tier zu betrachten.

Jetzt war Fidel nicht mehr zu halten. Empört über eine solche Frechheit, sprang er mit *einem* Satz zur Erde und lief wütend auf das Tier los.

Aber da wurde er empfangen, wie er es nicht erwartet hatte. Das Schaf wich keinen Schritt zurück.

Erzürnt über den bellenden Angreifer, stampfte es mit den Vorderbeinen fest auf den Boden, neigte den Kopf und zeigte dem kleinen Köter seine Hörner.

Fidel stutzte wie gelähmt vor Schreck. Er bellte nicht mehr, stand still und schaute auf das große Schaf, das mit stolzer Verachtung seines Gegners sogar anfing, in aller Gemütlichkeit zu grasen.

Doch Fidel begann den Kampf von neuem.

Er bellte, heulte, fletschte die Zähne, sprang nach rechts, nach links. Aber das alles half nichts. Das kräftige Tier betrachtete mit überlegener Ruhe den hilflosen Kläffer und wich keinen Schritt zurück.

Zuletzt endete der Kampf mit einer vollständigen Niederlage für Fidel.

40

Nach vergeblichem Bellen, Rasen und Springen kam er, den Schwanz zwischen den Beinen, ganz niedergeschlagen zu mir und sprang auf das Pferd.

Bald stieg ich ab, löste die Schnur, die mir als Zaum und Zügel gedient, streichelte das gutmütige Tier und ließ es frei laufen.

Dann setzte ich mich auf einen mit Kräutern umwachsenen Stein nieder. Fidel legte sich neben mich.

Alle Kampfeslust war ihm vergangen. Er ließ das Schaf in Ruhe, und dieses tat auch, als wäre nichts vorgefallen.

Der gesunde Ritt in der frischen Morgenluft hatte mich gestärkt. Ich war viel ruhiger geworden. In vollen Zügen sog ich die von dem Duft der wilden Blumen und Kräuter gewürzte reine Bergluft ein.

Von meinem Sitz aus hatte ich eine wundervolle Fernsicht.

Vor mir lag der prächtige 60 Kilometer lange Eyjafjördur.

Seine glänzende dunkelblaue Wasserfläche war glatt wie ein Spiegel.

Die Bergkette Badlaheidi jenseits des Eyjafjördur prangte in allen Farben des Regenbogens und schien wie bedeckt mit einem riesigen Blumenteppich, der in großen Falten bis ins blaue Wasser hinabging.

Darüber lag die zarte Luft des Sommermorgens wie ein durchsichtiger bläulicher Schleier.

Da, auf einmal, welch ein Farbenspiel!

Funkelndes Gold, leuchtender Purpur, blendendes Weiß, Blau, Grün, Violett, Rosa – alles in ständigem Wechsel –, eine unbeschreibliche Pracht.

Waren dort oben lauter Feuer angezündet, hoch auflodernd und an Glanz und Kraft sich verstärkend?

Der ganze Bergrand fing an zu leuchten, zu brennen, zu glühen, so schön, daß ich wie gebannt dasaß.

Womit sollte ich diese Herrlichkeit vergleichen?

Es war, als wenn Milliarden funkelnder Perlen, Rubine und Edelsteine und alles Gold der Erde um die Wette leuchteten und ihre Strahlen hinaussprühten in den weiten Himmelsraum. Mit jeder Sekunde wuchsen Licht und Farbe.

Zuletzt stand die ganze Bergkette wie in hellen Flammen – Flammen aus Purpur und aus Gold!

„O wie schön, wie herrlich!" rief ich immer wieder aus.

Es war ein Rauschen von Feuer und Licht und Farben und schimmerndem Glanz.

Das Licht nahm immer zu an Stärke, denn jetzt stieg sie herauf dort hinter den Bergen, in ihrer blendenden Pracht, die Königin am Himmel – die Sonne!

Ein eigenartiger Wettstreit war nun zu schauen.

All die herrlichen Farben schienen zu ringen mit dem neuen Licht, das hinter ihnen herzog und sie auseinanderzujagen begann.

Das helleuchtende Weiße wurde immer stärker und stärker und breitete sich nach allen Seiten aus. Es vertrieb und verwischte nach und nach das schöne Rot und Blau und Gelb und Violett – die strahlende Sonne war also aufgegangen.

Drüben am Abhang der Bergkette Badlaheidi stiegen dünne bläuliche Rauchsäulen, eine nach der anderen, in die Höhe, ein Zeichen, daß die Leute auf den Höfen jetzt aus dem Schlaf erwacht waren. Eine jede dieser Rauchsäulen erzählte mir, daß ein fleißiges Mädchen aufgestanden war und Feuer auf dem Herd angezündet hatte, um für die Bewohner des Hofes Kaffee zu kochen und dann, wie es Sitte auf Island ist, eine Tasse an jedes Bett zu bringen.

Reges Leben zeigte sich allmählich überall in den Bergen.

Hunde, Pferde, Schafe bellten, blökten und wieherten um die Wette. Vögel sangen, flöteten und kreischten. Menschen wurden auf den Höfen rund umher sichtbar, kleinen schwarzen Punkten gleich, die sich hin und her bewegten.

In der Stadt Akureyri selbst, tief unter mir, stieg jetzt Rauch fast von jedem Hause empor, auch vom „Paulshaus", der Wohnung meiner Mutter.

Sie war also aufgestanden und damit beschäftigt, Kaffee zu kochen – auch für mich.

Gewiß ahnte sie nicht, wo ich war. Sie mußte glauben, ich schliefe ruhig in meinem Bett oben unter dem Dache.

Gleich würde sie hinaufgehen, mich zu wecken – und das Bett leer finden.

Das war nun freilich nichts Ungewöhnliches; denn ich stand häufig vor den anderen auf.

Aber ganz ungewöhnlich war, was ich in dieser Nacht durchgemacht und ausgestanden hatte. Dies wußte die Mutter nicht.

Jetzt kamen die unheimlichen Träume der Nacht mir von neuem in den Sinn.

Doch um meine Gedanken abzulenken, klopfte ich meinem kleinen vierbeinigen Freund, der noch schlafend neben mir lag, auf den Rücken. Er öffnete die Augen, schaute mich treuherzig an und wedelte dann so freudig mit dem Schwanz, daß sein ganzer Körper mitzappelte.

Dann schmiegte er sich an mich und versuchte, aus lauter Anhänglichkeit sogar mein Gesicht zu belecken.

Ich sprang auf und warf noch einen Blick auf das einsame Schiff unten im Hafen, mein künftiges, schwimmendes Heim.

Auf dem Verdeck stieg aus einem eisernen Rohr eine Rauchsäule auf. Der kleine dänische Koch hatte gewiß in der Schiffsküche Feuer angezündet und kochte den Morgenkaffee für die Mannschaft.

Wiederum suchte mich der Gedanke zu beunruhigen: In wenigen Tagen wirst auch du dort sein.

Doch ist es besser, nicht weiter darüber nachzugrübeln, dachte ich.

Ich mußte mit meiner Mutter sprechen. Sie war die einzige, die mir helfen konnte.

Ich rief Fidel, schwang mich auf mein Pferd, und hinunter gings im Trab bis vor unser Haus, das ich nun für immer verlassen sollte.

5. Abschied von der Mutter

Ich trat ins Haus, ging durch die Küche und stieg die Treppe
hinauf.
So kam ich in meine Schlafkammer, ohne der Mutter zu begeg-
nen. Sie war wohl im Wohnzimmer beschäftigt.
Schnell brachte ich mein Bett in Ordnung. Wie oft, kam mir der
Gedanke, werde ich das noch hier zu Hause tun?
Mein Bett sollte ja schon heute an Bord des dänischen Schiffes
gebracht werden.
Als ich fast fertig war, hörte ich jemand die Treppe herauf-
kommen. Ich lauschte. Es waren die Tritte meiner Mutter.
Sie kam an die Tür und klopfte an.
Ich öffnete. Die gute Mutter trat herein.
Ich war nicht wenig überrascht. In den Händen trug sie ein
Kaffeebrett, auf dem eine unserer schönsten Tassen, gefüllt mit
dampfendem Kaffee, stand; daneben ein Teller mit Butter-
brot und leckerem Kuchen, den sie selbst gebacken hatte.
Aber was in aller Welt sollte das bedeuten!
Ich wurde ganz verlegen und beschämt.
Nie zuvor hatte die Mutter mir solche Aufmerksamkeit ge-
schenkt. Sie war überhaupt nicht gewohnt, ihre Kinder zu ver-
zärteln oder zu verwöhnen. Und nun kam sie mit all den schönen Sachen selbst zu mir herauf.

45

Was mochte sie dabei bezwecken?

Sie sagte kein Wort, sah mich aber lächelnd an und stellte das Brett auf einen kleinen Tisch neben dem Bett.

Ich war ganz gerührt. Ich faßte ihre Hand, drückte sie warm, führte sie an meine Lippen und küßte sie.

Aussprechen konnte ich nur: ,,Liebe Mutter!''

Sie schaute mir liebevoll in die Augen und sagte:

,,Trink nun deinen Kaffee, Nonni, und komm dann zu mir herab, ich habe etwas Wichtiges mit dir zu reden.''

Dann drückte sie mir die Hand, nickte lächelnd und verließ meine Kammer.

Ich nahm die Tasse in die Hand. Mit großen goldenen Buchstaben standen darauf die zwei dänischen Wörter: Til Moder (Für die Mutter).

Diese Tasse hatte ich vor einigen Jahren der Mutter als Sommergabe geschenkt.

Auf Island ist es nämlich Sitte, am ersten Sommertag sich gegenseitig Geschenke zu geben, und so hatte ich meiner Mutter vor zwei Jahren am ersten Tag des Sommers diese Tasse geschenkt.

Das hatte sich so zugetragen:

Während der Wintermonate war in mir der Wunsch wach geworden, Vater und Mutter etwas Schönes als Sommergabe zu schenken. Weil ich aber kein Geld besaß, wußte ich nicht, wie ich mein Vorhaben ausführen könnte.

Eines Tages nun hatte ich einen glücklichen Einfall.

Mehrere Monate hindurch gab es zu Mittag eine isländische Delikatesse, Käfa genannt. Sie gab es anstelle der Butter.

Wir hatten damals zu Hause einen Knecht, alttestamentlichen Namens Hosias. Wir beide verstanden uns sehr gut. Hosias war nun ein großer Liebhaber von Käfa.

Als ich eines Tages beim Mittagessen bemerkte, daß er im Handumdrehen mit seiner Portion fertig war, gab ich ihm die Hälfte der meinigen.

Er freute sich darüber, mir aber kam ein Gedanke, und ich sagte ihm, daß ich mit ihm allein sprechen möchte.

Wir gingen in die Scheune neben dem Kuhstall, und da fand nun folgende Unterhaltung statt:

„Sag mal, Hosias, du ißt gern Käfa, nicht wahr?"
„Ja, Nonni, und wie!"
„Nun gut. Dann laß dir einen Vorschlag machen. Wenn es dir recht ist, will ich dir jeden Tag meine Portion Käfa überlassen."
„Ist's möglich? Willst du das wirklich, Nonni?"
„Ja, Hosias. Nur mußt du dann auch etwas für mich tun."
„Und das wäre?"
„Du mußt mir meine Käfa mit Geld bezahlen."
„Wieviel willst du denn dafür haben?"
„Wieviel willst du geben?" fragte ich.
„Sagen wir mal, für jede Portion einen Schilling?"
„Gut", sagte ich, „einverstanden."
Damit war der Handel abgeschlossen.
Ich aß nun jeden Tag das Brot trocken und gab Hosias meine Käfa, er bezahlte mir jedesmal einen Schilling.
So ging es ein paar Monate lang.
Schließlich hatte ich so viel Geld, daß ich glaubte, es sei genug.
Von da an aß ich wieder meine Käfa, und Hosias behielt seinen Schilling.
Eines Tages ging ich nun mit meinem Gelde zu Herrn Möller, einem dänischen Kaufmann in der Stadt, und verlangte zwei schöne Sommergaben, eine für Vater und eine für Mutter.
Herr Möller fragte: „Wieviel dürfen sie kosten?"
„So viel", sagte ich und legte alle meine Schillinge vor ihn hin.
Der Kaufmann zeigte mir mehrere hübsche Sachen, darunter zwei große, schöne Kaffeetassen mit vergoldetem Rand. Sie kamen aus Dänemark. Auf der einen stand mit goldenen Buchstaben: Til Fader, auf der anderen: Til Moder.
Sie gefielen mir so gut, daß ich sie gleich mitnahm.
Einige Tage hielt ich die kostbaren Geschenke sorgfältig verborgen. Am Sommertag überreichte ich sie dann feierlich Vater und Mutter.
Das alles kam mir wieder in die Erinnerung, als ich die Tasse betrachtete, in der die Mutter mir eben den Kaffee gebracht hatte. Wie lieb und aufmerksam das doch war von ihr!
Dafür schmeckte mir aber auch heute das Frühstück besonders gut.

Als ich fertig war, ging ich zur Mutter hinab. Sie saß im Wohnzimmer und ließ mich neben sich Platz nehmen.

„Mein lieber Nonni, du kannst dir wohl denken, welchen Schmerz eine Mutter fühlt beim Abschnied eines ihrer Kinder. Wenn ich dich trotzdem fortreisen lasse, so tue ich es nur deshalb, weil ich überzeugt bin, daß es zu deinem Besten ist. Ich möchte dir einiges sagen, was mir sehr am Herzen liegt. Sei immer ehrlich und aufrichtig. Ich kann mich, Gott sei Dank, nicht erinnern, daß du jemals vor mir gelogen hast. Nun bitte ich dich, mein Kind, bleibe dabei, sei wahrheitsliebend und lüge niemals, auch nicht, um einer Strafe oder Beschämung zu entgehen. Das mußt du mir von ganzem Herzen versprechen."

„Liebe Mutter, ja, ich verspreche es dir. Ich werde nie die Unwahrheit sagen. Du kannst dich drauf verlassen, Mutter."

„Glaubst du auch imstande zu sein, alle deine guten Vorsätze zu halten?"

„Ja, Mutter, das glaube ich ganz bestimmt. Ich werde sie alle halten, mein ganzes Leben lang."

Diese Worte sprach ich mit Nachdruck und Kraft. In meiner kindlichen Unerfahrenheit fühlte ich mich so sicher!

Die Mutter lächelte, sah mich voller Liebe an und erwiderte: „Was du da sagst, ist gewiß ehrlich gemeint. Aber glaube mir, es wird nicht so leicht sein, wie du jetzt meinst. Du wirst Schwierigkeiten begegnen, von denen du keine Ahnung hast. Durch eigene Kraft kannst du dein Versprechen nicht halten. Daher achte darauf, was ich dir jetzt sage; es ist das Allerwichtigste. – Ich will dir ein Mittel angeben, das dir ganz sicher hilft, trotz deiner Schwachheit und Unerfahrenheit die Vorsätze zu halten. – Und was für ein Mittel ist das? Kannst du es erraten?"

Da ich nicht antworten konnte, sprach sie weiter: „Es besteht darin, daß du keinen Tag vorübergehen läßt, ohne dich mit deinem Herzen, deiner Seele, deinen Gedanken an Gott zu wenden und ihn zu bitten, er möge dir beistehen."

Sie faßte meine Hände, sah mir in die Augen und sagte: „Versprichst du deiner Mutter, daß du dich an Gott halten und jeden Tag zu ihm beten willst?"

48

Mit voller Bestimmtheit antwortete ich:

„Ja, Mutter, das verspreche ich dir von ganzem Herzen."

Die Mutter stand auf, drückte nochmals meine Hände und sagte:

„Sei guten Mutes, mein lieber Nonni. Du brauchst dich nicht zu fürchten. Gott wird mit dir sein."

Es waren einige Tage vergangen, seitdem Kapitän Foß mich als Passagier auf seinem Schiff angenommen hatte. Bereits war nach dem Wunsch des Kapitäns mein Bett in seine Kajüte gebracht und von meiner Mutter selbst zurechtgemacht worden. Von unserer Seite aus war alles fertig zur Reise.

Von Manni und Bogga, die jetzt verreist waren, hatte ich einige Tage vorher Abschied genommen.

Ich war nun allein mit meiner Mutter zu Hause. Mit unbeschreiblicher Spannung wartete ich auf die Ankunft des Boten.

Endlich an einem Nachmittag kam er.

Es war der Schiffskoch, der nicht viel älter war als ich.

Ich ging ihm entgegen, öffnete die Tür und ließ ihn eintreten.

Die Mütze in der Hand, grüßte er und sagte, noch bei der Tür stehend, zu meiner Mutter:

„Kapitän Foß läßt Ihnen melden, Ihr Sohn möchte an Bord kommen, wenn möglich, jetzt gleich."

Bei dieser Meldung fühlte ich, wie meine Brust sich zusammenschnürte.

Doch ließ ich mir nichts anmerken, sondern fragte den Jungen ruhig:

„Wann fahren wir ab?"

„Noch heute nachmittag", lautete die Antwort. „Sobald du an Bord kommst, lichten wir die Anker und segeln ab nach Dänemark."

Ich schaute die Mutter an. Unsere Blicke begegneten sich, doch nur eine Sekunde. Gott allein weiß, was ich in diesem Augenblick litt.

Aber auch die Mutter beherrschte sich und redete den kleinen Boten freundlich an:

„Ich glaube, wir haben Gegenwind. Will der Kapitän nicht warten, bis der Wind günstiger ist?"

„Nein," antwortete der Junge. „Er meint durch Kreuzen aus dem Fjord hinauszukommen. Deshalb will er lieber sofort abfahren."

„Gut", sagte die Mutter, „Nonni wird gleich bereit sein. Aber erst setze dich an den Tisch; ich will dir eine Tasse Kaffee bringen."

Schnell holte ich einen Stuhl. Der Junge setzte sich bescheiden auf die Kante und hielt die Mütze in der geschwärzten Hand.

Der arme Junge! Er sah so freundlich aus, aber so vernachlässigt und schwarz von Ruß und Rauch; sein abgetragenes Hemd war noch schwärzer als Gesicht und Hände.

Ich bekam Mitleid mit meinem künftigen Reisekameraden; denn ich hatte den Eindruck, daß er ein hartes Leben habe. Er war ja noch so jung und allein und verlassen zwischen den Matrosen – und so weit fort von seiner Mutter.

Der letzte Gedanke ging mir am meisten zu Herzen. Ich ging nahe an ihn heran und fragte leise:

„Wo wohnt deine Mutter?"

Verwundert über diese Frage, schaute er mich groß an und antwortete langsam und bedächtig:

„Meine Mutter wohnt in Rönne auf der Insel Bornholm."

Zugleich traten Tränen in seine Augen und liefen die rußigen Wangen herab.

Tröstend sagte ich:

„Aber jetzt fährst du ja heim zu ihr."

„Ja", antwortete er zögernd. „Aber das ist eine weite und gefährliche Reise. Das habe ich erfahren. Beinah hätten wir auf der Fahrt hierher Schiffbruch erlitten. Auch fürchte ich immer, ich komme nicht wieder zu meiner Mutter zurück."

„Davor sei doch nicht bange", tröstete ich ihn. „Du wirst sie schon wiedersehen. Ich dagegen werde die meine nicht wiedersehen!"

Als ich dies aussprach, wurde *mir* nun ganz weich ums Herz. Ich versuchte meine Tränen vor dem fremden Jungen zu verbergen; aber es gelang mir nicht.

Er bemerkte es und fragte:

„Wirst du denn nicht von deiner Reise zurückkommen?"

„Ich glaube nicht", sagte ich, „reise so weit fort."

„Fährst du denn nicht nach Kopenhagen?"

„Ja, aber nur vorläufig. Von da geht es weiter nach Süden durch ganz Frankreich zu einer Stadt, die Avignon heißt."

„So weit? Dann verstehe ich, daß du traurig bist. Es ist wirklich kein Spaß, seine Mutter zu verlassen, zumal wenn man noch so jung ist wie wir beide. Ich wünschte, ich wäre nie von zu Hause fortgegangen."

Bei diesen Worten sah er mich traurig an.

Da ging die Tür auf. Meine Mutter trat herein und brachte Kaffee und Kuchen für uns beide.

Wir setzten uns an den Tisch. Aber sonderbar: während ich sonst Mutters Kuchen, den es freilich nur selten gab, sehr gern aß, konnte ich jetzt kaum ein Stückchen hinunterbringen; jeder Bissen blieb mir im Halse stecken.

Ich tat, was ich konnte, damit wenigstens der kleine dänische Gast tüchtig zugreife. Die Mutter hatte uns ja so gute Sachen zum Abschied vorgesetzt.

Aber der Kleine war sehr bescheiden. Da er sah, daß ich so wenig aß, glaubte er meinem Beispiel folgen zu müssen. Wir waren deshalb schnell fertig.

Meine letzte Mahlzeit im Hause meiner Mutter! –

Der kleine Bornholmer stand auf und sagte zunächst der Mutter den gewöhnlichen dänischen Dank: Tak for Mad; dann gab er mir die Hand: „Auf Wiedersehen an Bord!"

Beim Abschied sagte die Mutter: „Gruß an Herrn Kapitän Foß; melde ihm, wir würden gleich kommen."

Als der Junge fort war, ermahnte sie mich:

„Nonni, sei auf der ganzen Reise gut zu dem Jungen!"

„Das würde ich sein, Mutter, auch wenn du es mir nicht gesagt hättest. Ich habe ihn schon liebgewonnen." –

Darauf lief ich zum Nachbarshaus, um meinen Freund Stebbi zu holen. Es war nämlich vorher abgemacht, daß er uns zum Schiff hinausrudern sollte. Stebbi kam sofort, und wir beide brachten meinen Koffer zum Strand.

Unterdessen machte die Mutter sich fertig, und einige Augenblicke später saß ich neben ihr in dem kleinen Boot.

Stebbi stieß vom Land ab und ruderte hinaus zum „Valdemar" von Rönne.

Als wir eine ziemliche Strecke vom Land entfernt waren, zog meine Mutter ein kleines, zusammengefaltetes Papier hervor und reichte es mir mit den Worten:

„Hier hast du, lieber Nonni, eine Erinnerung an mich. Ich hoffe, daß es dir noch lange ein Andenken sein wird."

Ich öffnete das Papier und überflog es. Es enthielt einige wenige Ratschläge, von der Hand meiner Mutter geschrieben.

Dann faltete ich es wieder zusammen und steckte es in meine Brusttasche.

Jetzt konnte ich meine Tränen nicht länger zurückhalten. Ich umarmte meine Mutter und schluchzte:

„Mutter, ich verspreche dir nochmals, daß ich diese Ermahnungen beachten werde. – Liebe, liebe Mutter, ja, ich werde mich an sie halten."

Mehr konnte ich nicht sagen.

Die Mutter weinte nicht. Doch drückte sie mich fest an ihr Herz.

Wir waren indessen bis nahe an das Schiff gekommen. Stebbi ruderte bis hart an die pechige Wand, und bald standen wir auf dem Deck.

Der kleine Koch kam gleich zu uns herangelaufen, machte eine Verbeugung vor der Mutter und gab mir freundschaftlich die Hand, die er soeben mit dem Küchentuch abgetrocknet hatte.

Dann half er Stebbi, meinen Koffer aus dem Boot zu holen.

Mittlerweile kam auch der Kapitän, grüßte freundlich und bat uns, in die Kajüte hinabzusteigen.

Wir folgten ihm in den „Salon" des Schiffes, wo ich während der Reise mit dem Kapitän und dem Steuermann zusammen wohnen sollte.

Ihre Kojen lagen sich längs der Schiffswände gegenüber; quer zwischen ihnen war mein Bett auf einer breiten, festen Bank eingerichtet. Es füllte den Raum zwischen den beiden Kojen ganz aus.

Mit dem Fuß konnte ich da klopfen, wo der Kopf des Kapitäns war, und mit den Händen konnte ich an die Füße des Steuermanns reichen.

Diese Anordnung gefiel mir sehr gut. Im Notfall konnte ich bei dem einen oder bei dem anderen Hilfe suchen.

Nachdem die Mutter nochmals die Kajüte und meine Lager-
stätte besichtigt hatte, bat sie den Kapitän, zum Abschied noch
einige Augenblicke mit mir allein zu sein.

„Selbstverständlich, nehmen Sie sich nur gut Zeit; Sie brau-
chen sich nicht zu beeilen", sagte der Kapitän und verließ uns.
Der Abschied war kurz. Die Mutter umarmte und küßte mich.
Dann sprach sie:

„Jetzt müssen wir scheiden, mein lieber Nonni. Es ist möglich,
daß wir uns in diesem Leben nicht wiedersehen; aber ich hoffe,
Gott wird uns einst im Himmel wieder vereinen."

Wie es mir in diesem Augenblick ums Herz war, kann ich nicht
mit Worten ausdrücken. Ich hatte meine Mutter so lieb. Ich
konnte ihr nur durch Tränen antworten.

„Laß uns nun ein Ende machen", sagte sie. „Lebe wohl, Kind!
Ich übergebe dich dem Schutze Gottes. Er ist der Beschützer
der Waisen; möge er dir Vater und Mutter sein."

Das waren ihre letzten Worte. Wir stiegen aufs Verdeck.

Eilig nahm sie Abschied vom Kapitän und den umstehenden
Matrosen und stieg ins Boot, das schnell davonfuhr.

Ich lehnte mich an den Schiffsrand und schaute dem Boot
nach. Die Mutter wandte sich einige Male um und nickte liebevoll herüber. Ich winkte zurück.

Das Boot entfernte sich unter den Ruderschlägen Stebbis mehr
und mehr, bis es zuletzt am Strand in der Nähe unseres Hauses
verschwand.

Da legte sich unser Schiff auf die Seite und wandte die Spitze
vom Land ab. –

Ich hatte also den Weg zu meiner neuen Heimat angetreten.

Erneut überfiel mich wieder das frühere Gefühl! Ich kam mir
vor wie ein Baum, der mit der Wurzel ausgerissen und in ein
neues Erdreich gepflanzt wird.

Mein Vaterland, mein teures Island, meine Landsleute, das
glückliche Leben, das ich bis jetzt in der Familie und mit meinen Freunden verlebt hatte, alles das sollte jetzt für mich nur
noch eine liebe Erinnerung sein.

Von nun an sollte ich fremd unter fremden Menschen leben. –

Wie blind und taub ging ich auf dem Schiff umher, ohne zu sehen, was ich sah, ohne zu hören, was ich hörte.

Die Leute sagten mir ab und zu ein freundliches Wort, einen kleinen Spaß.

„So, du kleiner Isländer, jetzt segeln wir hinaus. – Wir fahren nach Dänemark. – Werde nur nicht seekrank! – Jetzt sollst du ein echter Seemann werden. Gleich gibt's eine Schaukelkur, eine ordentliche. Ob du die verträgst?"

Sie meinten es gut mit mir, diese freundlichen Dänen, die ersten Fremden, in deren Gesellschaft ich mein neues Leben begann. Aber es war mir nicht möglich, auf ihre Späße einzugehen. Ich antwortete, ohne recht zu wissen, was ich sagte, oder verzog nur die Miene zu einem gezwungenen Lächeln.

Schließlich wurde ich von dem Schmerz des Abschieds so überwältigt, daß ich mich nicht mehr beherrschen konnte.

Ich rannte in die Kajüte hinab, warf mich schluchzend auf mein Bett, das von der Mutter bereitet war, und verbarg mein Gesicht tief in das Kopfkissen.

6. Bei Wind und Wellen

Es war Abend geworden. Ich lag noch immer auf meinem kleinen Bett unten in der Kajüte.

Der Wind wurde stärker und stärker, die Wogen gingen höher und höher. Aber in meiner Traurigkeit achtete ich nicht auf das Schlingern und Schaukeln des Schiffes.

Als ich eine Weile so gelegen und geweint hatte, hörte ich, daß auf dem Verdeck die Klapptür zum Treppengang geöffnet wurde.

Gleich darauf kam ein Mann mit schweren Schritten die enge Treppe herunter. Er öffnete die Innentür der Kajüte und trat herein.

Ich war allzu traurig und hielt mich deshalb mit dem Gesichte auf dem Kissen liegend ganz ruhig.

Der Mann pfiff lustig ein bekanntes dänisches Volkslied vor sich hin und muschelte an der einen Koje herum, als wenn er etwas suchte. Da mußte er mich entdeckt haben, denn freundlich redete er mich an:

„So, so, du kleiner Isländer! Hast du dich hierher verlaufen? Niemand wußte, wo du geblieben bist."

Dabei schlug er mir freundschaftlich auf die Schulter.

Ich wandte den Kopf und sah ihn an. Es war der Steuermann. Ich war verlegen.

Sprechen konnte ich nicht viel, weil ich noch keine Übung im Dänischen hatte. Deshalb nickte ich ihm nur zu.

Mein verweintes Gesicht mußte ihm wohl aufgefallen sein. Er beugte sich über mich, schaute mir aufmerksam in die Augen und sagte: „Ach, du armer Junge! Du bist wohl traurig, weil du deine Mutter hast verlassen müssen. Ja, das kann ich gut verstehen. Aber das geht schon vorüber. Weißt du, ich war noch jünger, als ich von meiner Mutter fortging. Auch ich war traurig, das muß ich gestehen, aber es dauerte nicht sehr lange. So wird es auch bei dir gehen, kleiner Freund."

Er setzte sich auf die Kante des Bettes und sah mich so vertrauensvoll an, daß es mir warm ums Herz wurde.

Ich faßte seine Hand und sagte in gebrochenem Dänisch:

„Herr Steuermann, weshalb mußten Sie denn von der Mutter fort, als Sie noch so jung waren?"

„Das will ich dir sagen. Ich sollte zur See, ja zur See, gerade wie du. Du gehst ja auch zur See. Glaubst du, ich hätte so geweint wie du? – Pah, eine kleine Träne im Anfang, damit war's vorbei.

So mußt du es auch machen. Mir ging es sehr gut; dir wird es auch gutgehen. Hast du mich verstanden, kleiner Isländer? –

Aber sei nun nicht mehr traurig", sagte er weiter, „das hilft doch nichts. Sei fröhlich und tobe oben auf dem Verdeck herum. So machen es die dänischen Jungen. Du mußt mit Owe Spaß machen, du weißt, mit dem kleinen Koch. Das heißt, wenn er Zeit hat. Natürlich darfst du ihn bei der Arbeit nicht stören.

Sei also vernünftig, kleiner Isländer, und hör ganz auf zu weinen. Na, was sagst du dazu?"

„Ja, Herr Steuermann, ich will es versuchen. Oh, ich bin so froh, daß Sie so gut zu mir sind. – Ich fühle mich so verlassen, so einsam hier."

„Wie?" sagte er halb spaßend, halb tröstend, „mein – ach, wie heißt du doch wieder?"

„Ich heiße Nonni."

„Ja, richtig. Also, mein kleiner Nonni, einsam, sagst du? Aber das bist du doch nicht. Du hast ja uns hier, und wir alle haben dich gern. Du wirst noch der Liebling auf dem ganzen Schiff. – Oder glaubst du, wir Dänen seien Menschenfresser? O nein, so wild sind wir nicht, wir sind ganz friedliche Leute. Ja, Nonni, so ist es. Nimm zum Beispiel mich. Glaubst du, ich hätte dich nicht gern?

Aber jetzt wisch die Tränen ab und laß nicht merken, daß du geweint hast. Sieh hier –"

Er nahm ein Handtuch, tauchte das eine Ende in einen kleinen Behälter mit Wasser, der am Boden befestigt war, und gab es mir.

Ich stand auf, wusch mein Gesicht und trocknete es sorgfältig ab.

Dann fing der muntere Steuermann wieder an:

„So, nun bist du fein geworden und siehst ganz nett aus. Jetzt komm mit auf Deck, und rede mit den Leuten. Nachher gehst du wieder hinab und speist zu Abend mit dem Kapitän. Denk dir, mit dem Herrn Kapitän selbst! Welche Ehre, mein Junge, zusammen mit dem Kapitän zu speisen. Du sollst auch Feigen, Rosinen und Zwetschgen haben. Das gefällt dir wohl, kleiner Isländer? Schau mal her!"

Er öffnete eine Schublade, die voll von Rosinen war, dann eine andere mit Feigen und noch eine dritte mit Zwetschgen.

Das gefiel mir. Ich fing an zu lächeln.

„Siehst du, wie gut du es bei uns haben wirst. – Also, jetzt munter und froh und keine Träne mehr, Nonni!"

„Ja, Herr Steuermann."

Wir gingen zusammen auf das Verdeck.

Als ich den Kopf durch die Tür steckte, sauste der scharfe Nordwind mir so gewaltig um die Ohren, daß ich ganz wirr im Kopf wurde. Er faßte so kräftig in meine Haare, daß ich glaubte, er wolle sie alle mit der Wurzel ausreißen.

Ich rannte zurück, holte meine Mütze und zog sie fest über die Ohren. So stieg ich wieder aufs Deck.

„Uh, ha!" rief ich beim Anblick der schäumenden Wogen. „Was für ein Wetter! Was für eine Segelfahrt!"

Ich blieb stehen und schaute mich verwundert um. Wie wild war alles um mich her!

Es fing schon an zu dunkeln. Der Himmel war mit aschgrauen Wolken bedeckt. In der Dämmerung sahen die hohen Bergketten auf beiden Seiten des Fjords gespenstisch aus und glichen drohenden Ungeheuern. Sie schienen viel höher, als sie in Wirklichkeit waren, und es kam mir vor, als grollten sie mir, weil ich sie auf immer verlassen wollte.

Ich warf einen Blick auf die bewegte See.

Wie schauerlich schwarz und drohend sie aussah! Welch gewaltige Bewegung! Wie rasten und tobten die grimmigen Wogen ringsum!

Der Wind nahm immer mehr an Stärke zu. Die Wellen wurden höher und größer.

Ununterbrochen klatschten sie an den breiten Schiffsbug und jagten dann zischend weiter die Schiffsseite entlang.

Der kleine Segler wurde zuweilen so erschüttert, daß man die Planken krachen hörte.

Der Kapitän stand selbst am Steuer.

Zwei Matrosen waren an den Segeln, auf jeden Wink des Kapitäns gefaßt.

Alle trugen die gelben Ölkleider und Südwester. Und das war notwendig; denn die gewaltigen Wogen überschütteten immer wieder das Verdeck mit Wasser und Schaum.

Ich selber suchte einem solch unbehaglichen Sturzbad zu entgehen, indem ich, sobald eine Welle herankam, hinter die Küchenwand sprang. Und auch da mußte ich noch gut achtgeben, um nicht begossen zu werden.

Bei dem Hin- und Herspringen auf dem Deck, bei dem Schlingern und Schaukeln des Schiffes, bei der sausenden Fahrt, da lebte ich wieder auf.

Ich vergaß – wenigstens für einen Augenblick – Tränen und Traurigkeit und fand es ganz lustig, im Halbdunkel auf dem gewaltigen, unruhigen Wasser dahinzusegeln.

Was würde die Mutter wohl sagen, wenn sie mich so kühn auf dem schräghängenden Deck umhergehen sähe?

Mut und Selbstgefühl wuchsen. Ich trat fester auf und kam mir beinahe wie ein Seemann vor. –

Plötzlich erscholl ein kurzer, kräftiger Kommandoruf des Kapitäns.

Das Schiff war auf der Westseite des Fjords dem Strande ganz nah gekommen. Aber im Nu drehte es sich gen Norden hin. Die Matrosen hielten mit fester Hand die Taue. Ich beobachtete aufmerksam, was jetzt vorging.

„Paß auf den Knaben auf!" schrie der Kapitän.

Der kleine Koch sprang aus seiner Küche heraus, lief auf mich zu, faßte mich beim Arm und zog mich nahe an den Mast heran.

„Bleib hier stehen, ganz still", sagte er, „bis wir gewendet haben."

Ich gehorchte aufs Wort und konnte nun genau beobachten, wie es weiterging.

Das Schiff hatte sich schon so viel gedreht, daß die Spitze nach Norden schaute, gerade gegen den Wind.

Es hob sich aus der schrägen Stellung, so daß der Mast wieder lotrecht in die Höhe ragte. Einen Augenblick schienen wir stillzustehen.

Die Segel, die eben noch straff gespannt, hingen jetzt schlaff herab und flatterten wild und ausgelassen im Winde.

Da ertönte ein neuer Kommandoruf.

Alsbald schwangen sich die Rahen mit ihren Segeln, von kräftigen Matrosenarmen gezogen, auf die andere Seite. In aller Hast wurden die Taue festgeschlungen. Schon faßte der Wind die Segel und blähte sie auf. Das Schiff legte sich auf die Seite, die bisher oben war, und in laufender Fahrt segelten wir gegen Nordost auf die Badlaheidikette zu.

Ich war begeistert über dieses kunstvolle Manövrieren und fühlte mich stolz, dabei gewesen zu sein, obwohl ich nichts dazu getan hatte.

Wie flink ward doch dies alles ausgeführt! Ich bekam hohe Achtung vor den tüchtigen dänischen Seeleuten.

Nach einer halben Stunde, als wir dem östlichen Ufer des Fjords näher gekommen waren, wurde das Schiff gewendet, und wir segelten wiederum gegen die Westseite des Fjords.

So sollte es nun mit dem Hin- und Herkreuzen die ganze lange Nacht hindurch gehen. Der Fjord ist ja, wie schon gesagt, 60 Kilometer lang und wird nach Norden hin immer breiter. Die Mündung hat eine Weite von 15 Kilometern.

Bald nach der ersten Wendung verließ ich meinen Platz am Mastbaum und ging, wie die Seeleute ihre Küche nennen, zur Kombüse.

Ich steckte den Kopf durch die Tür und sah meinen Freund, den kleinen Koch, eifrig beschäftigt, Kalbskoteletts zu braten.

„Guten Abend, Owe", redete ich ihn an.

„Guten Abend, Nonni", antwortete er, indem er von seiner Bratpfanne aus mich lächelnd anschaute; „komm nur herein."

Ich setzte mich auf einen Holzklotz neben der Tür.

„Bist du nicht seekrank, Nonni?" fragte er.

„Nein, Owe, nicht die Spur."

„Das ist gut, dann wird dir dies nachher schmecken. Ich bereite das Abendessen. So lecker ist das Abendessen nicht jeden Tag. Heute soll es extra fein sein.

Aber sag mal, Nonni", fuhr er fort, während er mit den schwarzen Fingern Salz auf das Fleisch streute, „wie gefällt dir das Segeln?"

„Ausgezeichnet, Owe; ich hätte nicht geglaubt, daß es so lustig wäre."

„Meinst du? Ja, ja, so ist es am Anfang; aber warte nur, du wirst schon noch anders reden. Wir wollen mal sehen, wie du diese Nacht bei all dem Drehen und Wenden schlafen wirst. Weißt du, wir brauchen die ganze Nacht dazu, um aus diesem schrecklich langen Fjord herauszukommen. Und je mehr wir uns der Mündung nähern, desto stärker wird der Wind und desto höher gehen die Wellen. Ja, Nonni, wir wollen sehen, wie es dir morgen beim Aufstehen zumute ist. – Aber jetzt muß ich mit den Kartoffeln anfangen; zu den Koteletts gehören ordentlich viel."

Ich schaute ihm zu und sagte: „Was für ein geschickter Koch du bist! Deine Koteletts sehen ja großartig aus."

„Gefallen sie dir, Nonni? Das freut mich. Ich habe wohl keine andere Wahl, als mir Mühe zu geben. Sonst geht's mir schlimm, kannst es glauben. Es ist nicht so angenehm, Koch auf diesem kleinen Schiff zu sein. Ich habe schon manches durchgemacht."

„Armer Owe!" tröstete ich ihn. „Auf mich kannst du dich verlassen; ich werde immer auf deiner Seite stehen, mag kommen, was will. Meine Mutter hat mir auch gesagt, ich soll immer gut zu dir sein."

„Hat sie das gesagt? Aber meinst du, es könne etwas nützen, wenn wir zwei Kleinen zusammenhalten, gegen die großen Matrosen? Die sind ja viel stärker als wir. Doch davon wollen wir jetzt nicht weiter sprechen." –

„Sieh, das große Stück hier ist für den Kapitän. Das muß immer besonders gut zubereitet sein." –

„Aber, Owe, was mag das bedeuten? Es wird mir so komisch."

„So? Schon jetzt? Dann nimm dich in acht, sonst kannst du nicht zu Abend essen. Das ist der Anfang der Seekrankheit. Aber befolg nur meinen Rat, so wird es bald vorübergehen. Lauf gleich hinaus in die frische Luft und halte dich in der Nähe des Mastes. Dort merkst du das Schaukeln des Schiffes am wenigsten und bist auch nicht leicht in Gefahr, von der großen Rahe erfaßt zu werden, wenn das Schiff wendet und die Segel auf die andere Seite schwingen. Bleibe ständig in Bewegung und halte dich warm; besonders aber sei immer fröhlich. Das ist das beste Mittel gegen Seekrankheit, wie gegen alle anderen Krankheiten auch.

Aber jetzt geh! – Schnell! – Sonst ist es zu spät."

Sofort stand ich auf, klopfte Owe auf die Schulter und ging auf das nasse Verdeck.

Draußen war es höchst ungemütlich.

Der Nebel wurde dichter, und der Nordwind pfiff immer kälter.

Die Berge gegen Osten waren deutlich sichtbar, weil wir ihnen jetzt näher kamen; die westlichen waren im Nebel verschwunden.

Auf dem Verdeck waren nur die zwei Matrosen an den Segeln und der Kapitän am Steuer.

Auch er trug Südwester und Ölkleider. Er sah nicht mehr aus wie ein vornehmer Beamter, sondern wie ein echter Seebär.

Vom Kopf bis zu den Füßen war er tropfnaß. Hut und Kleider glitzerten im Schein des Kompaßlichtes von dem salzigen Seewasser.

Das Schiff quälte sich unaufhörlich durch die schäumenden Wogen vorwärts, ähnlich einem großen Lasttier, das mit Aufgebot aller Kraft sich voranschleppt.

Doch fuhr es schnell; ja wenn der Wind es ganz auf die eine Seite legte, schoß es förmlich dahin.

Nach Owes Rat hielt ich mich auf der Mitte des Verdecks und stapfte auf und ab, um warm zu bleiben.

Es gelang mir jetzt, alle düsternen Gedanken zu vergessen und bei dem wilden Spiel der Wellen froh und munter zu sein.

Ja, das war nun einmal ein wirkliches Segeln, eine echte Seereise.

Meine Übelkeit war wie fortgeblasen. Mir war so gut geworden, daß ich anfing, mich mit einem der Matrosen in aller Ruhe zu unterhalten.

Da erscholl plötzlich ganz barsch die Stimme des Kapitäns:

„Junge, bleib weg von den Leuten!"

Erschrocken und beschämt über die unerwartete Ermahnung, lief ich schnell an meinen Platz neben dem Mast zurück.

Sonderbar! dachte ich. Warum darf ich denn nicht mit den Matrosen sprechen? Ich will mal Owe fragen.

Ich ging in die Kombüse und sagte: „Hör mal, Owe, der Kapitän hat eben geschimpft, weil ich mich mit dem Matrosen unterhielt. Darf man denn das nicht?"

„Wie?" sagte Owe, „du wolltest mit dem Matrosen sprechen?

Weißt du denn nicht, daß es streng verboten ist? Das darfst du nie tun, wenn sie bei schwieriger Fahrt an ihrem Posten stehen."

Kleinlaut gab ich zur Antwort: „Nun, wie sollte ich das wissen?" und hielt es für das beste, bei Owe zu bleiben und mich mit ihm zu unterhalten, während er das Abendessen bereitete.

Die Seekrankheit hatte ich vollständig vergessen, und sie schien mich auch nicht mehr belästigen zu wollen.

7. Das erste Abenteuer und die erste Nacht an Bord

Owe war mit seiner Arbeit ungefähr fertig, und ich freute mich schon, bald unten in der Kajüte zusammen mit dem Kapitän essen zu können.

Plötzlich fühlte ich mich in die Luft gehoben; zugleich kamen alle Gegenstände um mich herum, auch der Holzklotz, auf dem ich saß, in eigentümliche Bewegung, die ganze Kombüse wakkelte.

Ohne Zeit zu haben, mich zu besinnen, stürzte ich vornüber, stieß im Fall an die zwei Schüsseln mit den Koteletts und den Bratkartoffeln und lag im selben Augenblick mit dem Gesicht auf dem Boden.

Die Schüsseln waren zerbrochen, und die Speisen lagen rundumher im Schmutz!

63

Ganz bestürzt rief Owe:

„Um Gottes willen, was hast du gemacht? Steh schnell auf! Wir müssen sehen, daß wir alles wieder in Ordnung bringen, bevor jemand kommt und die böse Geschichte entdeckt."

Glücklicherweise war mir nichts zugestoßen. Auch Owe fand sich bald zurecht. Er schloß sorgfältig die Tür, damit niemand uns überrasche. Dann knieten wir uns beide hin und sammelten in aller Eile das „extrafeine" Abendessen.

Die Koteletts waren bald gefunden und auf eine neue Schüssel gelegt.

Schwieriger ging es mit den gebratenen Kartoffeln. Sie waren über den ganzen Küchenboden hin verstreut.

Wir lasen sie auf, so schnell es ging. Aber wie sahen sie aus! Fleisch und Kartoffeln waren voll Kohlenstaub, Sand und allerlei Schmutz.

Es war ein Jammer, das zu sehen. Der arme Owe stand ganz niedergeschlagen da und war dem Weinen nahe.

Und wer war schuld an allem? Ich, und niemand anderes.

Weil ich mit dem freundlichen Jungen schwatzte, hatte er nicht aufgepaßt in dem Augenblick, als das Schiff plötzlich drehte und sich auf die andere Seite legte.

Mir tat es leid, daß ich so unvorsichtig gewesen war, und bemühte mich nun um so mehr, Owe zu helfen.

„Owe", sagte ich, „hier ist keine Zeit zu verlieren; machen wir uns schnell daran, die Sachen vom Schmutz zu reinigen."

„Ja, du hast recht", stimmte er bei.

Wir nahmen zwei Küchenmesser und schabten den Schmutz zuerst von den Koteletts. Dann ging's an die Kartoffeln. Da war das Geschäft schon mühsamer. Aber wir arbeiteten mit schnellen Händen.

Noch waren wir nicht fertig, da hörten wir jemand an der Tür. Erschrocken drehte Owe sich um – und die Tür ging auf. Es war der Steuermann!

„Na, kleiner Koch", fragte er freundlich, „ist das Abendessen bald fertig?"

„Ja, Herr Steuermann, im Augenblick werde ich damit kommen."

Anstatt sich zu entfernen, suchte er nun Owe, der sich am Eingang vor ihn hingestellt hatte, beiseite zu schieben und streckte den Kopf vor, um zu schauen, wer sonst noch da sei.

O weh, dachte ich, jetzt entdeckt er es. Nein, ich muß Owe retten. –

Schnell eilte ich auf den Steuermann zu, faßte ihn an der Schulter und rief ausgelassen:

„Ah, wie freue ich mich, Sie wiederzusehen! – Jetzt bin ich so guter Dinge. – Das Segeln macht mir wirklich Spaß. – Aber sagen Sie mir doch, was sind das für Berge dort im Westen?" Mit diesen Worten zog ich ihn von der Tür weg. Owe schloß sie und konnte ungestört seine Reinigungsarbeit fortsetzen.

Wie froh war ich, daß es mir durch diese List geglückt war, meinem Freund zu helfen!

Der Steuermann freute sich, daß ich wieder munter war und stand eine Weile bei mir auf dem Verdeck. Er suchte die Berge im Westen. Diese waren aber fast ganz in Nebel gehüllt.

Etwas verwundert über mein Benehmen, fragte er mich, weshalb ich denn so großes Interesse für diese Berge hätte.

Zum Glück konnte ich ihm der Wahrheit gemäß antworten, in dieser Gegend läge mein Geburtsort, Mödruvellir.

Während wir uns so unterhielten, erscholl die Stimme des Kapitäns vom Steuerruder her:

„Steuermann!"

„Herr Kapitän!"

„Es ist Zeit zum Abendessen."

„Jawohl, Herr Kapitän. Ich werde dafür sorgen, daß die Speisen aufgetragen werden."

Dann ging er zur Küche zurück.

Ich folgte ihm auf den Fersen, in Todesangst, Owe könnte noch nicht fertig sein. Doch gottlob, als wir kamen, war alles in Ordnung.

„Owe, bring das Abendessen in die Kajüte für den Kapitän und unseren kleinen isländischen Passagier. Ich werde nachher essen, heb mir meinen Teil auf."

„Jawohl, Herr Steuermann."

Ich verließ nun mit meinem Freund, dem Steuermann, das Deck und stieg in die Kajüte hinab.

Hier wurde sofort der Tisch gedeckt.

65

Ein wenig über der Tischplatte wurde ein Netz ausgespannt,
Darin befanden sich einige viereckige Ausschnitte, die dazu
dienten, Schüssel und Teller aufzunehmen.
So konnte sich hier ein Unglück wie vorhin in der Küche nicht
wiederholen. Mochte das Schiff auch noch so sehr schaukeln
oder sich auf die Seite legen, alle Geräte waren vom Netze festgehalten und konnten so nicht umfallen.
Der Steuermann ging zu seiner Koje, um die Ölkleider anzule-
gen und dann den Kapitän abzulösen.
Kurz darauf kam dieser prustend die Treppe herunter.
Als er, angetan mit dem Sturmhut und den gelben Ölkleidern,
zu mir hereintrat, sah er aus wie ein Gespenst.
Als er aber seine Seebärenhülle ablegte, kam wie durch Zau-
berschlag der vornehme Mann wieder zum Vorschein.
Ich stand am Tisch und wartete bescheiden, bis der Kapitän
sich setzte. Kaum hatten wir Platz genommen, als der Koch
mit dem „extrafeinen" Abendessen zur Tür hereintrat.
Während er die Gerichte auf den Tisch stellte, schielte er belustigt zu mir herüber. Ich mußte mich gewaltig zusammennehmen, um keine Miene zu verziehen.
Wir beide wußten diesmal mehr als der Kapitän, der Steuer-
mann und die ganze Besatzung. Aber wohlweislich behielten
wir unser Geheimnis für uns.
Ich war fest entschlossen, alles aufzubieten, um Owe zu retten.
Das Unglück durfte nie und nimmer entdeckt werden. Eher
wollte ich die Strafe selbst erdulden.
Das Essen begann.
Der Kapitän langte mit der Gabel nach seinem Kotelett und
legte es auf den Teller.
Ich saß ihm gegenüber und war aufs höchste gespannt.
Ob er etwas merken wird? Wenn's nur gut geht!
In meiner Angst vergaß ich ganz, selbst etwas von den Speisen
zu nehmen, und stierte bloß auf den ernsten Herrn, um zu be-
obachten, wie es ihm schmecken werde.
Jetzt beugte er sich tief über den Teller und betrachtete den
Braten genau. –
„O weh!" dachte ich. „Wir sind verloren; er hat's gemerkt."
Ich fühlte, wie das Blut mir in den Kopf stieg.

Der Kapitän sagte nichts.

Er richtete den Kopf wieder auf und nahm einige Kartoffeln. Zu meinem Schrecken betrachtete er auch diese mit forschendem Blick. –

Er fing an zu essen.

Jetzt wagte ich kaum noch aufzuschauen.

„Wenn das nur nicht ein böses Ende nimmt!" sagte ich zu mir. Der Kapitän merkte meine Verlegenheit und sah mich fragend an. Ich war überzeugt, er durchschaute meine Gedanken. Mehr und mehr wurde ich rot im Gesicht.

Da sagte er: „Na, hast du keinen Appetit? Du bist doch wohl nicht seekrank?"

„Nein, Herr Kapitän; vorher war mir etwas übel, jetzt ist es wieder vorbei."

„Aber so iß doch! Die Sachen stehen auch für dich da."

„Gottlob", dachte ich, „er ahnt noch nichts."

Ich dankte ihm und nahm von dem Fleisch und den Kartoffeln und fing an zu essen.

Bald merkte ich, daß es mit den Speisen nicht stimmte. Sooft ich fest zubiß, fühlte ich kleine Sandkörner zwischen den Zähnen.

Der Kapitän war nach den harten Strapazen am Steuerruder so hungrig, daß er sich keine Zeit zum Kauen zu nehmen schien und deshalb wohl keinen Verdacht schöpfte.

Schon atmete ich freier auf, als er sich an den Mund faßte und sagte:

„Aber was ist denn das? Es ist ja gerade, als wären kleine Schrotkörner im Fleisch!"

Mit dem Mute eines Verzweifelten fiel ich ein:

„Ja, Herr Kapitän, in Island schießt man oft mit Schrot."

„Was sagst du? Man schießt mit Schrot? Aber doch wohl nicht auf Kühe und Kälber? Was wir essen, ist aber Kalbfleisch. Vor einigen Tagen habe ich es selbst in Akureyri gekauft."

Ich blieb ihm die Antwort schuldig.

„Merkst du denn nichts an dem Fleisch?" fragte er weiter.

„Doch, Herr Kapitän", antwortete ich zögernd. „Mir kommt es auch vor, als wären Körner darin; aber es schmeckt sehr gut; es ist ausgezeichnet."

„Nun ja", sagte er, „es kann auch etwas anderes sein, vielleicht Sandkörner. Die Isländer gehen mit diesen Sachen oft nachlässig um. Vielleicht hat man das Fleisch auf den Boden fallen lassen, und so ist Sand dran gekommen."

„Ja, das ist sehr gut möglich, Herr Kapitän. In Island ist man ja manchmal nachlässig und unreinlich."

Ich war froh, daß der Kapitän selbst auf diese Erklärung verfallen war.

Um seine Aufmerksamkeit vollends von den verdächtigen Körnern abzulenken, suchte ich das Gespräch auf einen anderen Gegenstand zu bringen.

Es glückte mir.

Der ernste Mann sprach wenig und ließ mich ruhig erzählen. Als ich merkte, daß er mir nicht zuhörte, fing ich an, ihm allerhand Fragen zu stellen.

„Herr Kapitän, ist es gefährlich, bei der Dunkelheit im Fjord zu fahren?"

„Ja, ja, das ist es. Deshalb stehen nur der Steuermann und ich abwechselnd am Ruder, solange wir hier kreuzen müssen."

„Aber wenn wir in das freie Meer kommen, wer steht dann am Ruder?"

„Die Matrosen."

„Ist es draußen nicht so gefährlich?"

„Nein. Gefahr ist nur vorhanden, solange wir in der Nähe vom Land sind, so wie jetzt."

„Aber sind die großen Wellen auf dem Atlantischen Ozean nicht gefährlich für uns?"

„Höchstens zwischen den Eisbergen; aber nicht auf offener See."

„Glauben Sie, Herr Kapitän, daß draußen auf dem Ozean auch ich mal steuern könnte?"

„Das könntest du wohl, sobald du den Kompaß kennst und der Wind nicht zu stark ist."

„Herrlich! Den Kompaß werde ich schon studieren."

So fragte ich hin und her, bis der Kapitän meinte, es sei Zeit zum Schlafengehen.

Wir standen vom Tisch auf, und Owe kam herein, um Schüsseln und Teller abzutragen.

Bevor ich jedoch zu Bett ging, stieg ich nochmals auf das Verdeck, um Owe einen Besuch zu machen.
Er war sehr neugierig, wie es mit dem verhängnisvollen Abendessen ausgegangen sei.
„Hat der Kapitän etwas gemerkt?" fragte er gleich.
„Ja und nein. Er glaubte anfangs, es seien Schrotkörner im Fleisch."
Owe lachte hell auf und ich mit, aber nicht aus Bosheit. Wir hatten beide zu große Achtung vor dem Kapitän wie auch vor dem Steuermann. Sie waren ja immer freundlich zu uns.
So endete das Abenteuer ohne weitere schlimme Folgen.
Es war Zeit, zu Bett zu gehen. Ich drückte meinem Freund die Hand und sagte:
„Ich muß mich beeilen, um den Kapitän nicht zu stören. Er hat sich gewiß schon zur Ruhe gelegt."
„Gut, Nonni. Schlaf recht wohl. Ich möchte dir wünschen, du bekämst eine ruhige Nacht; aber ich zweifle, ob deine Träume süß sein werden."
„Nun, wir wollen es hoffen", sagte ich. „Morgen früh komme ich zu dir und gebe dir Nachricht."
„Gute Nacht, Owe!"
„Gute Nacht, Nonni!"
Ich ging hinab, um mich hinzulegen.
Als ich in die Kajüte trat, fand ich eine große Handvoll Rosinen, Feigen und Zwetschgen in einer Untertasse, die in einer kleinen, in mein Bett eingedrückten Grube lag.
Der Kapitän stand noch vor seiner Koje und war dabei, in sein Bett zu steigen. Doch wandte er sich noch zu mir, zeigte auf die Tasse und sagte:
„Das da ist vom Steuermann."
„Vielen Dank, Herr Kapitän."
Voll Freude lief ich wieder die Treppe hinauf, ging zum Steuermann, der am Ruder stand, drückte ihm die Hand und dankte ihm herzlich.
„Kleiner Nonni", antwortete er in seiner gewohnten munteren Art, „du brauchst nicht zu danken; mach lieber, daß du zu Bett kommst, und schlafe gut bis morgen. – Also gute Nacht, kleiner Isländer, gute Nacht. Jetzt schnell hinunter mit dir."

Ich verstand, daß er auf seinem Posten nicht länger gestört sein wollte, und lief deshalb sofort wieder in die Kajüte hinab.

Der Kapitän lag schon in seiner Koje, am Fußende meines Bettes. –

Das erste, was ich nun tat, war, daß ich die Hälfte der süßen Sachen verspeiste. Die andere Hälfte wickelte ich in ein Stück Papier und verbarg sie unter dem Kopfkissen.

Ich wollte sie am folgenden Tag Owe schenken.

Dann legte ich meine Kleider ab, doch ganz vorsichtig, um den Kapitän nicht im Schlaf zu stören.

Zuerst dachte ich an meine gute Mutter, von der ich jetzt schon so weit entfernt war.

Dann versuchte ich, so gut es ging, den Rat der Mutter zu befolgen: ich betete ein Vaterunser, überdachte, wie ich diesen ersten Tag der Seereise zugebracht und ob ich schlimme Fehler begangen habe.

Ach ja, das hatte ich. Ich war während des Abendessens dem Kapitän gegenüber nicht ganz aufrichtig gewesen – die Sache mit den Schroten und dem Sand im Braten.

Ebenso nicht gegen den Steuermann, der doch so gut und lieb mit mir war. Das tat mir leid. – Sollte ich nicht zu ihm gehen und ihm alles erzählen?

Nein, nein, das durfte ich nicht, schon Owe zulieb nicht. Es war ja auch nur geschehen, um den kleinen Koch aus der Verlegenheit zu helfen.

Ich bat Gott um Verzeihung und versprach ihm, in Zukunft es nicht wieder zu tun.

„O mein Gott", so schloß ich mein Abendgebet, „beschütze meine Mutter und hilf auch mir, daß ich doch ein guter Junge werde."

Ich machte das Kreuzeichen, wie ich es von meiner Mutter gelernt hatte, und kroch leise und vorsichtig ins Bett, indem ich behutsam vermied, gegen das Bett am Kopfe des Kapitäns zu stoßen.

Die Bettdecke zog ich über die Ohren. Dann lag ich ruhig und still wie eine Maus und hörte ganz verwundert zu, wie die Wellen so merkwürdig nahe bei mir waren und gerade unter meinem Kopfkissen fortwährend an die Schiffswand plätscherten.

70

Ich hatte Spaß daran, daß sie mich so sanft wiegten, hoben und senkten, bald nach rechts, bald nach links drehten, hie und da auch rüttelten und schüttelten, wobei dann das Bett und die ganze Kajüte stark ins Schwanken kamen.

So schlich der Schlaf sich sanft und leis in alle meine Glieder; ich schlummerte allmählich ein.

Draußen aber in der finsteren Nacht trieb der brausende Nordwind mich und das Bett und die Kajüte und das kleine Schiff unaufhörlich voran durch die schäumenden Wogen des Atlantischen Ozeans.

Wie lange ich so geschlummert habe, weiß ich nicht. Aber plötzlich wurde ich aus dem Schlaf gerissen.

Das Kopfende meines Bettes wurde nämlich auf einmal so in die Höhe gehoben, daß ich fast aufrecht auf die Füße zu stehen kam, im Schlafe vornüber stürzte und mit Gewalt so lang wie ich war in die Koje des Kapitäns geschleudert, ja mit dem ganzen Gewicht meines Körpers ihm auf den Kopf und die Brust geworfen wurde.

Auf diesen Zusammenstoß folgte ein zweifacher Angstschrei, der eine in tiefem Baß, der andere mit gellender Jungenstimme.

Der Kapitän fuhr erschreckt auf, ergriff mit kräftiger Hand meinen Kopf und Arm und hielt mich so eine Weile fest.

Da schrie ich natürlich noch ärger und suchte mit aller Gewalt mich loszureißen. Glücklicherweise kam mein Angreifer bald zur Besinnung und ließ mich los.

So stand ich vor der Koje. Noch schlaftrunken und ganz verwirrt rieb ich mir mit beiden Händen die Augen.

Der Kapitän richtete sich im Bette auf, faßte mich wieder am Arm und sagte:

„Aber was ist denn das, mein Kleiner? Hast du dich gestoßen?"

„Ja, meine rechte Schulter tut mir weh."

Der Kapitän befühlte sie, und nachdem er sich überzeugt hatte, daß das Schlüsselbein nicht gebrochen war, tröstete er mich und sagte.

„Sei nur ruhig. Das geht bald wieder vorüber."

Unterdessen war ich ganz wach geworden und fing langsam an zu ahnen, was eben geschehen war.

71

Zur Sicherheit aber fragte ich doch den Kapitän:
„Was ist denn eigentlich passiert?"
„Kannst du das nicht begreifen? Das Schiff hat sich auf die andere Seite gelegt."
„Richtig, ja, so ist es gekommen. Das hätte ich eigentlich gleich wissen können."
„Nun, mein Lieber", sprach der Kapitän, „mach, daß du wieder zu Bett kommst. Leg dich fest an die Wand, dann purzelst du ein anderes Mal nicht so leicht herunter."
„Danke, Herr Kapitän. Gute Nacht."
„Gute Nacht, mein Junge, und schlafe wohl."
„Danke, ebenfalls."
Ich legte mich wieder in mein Bett und suchte mich nun so einzurichten, wie der Kapitän mir geraten hatte.
Aber es wollte mir nicht glücken. Mein Bett stand noch immer in die Höhe, beinahe lotrecht, mit dem Kopfende nach oben, mit dem Fußende nach unten.
Deshalb rief ich wieder: „Herr Kapitän, das geht unmöglich. Ich stehe beinahe aufrecht auf den Füßen im Bett, und so kann ich doch nicht schlafen."
„Sieh, daß du dich am Fußende etwas zusammenkauerst", antwortete der Kapitän halb im Schlafe.
Ich befolgte seinen Rat und rollte mich zusammen, indem ich mich vornüberbog und die Knie bis zum Kinn heraufzog.
So lag ich wie ein rundes Bündel, einen gewaltigen Buckel machend, unten in der Ecke des Bettes. Ich hüllte mich fest in die Decke und konnte dann bald einschlafen.
Wie lange ich schlief, weiß ich nicht. Aber das weiß ich wieder bestimmt, daß bald eine ähnliche Geschichte losging wie vorher.
Ich geriet samt dem Bett in eine gleitende Bewegung, rutschte vom Fußende zum Kopfende, das jetzt unten war, und flog auf den Boden vor die Koje des Steuermanns!
Ich stieß einen Schrei aus.
Abermals hörte ich die Stimme des Kapitäns:
„Ach, du Ärmster, bist du schon wieder aus dem Bett gefallen?"
„Ja", antwortete ich jammernd, „ich liege hier mit allen mei-

nen Sachen auf dem Boden. Das ist doch eine abscheuliche Einrichtung mit dem Bett. Nehmen Sie es mir nicht übel, Herr Kapitän, aber hier kann ich nicht länger schlafen; ich werde sonst noch zum Krüppel. Schon jetzt tut es mir schrecklich weh in allen Gliedern."

„Einen Augenblick Geduld, mein Lieber", sagte der Kapitän beruhigend, „ich komme dir gleich zu Hilfe."

„Aber ich bitte Sie, Herr Kapitän, lassen Sie mich nicht mehr in dieses Bett kommen. Das ist ja lebensgefährlich."

„Nur ruhig, Nonni, ich werde schon Rat schaffen."

Der Kapitän kroch jetzt aus seiner Koje hervor und zog sich an.

Unterdessen hatte ich mich, in eine Decke eingehüllt, an den Rand des Bettes gesetzt. Es stand beinahe senkrecht, am Fußende diesmal, wie gesagt, oben, das Kopfende unten.

Kapitän Foß zündete zu einer kleinen Nachtlampe noch eine Kerze an und sagte dann freundlich:

„So, mein Lieber, jetzt bin ich auf einen guten Gedanken gekommen. Du nimmst deine Bettücher, Decken und Kissen und legst dich in meine Koje. Ich bleibe auf, denn ich habe einstweilen Schlaf genug gehabt. Morgen werde ich dann dein Bett anders einrichten. Sei versichert, in Zukunft sollst du nicht mehr herausfallen."

Damit war ich einverstanden und dankte ihm.

Er nahm nun sein Bettzeug fort und half mir das meinige zurechtzulegen; auch sorgte er dafür, daß ich gut und bequem lag. Dann machte er sich vollends fertig und ging auf Deck.

In der neuen Koje lag ich ganz behaglich. Ja, das war in der Tat etwas anderes als vorher.

Der Eingang zur Koje hinein – es war nur eine enge, rundliche Öffnung in der inneren Seitenwand des Schiffes – war so eingerichtet, daß man unmöglich herausfallen konnte. Zudem lag ich hier nicht quer, sondern längs an der Schiffswand. Wenn nun das Schiff sich von der einen Seite auf die andere legte, wurde ich bloß etwas von rechts nach links gedreht. Das störte aber nicht in meiner Nachtruhe.

Bald fiel ich in Schlaf und schlief wie ein Stein bis zum nächsten Morgen.

8. Auf hoher See

Ich erwachte erst, als die bekannte heitere Stimme des Steuermanns an mein Ohr drang. Er steckte den Kopf in meine Koje, faßte mich beim Arm und sagte:

„Nun, kleiner Nonni, willst du denn heute gar nicht aufstehen? Es ist schon längst hell am Tage. Auch sind wir bereits aus der Mündung des Eyjafjördur geschlüpft und segeln flott ins offene Meer hinaus."

Ich richtete mich auf, gab ihm die Hand und wünschte ihm guten Morgen. Dann rieb ich mir den Schlaf aus den Augen und fragte: „Haben Sie die ganze Nacht am Ruder gestanden?"

„O nein, der Kapitän hat mich abgelöst, und jetzt habe ich schon meine vier Stunden Schlaf gehabt."

„Steht der Kapitän noch am Steuer?"

„Nein, jetzt ist es einer von den Matrosen."

„Ja, richtig. Wir sind ja, wie Sie sagen, auf offener See. Da kann ja freilich gut ein Matrose steuern, weil keine Gefahr vorhanden ist."

„Wie? Du bist ja schon ein richtiger Seemann. Woher weißt du das?"

„Vom Kapitän. Er hat es mir gestern beim Abendessen erklärt."

„Ah so! – Aber jetzt auf mit dir, und trink deinen Kaffee."

Er ging hinauf und ließ mich unten in der Kajüte allein, so daß ich in aller Ruhe mich fertigmachen konnte. Während ich mich anzog, fiel es mir auf, daß die Stellung, der Gang und die Bewegungen des Schiffes jetzt ganz anders waren als während der Nacht.

Es legte sich nicht mehr auf die Seite, sondern glitt flott voran. Offenbar hatte es nicht mehr mit den Wellen zu kämpfen. Man merkte kaum einen Stoß. Dagegen hob und senkte es sich viel mehr als früher, doch sanft und ruhig und in ziemlich großen Zwischenräumen. Es machte auf mich den Eindruck, daß wir den Wind im Rücken hätten und auf breiten hohen Wellen führen. Die regelmäßige Bewegung auf und nieder, die ich noch nie im Leben so stark wahrgenommen hatte, gefiel mir anfangs sehr. Jetzt setzte ich mich auf einen Stuhl und genoß dieses mir ganz neue und eigentümliche Gefühl.

Es war ein wahres Vergnügen. Ich wurde hin und her geschwungen, als säße ich in einer großen Schaukel. Fortwährend ging es auf und ab, auf und ab und immer wieder langsam auf und ab. – Aber mit einem Mal ging die behagliche Empfindung über in ein sonderbar süßliches, fast ekelerregendes Gefühl in der Brust.

Es war mir, als ob das Herz und mein ganzes Innere sich höben und senkten, sooft das Schiff diese Bewegung machte; und bald überkam mich eine ganz widerwärtige, erstickende Übelkeit.

Ich merkte jetzt, daß sich die Seekrankheit bei mir wieder meldete.

Es war Zeit, an die frische Luft zu gehen. Ja, so schnell wie möglich; denn der kalte Schweiß, der Vorläufer dieser unheimlichen Krankheit, brach schon am ganzen Leibe aus.

Schnell sprang ich auf.

Auf meinem Bett lag das Papier mit den Rosinen, die ich meinem Freund schenken wollte. Ich steckte sie in die Tasche und eilte die Treppe hinauf.

Einen Augenblick später stand ich auf dem Verdeck.

Es war heller Tag. Das Schiff glitt schnell voran über die mächtigen, breiten Meereswellen. So groß und gewaltig hatte ich sie noch nie gesehen.

Es mußte ein starker Wind wehen. Zu merken war freilich nicht viel davon; denn wir fuhren in derselben Richtung und fast so schnell wie der Wind selbst.

Das Wetter, gestern noch so warm, war jetzt rauh und kalt.

Ich schaute hinaus in die Ferne, nach rechts, nach links und endlich rückwärts, um Land zu entdecken; aber nirgends sah ich eine Spur davon.

Rund umher nur Himmel und Wasser.

Das war für mich etwas so Neues, so Überraschendes, daß ich an keine Seekrankheit mehr dachte.

Nur Himmel und Wasser, wie wunderbar!

So oft hatte ich in meiner Heimat aus dem Munde der Seeleute diese Worte gehört. Jetzt waren sie auch für mich Wirklichkeit geworden. Ich sah nur Himmel und Wasser.

Es war also Tatsache, daß ich mich auf dem unermeßlichen Meere befand und so weit vom Lande entfernt war, daß man meinen konnte, es gäbe kein Land mehr.

Island lag hinter uns, so weit, daß mein schärfster Blick es nicht mehr erreichen konnte.

In reißender Fahrt segelten wir anderen Ländern entgegen.

Dieser Gedanke berauschte mich, und so stand ich eine Zeitlang still.

Endlich, wie aus einem Traum erwachend, warf ich einen Blick auf die nächste Umgebung.

Der Kapitän und der Steuermann gingen zusammen auf und ab und schienen eine ernste Unterredung zu führen.

Hie und da blieben sie stehen, nahmen ihren großen Fernstecher hervor, setzten ihn vor die Augen und spähten zum Horizont hin.

Sie hielten die flache Hand wie einen Schirm über die Augen und stierten in die Ferne, als wenn sie etwas entdecken wollten. Dann sprachen sie wieder lebhaft miteinander.

Dort, wohin sie blickten, mußte wohl etwas Besonderes sein; aber es war mir unmöglich, zu erraten, was es sein könnte.

Als der Steuermann mich bemerkte, rief er:

„Nun, Nonni, bist du endlich aufgestanden? Geh zu Owe und sag ihm, er solle dir den Morgenkaffee in die Kajüte bringen."

„Ach nein, Herr Steuermann, ich will ihn lieber hier oben trinken; unten wird es mir so übel."

„Gut, mein Kleiner, tu, wie es dir am besten paßt."

Ich ging in die Kombüse. Aber Owe war nicht da.

Der Steuermann, der mir mit den Augen gefolgt war, rief mir nach:

„Er ist gewiß in der vorderen Kajüte bei den Matrosen."

Ich lief hin, schaute hinab und bemerkte Owe, wie er sich mit zwei Matrosen unterhielt.

„Guten Morgen, Owe!" rief ich.

„Guten Morgen, Nonni", antwortete er und kam schon die Treppe herauf.

„Der Steuermann sagte mir, ich möchte dich um meinen Kaffee bitten."

„Versteht sich", erwiderte er, „schon längst steht er bereit."

Ich folgte ihm in die Küche und bat ihn, mir die Sachen dort zu geben, statt sie hinunter in die Kajüte zu bringen.

Während ich das Frühstück nahm, fragte er mich:

„Wie hast du geschlafen? Erzähle mir doch, wie es dir diese Nacht ergangen ist."

„Ach, Owe, wenn du wüßtest! Erst wurde ich in die Koje des Kapitäns geschleudert. Nachher warf es mich mit meinem ganzen Bettzeug auf den Boden, und ich hätte mir fast die Knochen gebrochen."

„Habe ich es dir nicht gesagt?"

„Ach ja!"

Nun mußte ich ihm meine nächtlichen Abenteuer mit allen Einzelheiten erzählen. Er hörte mir eifrig zu und hatte seinen Spaß dabei.

Dann überreichte ich ihm mein Geschenk, die Hälfte der Feigen und Rosinen.

In seiner Bescheidenheit wollte er sie erst gar nicht annehmen. Ich mußte sie ihm förmlich aufdrängen und ihn an die Worte meiner Mutter erinnern, ich solle alles mit ihm teilen.

Während wir miteinander plauderten, fiel mir das sonderbare Benehmen des Kapitäns und des Steuermannes wieder ein, und ich fragte:

„Was haben doch der Kapitän und der Steuermann zu schauen? Man sollte beinahe glauben, sie seien bange vor Seeräubern. Die gibt es doch hier auf dem Meere wohl nicht?"

„Nein, Nonni, Seeräuber sind hier nicht, es ist etwas ganz anderes, wonach sie schauen, und das ist ebenso gefährlich für uns."

Erstaunt fragte ich:

„Was kann denn das sein?"

„Es ist vielleicht besser, ich sage es dir nicht, Nonni. Du könntest sonst ängstlich werden."

Man kann sich denken, wie gespannt ich wurde. Ich faßte Owe an beiden Händen und bat ihn inständig:

„Aber wie kannst du glauben, daß ich so ein Hasenfuß bin? Sag mir doch, welche Gefahr es ist?"

„Nun gut. Wenn du es durchaus wissen willst, so magst du es hören. Merkst du nicht die auffallende Kälte in der Luft?

Diese plötzliche Kälte deutet darauf hin, daß die großen Eisberge von Grönland heranschwimmen. Es ist möglich, daß sie schon nahe sind und uns den Weg nach Dänemark versperren.

Das könnte aber ein schlimmer Spaß werden. Verstehst du jetzt?"

„Ja, nun verstehe ich alles. Aber hat man etwas von ihnen gesehen?"

„Das ist es eben, worüber der Kapitän und der Steuermann sich nicht einig sind.

Der Kapitän, der immer sehr vorsichtig ist, meint, er habe sie gesehen, wenigstens den hellen Schein, der sie immer umgibt.

Der Steuermann dagegen meint, das seien Wolken oder weißer Nebel, so daß wir ohne Furcht weitersegeln könnten."

Jetzt wußte ich Bescheid. Doch bekam ich deshalb keine Angst. Mir wurde nur bewußt, daß wir auf dem unermeßlichen Meer großen Gefahren begegnen konnten.

Ja, die gewaltigen, unzähligen Eisberge, die das Meer in eine großartige Berglandschaft von lauter Eis verwandeln, ich kannte sie gut. Sie kamen jeden Winter auf ihrem Zuge von Grönland her zu uns, und ich habe oft gesehen, wie sie nebeneinander lagen, so weit das Auge reichte, und wie sie, sobald das Wasser in starke Bewegung geriet, rasenden Titanen gleich gegeneinander kämpften. –

„Aber Nonni", fragte Owe, „was machst du für ein bedenkliches Gesicht? Bist du bange geworden vor den Eisbergen?"

„Das gerade nicht, Owe. Aber ich denke eben daran, wie gefährlich es ist, wenn ein Schiff zwischen sie gerät. Denn ich versichere dir, kommt dann ein Sturm, so ist es rettungslos verloren; es wird zusammengequetscht wie eine Nußschale."

„Schrecklich, Nonni. Aber der Kapitän wird es schon verstehen, uns von ihnen fernzuhalten. Übrigens ist es noch gar nicht sicher, daß Eisberge im Anzuge sind."

„Ich meine nun doch, Owe, daß der Kapitän recht hat; ich habe guten Grund dazu."

„So? Dann laß mal hören."

„Glaube mir, Owe, sooft die Eisberge an die Küste von Akureyri kamen, meldeten sie sich im voraus."

„Und wie machten sie das?"

„Zuerst, schon lange, bevor sie sichtbar wurden, trat eine große Kälte ein. Ferner wurde die Luft eigentümlich verändert. Es war einem zumute, als wenn man eine ganz neue Luft einatmete. Und weißt du was, Owe? Ich habe den Eindruck, als wenn ich jetzt diese durchdringende Kälte fühlte und die eigentümliche Luft witterte."

Owe schien mir nicht recht glauben zu wollen, sagte aber: „Wer weiß, Nonni, vielleicht hast du recht. Du solltest zum Kapitän gehen und es ihm mitteilen."

„Glaubst du wirklich?"

„Ja, nur zu, dir nimmt er nichts übel."

„Nun gut, dann will ich es wagen."

In Eile trank ich meinen Kaffee und lief dann zum Kapitän, der noch immer mit dem Steuermann auf und ab ging.

Ich stellte mich vor sie hin, vorbeugte mich höflich und gab jedem die Hand. Dann sagte ich:

„Herr Kapitän, darf ich Ihnen ein Wort sagen?"

„So?" lächelte er, „hast du mir etwas Wichtiges zu melden? Nun, mein Junge, nur frei heraus."

„Herr Kapitän", fing ich an, „es scheint mir, daß ich die Eisberge schon – ja, wie soll ich es ausdrücken? –, daß ich sie wittere, als wenn ich sie riechen könnte."

Beide schauten sich an und lachten laut auf.

Da ich glaubte, dies sei nicht zum Lachen, wiederholte ich meine Behauptung noch etwas bestimmter als vorher.

„Wie?" sagte der Kapitän, „du kannst die Eisberge wittern und sogar riechen? Da mußt du aber eine außerordentlich feine Nase haben, kleiner Nonni."

„Wie machst du denn das?" fragte der Steuermann scherzend.

„Ich kann es nicht so recht erklären, aber ich merke es sehr gut. Es ist, als wäre die Luft verändert. Spüren Sie denn nicht, daß die Luft hier ganz anders ist als gestern in Akureyri?"

„Da hast du recht", antwortete der Steuermann; „aber deshalb brauchen doch keine Eisberge in der Nähe zu sein."

„Doch, Herr Steuermann, ich bin sicher, daß sie im Anzuge sind. So melden sie sich immer."

„Wer weiß", sagte der Kapitän, „ob der Junge nicht recht hat. Er kennt ja von Island her die Eisberge, und es ist leicht denkbar, daß sie die Luft verändern."

„Nun ja", fügte der Steuermann bei, „ich will auch nicht behaupten, daß es gerade undenkbar ist."

„Sie werden schon sehen, Herr Kapitän, ich habe recht", sagte ich und lief zu Owe und erzählte ihm etwas wichtigtuend von meiner Unterredung.

Während wir uns so unterhielten, fiel mir ein, daß ich meiner Mutter von den Erlebnissen auf See schreiben könnte. Schnell ging ich in die Kajüte, öffnete meinen Koffer und nahm Papier und Schreibzeug heraus. Ich setzte mich hin und schrieb:

Draußen auf dem Atlantischen Ozean.
Nicht weit von Grimsey (man kann es aber nicht sehen), den 1. September 1870.

Meine liebe, gute Mutter!
Ich ergreife die Feder, um dir einen Brief zu schreiben. Du mußt nicht auf die Schrift achten. Ich weiß selbst, daß sie schlecht ist. Aber ich will dir sagen, wer schuld daran ist.
Das sind Ägirs Töchter, die großen Wellen, die mir nicht erlauben wollen, schön zu schreiben.
Aus lauter Mutwillen und Bosheit rütteln sie mir die Hand, Feder, Stuhl, Tisch, heben das Schiff hoch und senken es wieder tief.

Nun will ich dir auch erzählen, wie es mir geht. Ich bin frisch und gesund und fühle mich wohl bei Tag wie bei Nacht.

Die erste Nacht wurde ich zweimal aus dem Bett geworfen. Das war sehr spaßig.

Das erste Mal fiel ich auf den Kapitän, daß er Alpdrücken bekam und aus einem schweren Traum erwachte. Er wurde fast zerquetscht und schrie erbärmlich.

Das andere Mal glitt ich, einem Bergrutsch ähnlich, mit dem ganzen Bettzeug hinab, bis ich auf dem Flachlande lag.

Diesmal bekam der Kapitän Angst um mich, er legte mich in sein eigenes Bett, wo ich nicht mehr herausfiel.

Der Steuermann ist auch gut zu mir. Er hat mir viele Feigen und Rosinen gegeben. Die Hälfte davon schenkte ich Owe, weil du mir gesagt hast, ich solle gut zu ihm sein.

Ich habe auch mein Morgen- und Abendgebet verrichtet und will es immer tun.

Liebe Mutter, ich habe dich sehr lieb und werde dich nie vergessen. Anfangs weinte ich schrecklich viel. Da kam der gute Steuermann und tröstete mich.

Ich will dir eine Geschichte erzählen, aber du mußt nicht lachen.

Während ich in der Kajüte saß, kam ein altes, häßliches Weib zu mir und wollte durchaus Freundschaft mit mir schließen. Ich fragte, wie sie heiße. Sie antwortete: „Seekrankheit". Da wurde ich zornig, faßte sie bei den Haaren, schleppte sie hinauf und warf sie ins Meer. So blieb ich frei von ihr.

Kannst du das verstehen, Mutter?

Alle Tage will ich dir etwas schreiben, liebe Mutter, und alles zusammen dir zuschicken, wenn ich nach Kopenhagen komme.

Noch eine Geschichte will ich dir erzählen; aber für diesmal ist es die letzte.

Das alte Weib, die Seekrankheit, ist wieder aus dem Meer emporgestiegen und befindet sich jetzt auf dem Wege zu mir. Ich will nicht warten, bis sie kommt. Sonst würde es mir übel. Deshalb muß ich für heute schließen.

Lebe wohl, liebe Mutter, ich muß schnell nach oben, um das alte Weib wieder ins Meer zu werfen.

So lautete der Anfang meines Briefes.

Mir war wirklich übel geworden. Schnell räumte ich Papier und Feder fort und rannte auf Deck, um frische Luft zu schnappen.

Bald war die Übelkeit gewichen, und ich fühlte mich wieder wohl und munter.

Ich saß ganz vorn im Steven, schaute über den Rand hinab ins Meer und beobachtete, wie der starke Bug des Schiffes gegen die breiten Wellen ankämpfte.

Wie er es verstand, sie zu brechen und zu spalten!

Oft spritzte der schneeweiße Schaum bis herauf zu mir und trieb mich weg von meinem Sitz.

Dann wieder hob sich das Vorderteil hoch in die Luft. Dies geschah jedesmal, wenn unser kleines Fahrzeug mühsam an einer Woge hinaufkletterte.

Hatte es den Wellenrücken erreicht, so stand es einen Augenblick still, als wenn es überlegte, ob es wagen dürfe, sich in den gähnenden Abgrund zu stürzen.

Dann aber schoß es rasch entschlossen in sausender Fahrt kopfüber hinab ins tiefe Wellental.

Da unten nun waren wir wie begraben zwischen zwei mächtigen Höhen von fließendem, wogendem Wasser.

Vor uns ein Berg von tosenden Fluten, hinter uns ein gleicher Berg, wir selbst in der Tiefe wie in einer Nußschale – ein Spielzeug dieser gewaltigen, schäumenden Wasser.

Aber der Tag ging zur Neige. Es wurde Abend. Ich begab mich hinab in die Kajüte, verrichtete mein Abendgebet und legte mich zur Ruhe.

Der Kapitän hatte mit Brettern und Tauen mein Bett so eingerichtet, daß ich nicht mehr herausfallen konnte.

Zwar rutschte ich die ganze Nacht hin und her; aber das störte mich nun nicht weiter, ja ich gewöhnte mich so sehr daran, daß ich nicht einmal erwachte.

9. Auf der Flucht

Am folgenden Morgen wurde ich durch ein Geräusch vom Treppengang her geweckt. Ich richtete mich im Bett auf und horchte.

Bald hörte ich, daß jemand vorsichtig die Treppe herabkam. Aufgelegt zu einem Spaß, kam ich auf den Einfall, mich schnell wieder hinzulegen und mich still wie eine Maus zu verhalten, als läge ich noch im tiefsten Schlaf.

Kaum hatte ich mich zurechtgelegt, als auch schon die Tür aufging.

Ich lag unbeweglich und ruhig unter der Decke, atmete regelmäßig und schnarchte ab und zu.

Ich muß die Posse wohl gut gespielt haben; denn der Eintretende vermied sorgfältig jeden Lärm, ging auf den Zehen an den Tisch und stellte, wie mir vorkam, etwas darauf.

Leise trat er dann an mein Bett und kam so nahe an mich heran, daß ich seinen Arm fühlte.

Ich hatte Mühe, ernst zu bleiben, und wäre beinahe herausgeplatzt. Doch beherrschte ich mich und war gespannt, was geschehen werde.

Eine Stimme flüsterte:

„Der arme Nonni! Er schläft noch so ruhig, daß es schade wäre, ihn zu wecken."

Es war Owe.

Behutsam setzte er sich auf die Kante des Bettes und wartete.

„Jetzt", dachte ich, „wird er dir wohl gerade ins Gesicht schauen."

Nun konnte ich aber nicht länger stillhalten. Ich öffnete die Augen und platzte in helles Lachen aus.

Owe lachte. „Du warst schon wach und hast mich narren wollen. Warte, ich werde es dir heimzahlen."

Damit faßte er meine beiden Arme, hielt sie mit der einen Hand fest und gab mir – natürlich im Spaß – einen Schlag nach dem andern.

„Hör auf", schrie ich, „jetzt ist's genug – Au! Hör auf, oder ich werde bös."

Er hörte auf zu schlagen, hielt mich aber mit beiden Händen fest und sagte:

„Bekenne! Warst du nicht wach? Bekenne, oder du bekommst noch mehr Schläge."

„Ja, Owe, ich war wach und wollte dir nur einen Streich spielen."

„Nun gut, so soll es diesmal genug sein."

Er ließ meine Hände los. Ich richtete mich auf und entdeckte auf dem Tisch eine Tasse mit dampfendem Kaffee und einen Teller voll kleiner Butterbrote.

Es war mein Frühstück.

„Am besten trinkst du den Kaffee gleich, sonst wird er kalt", sagte Owe und reichte mir die Tasse. Er blieb bei mir sitzen und leistete mir zum Frühstück Gesellschaft.

„Hör mal, Owe", redete ich ihn an, „wir müssen jetzt gewiß weit von Island sein; denn schon lange sind wir in voller Fahrt auf Dänemark zu. Wir sind wohl bereits mitten im Atlantischen Ozean. Wie tief mag es wohl hier unten sein?"

Owe hörte ruhig zu, aber lächelte so sonderbar.

„Aber weshalb schmunzelst du?" fragte ich ihn.

„Das will ich dir nachher sagen", antwortete er.

„Wie tust du doch heute merkwürdig?" fuhr ich fort. „Ich glaube, du willst mich zum besten haben."

„Nein, Nonni, das nicht."

„Aber so sag mir doch, wie weit wir gekommen sind. Sind wir

bald bei den Färöerinseln? Das wäre ungefähr der dritte Teil des Weges bis Kopenhagen."

Owe schaute mich wieder belustigt an und sagte:

„Nein, Nonni, die Färöer sind noch weit, weit von hier."

„So, das kann ich aber nicht verstehen."

„Ja", bemerkte er, „es wird noch manches geben, was du nicht verstehst. Aber jetzt will ich dir etwas anderes sagen. Wenn du mit dem Frühstück fertig bist und dich angekleidet hast und dann aus der Kajüte kommst, wirst du oben auf dem Deck eine Überraschung erleben."

„Eine Überraschung auf Deck? Dann muß ich aber schnell machen!" rief ich und reichte Owe den Teller, der erst halb leer war.

„Aber iß doch erst fertig."

„Nein, Owe, ich habe keinen Hunger mehr."

Schnell sprang ich vom Bett und zog mich an. Owe nahm Tasse und Teller und wollte fortgehen, aber ich hielt ihn zurück und bat ihn inständig, mir zu sagen, was eigentlich los sei.

Wieder eigentümlich lächelnd, sagte er, während er die Treppe hinaufstieg:

„Wir sind zu einem neuen Land gekommen, zu einem Lande, das du wohl nie gesehen hast."

Ich traute meinen Ohren nicht. – Ein neues Land! Und doch nicht die Färöer? – Das war ja gar nicht möglich. Die Färöer waren doch das Land, das zunächst an unserem Weg nach Dänemark lag.

Sollte Owe Spaß machen? Vielleicht wollte er sich rächen für den Streich, den ich ihm gespielt hatte.

Als ich mich angekleidet hatte, kniete ich erst nieder, um mein Morgengebet zu verrichten. – Aber es wollte heute gar nicht gehen, so brannte ich vor Neugier, auf Deck zu kommen.

Noch war ich mit dem Beten nicht ganz fertig, als ich plötzlich vor Schreck zusammenfuhr. Oben entstand ein fürchterliches Gepolter mit schweren Gegenständen und ein Rasseln mit Ketten, daß man hätte glauben mögen, das Schiff sei im Begriff unterzugehen.

Nun war es mir unmöglich, mein Gebet zu Ende zu bringen. Ich sprang auf, und fort die Kajütentreppe hinauf.

Wie aus den Wolken gefallen, blieb ich stehen, als ich vor mir wirklich ein neues, mir unbekanntes Land sah.

Zur Linken hohe, mit Schnee bedeckte Berge, zur Rechten in der Ferne ebenfalls Berge weiß von Schnee, und etwa dreißig Meter weiter eine kleine flache Insel, die gerade hier eine schützende Bucht bildete.

Die Matrosen waren eben dran, die Anker zu werfen. Das war es, was den Höllenlärm verursachte.

Ja, Owe hatte recht; das war eine merkwürdige Überraschung. Aber wie hieß das neue Land?

Ich lief zum Steuermann, wünschte ihm guten Morgen und bat ihn, mir zu sagen, wo wir denn wären und wie das Land da hieße.

„Wie, Nonni", antwortete er, „das weißt du nicht?"

„Nein, ich kenne dieses Land tatsächlich nicht."

Der Steuermann lachte, gab aber weiter keine Antwort.

Ein Matrose, der meine Frage gehört hatte, sagte schmunzelnd:

„Ja, das ist ein gar sonderbares Land, kleiner Isländer; du hast wohl noch nie von ihm gehört."

Ich wurde immer mehr gespannt und fing an zu raten.

Einen ganzen Tag und eine ganze Nacht waren wir nun in voller Fahrt von Island fortgesegelt. In welcher Richtung freilich, das wußte ich nicht. Aber nach allem konnte das neue Land nur Grönland sein.

Ja, es war gewiß Grönland. Der viele Schnee auf den Bergen deutete darauf hin.

Ich ging daher zu Owe, der in der Küche beschäftigt war, und etwas unwillig herrschte ich ihn an:

„Nun sag mir aber doch endlich, Owe, ist das Land nicht Grönland?"

„Gott bewahre, Nonni! Was hätten wir denn in Grönland zu suchen? Dort würden wir in dieser Jahreszeit nicht lebendig davonkommen. Nein, es ist nicht Grönland."

„Sind es etwa doch die Färöer?"

„Auch nicht", sagte er lachend.

„Dann steht mir aber doch bald der Verstand still. – Geh, mach jetzt keine Sachen mehr, und sag mir endlich, was es ist."

„Kannst du das wirklich nicht selbst erraten?"

„Nein, unmöglich."

„Gut, dann will ich dir es erklären. Das sonderbare Land ist – Island! Und der Fjord hier ist der Eyjafjördur, derselbe, aus dem wir vorgestern abgefahren sind. Wir befinden uns an seiner äußersten Mündung. Du bist früher wohl noch nie so weit von Akureyri fortgewesen?"

Ich stand da mit offenem Munde und wußte zuerst gar nicht, was ich sagen sollte.

„Aber es ist doch unbegreiflich", fand ich schließlich das Wort wieder, „nun sind wir doch wenigstens vierundzwanzig Stunden vom Land fortgesegelt, und jetzt sind wir auf einmal wieder da, von wo wir ausgefahren sind. Das ist doch mehr als sonderbar."

„Aber Nonni, wir sind durchaus nicht immer vom Lande weggefahren, sondern haben große Umwege bald nach rechts, bald nach links gemacht."

„Wozu denn das?"

„Erinnerst du dich noch, daß du gestern meintest, Eisberge zu wittern? Nun ja, die Eisberge sind wirklich dagewesen. Der Kapitän wußte es sehr gut, auch ohne deine feine Nase. Das ganze Meer vor uns war damit bedeckt. Kapitän Foß hat wiederholt den Versuch gemacht, vorbeizuschlüpfen, aber es gelang nicht. Zuletzt wurde uns der Wind ungünstig, und da blieb nichts anderes übrig, als die Flucht zu ergreifen und dorthin zurückzusegeln, woher wir gekommen waren. Und jetzt haben wir an der Mündung des Eyjafjördur Anker geworfen."

„Das ist aber doch ärgerlich, Owe. Was fangen wir nun hier an?"

„Oh, wir müssen bloß auf günstigen Wind warten und dann von neuem versuchen, an unserem gefährlichen Feind, dem Eise, vorbeizukommen."

„Wie lange wird das wohl dauern?"

„Das kann man nicht sagen. Vielleicht müssen wir mehrere Tage hier bleiben."

Jetzt war mir unsere ganze Lage klar.

Ich dankte Owe für die Aufklärung und ging auf Deck.

Die ganze Besatzung stand im Vorderteil des Schiffes beisammen. Alle schauten nach Norden, und zwei Ferngläser wurden ständig herumgereicht.

Neugierig lief ich hinzu und hörte, daß ein Schiff in Sicht sei. Nun strengte auch ich meine Augen an und entdeckte fern am Horizont einen kleinen weißen Punkt.

Auf meine Frage, was das für ein Schiff sei, antwortete ein Matrose, es müsse ein dänisches Handelsschiff von Kopenhagen sein, das kurz vor uns Akureyri verlassen habe, um nach Dänemark zu segeln.

„Aber wohin fährt es jetzt?"

„Es kommt hierher, weil es gerade wie wir vor den Eisbergen flieht."

Man war sich aber nicht einig darüber, welches Schiff es sei. Der Kapitän sagte:

„Ich glaube, es ist der Kaufmann ‚Ludwig Popp'."

„Sollte es nicht eher ‚Rachel' sein?" bemerkte ein Matrose.

Schnell wie der Wind rannte ich in die Kombüse zu Owe und sagte ihm mit wichtiger Miene:

„So, Owe, jetzt ist aber die Reihe an mir; jetzt habe ich eine Neuigkeit. Da wirst du aber auch horchen! Rat einmal, was es ist."

„Das kann ich doch nicht, Nonni. Ich weiß ja gar nicht, um was es sich handelt."

„Gut, so höre. Es kommt ein Schiff von Norden auf uns zugesegelt. Die einen sagen, es sei ‚Ludwig Popp', die anderen, es sei ‚Rachel'. Beide sind von Kopenhagen.

Ich sage nun, es sei ‚Rachel', was sagst du?"

„Das machst du aber schlau, Nonni! Wenn du ‚Rachel' sagst, werde ich wohl ‚Popp' sagen müssen."

„Gut, Owe. Also du sagst ‚Ludwig Popp', und ich sage ‚Rachel'. – Worum sollen wir wetten?"

„Ja, worum anders als um Rosinen oder Feigen?" antwortete er lächelnd.

„Soll das gelten?"

„Ja, es gilt Rosinen."

Darauf eilte ich wieder hinaus.

Das Schiff kam näher und näher. Endlich war es so nahe, daß man mit dem Fernstecher „Ludwig Popp" lesen konnte.

89

Ich hatte also die Wette verloren und mußte nun sehen, daß ich Rosinen bekam.

Ich ging zum Steuermann und bat ihn:

„Herr Steuermann, sind Sie so freundlich und geben Sie mir ein paar Rosinen. Ich habe mit Owe eine Wette verloren und bin sie ihm dafür schuldig."

Der gute Mann lachte und sagte:

„Geh nur hinunter in die Kajüte, du weißt ja, wo sie sind."

Ich dankte ihm, ging in die Kajüte hinab und holte Owe seinen Siegespreis.

Lachend über meine Botschaft, nahm Owe die Rosinen in Empfang. Er teilte sie aber gleich in zwei Hälften, und brüderlich verspeisten wir die süßen Früchte.

Bald war „Ludwig Popp", ein hübscher kleiner Zweimaster, nur wenig größer als unser „Valdemar", herangekommen.

Wir begrüßten einander mit kräftigem Hurra, und kurz darauf warf „Ludwig Popp" nahe bei uns Anker.

10. Heiteres Leben an Bord

Vorläufig war unsere Reise also abgebrochen. Für die Besatzung hörte alle anstrengende Arbeit auf. Wir hatten Ferien. Das Wetter wurde ruhig, der Wind ganz still. Die Wellen legten sich allmählich, und die See wurde glatt wie ein Spiegel.

90

Die Luft war rein und klar, nur etwas kühl. Das kam von der Nähe der Eisberge und von dem vielen Schnee auf den umliegenden Höhen.

Die Männer suchten sich die Zeit zu vertreiben mit Spiel und Spaß und allerhand Unterhaltung.

Auch Owe und ich wurden etwas ausgelassen und trieben mancherlei Spaß. Doch weil wir noch jung waren, nahm man es uns nicht übel.

Einmal aber ging es schief.

Es war an einem Nachmittag. Die drei Matrosen saßen auf Deck.

Ich schlich mich unbemerkt in die Kajüte und kundschaftete genau aus, wie ich ihnen später, wenn sie zum Kaffee herabkämen, einen Streich spielen könnte.

In der Mitte des ziemlich engen Raumes stand ein kleiner Tisch, von Bänken umgeben. An den beiden Seiten befanden sich die Kojen, ähnlich wie in der Kajüte des Kapitäns; nur waren hier je zwei an jeder Seite. Der Einschlupf in die Kojen durch die Bretterwand war so eng, daß ein größerer Mann sich gerade durchzwängen konnte.

Rasch hatte ich einen Plan ersonnen.

„Ja, so geht es", redete ich vor mich hin. „Ich krieche in eine dieser Kojen und verberge mich dort in einer Ecke. Wenn dann die Matrosen nachher zum Kaffee kommen, überrasche ich sie durch Brummen, daß sie meinen, es sei ein Tier in der Nähe des Schiffes. Ha! das wird ein köstlicher Spaß werden!"

Zuvor aber wollte ich noch Owe in die Sache einweihen. Er sollte mir bei dem Streich helfen, damit die Matrosen um so sicherer in die Falle gingen.

Unbemerkt, wie ich herabgestiegen war, kam ich wieder auf Deck und eilte sofort in die Kombüse.

„Owe", flüsterte ich ihm zu, „tust du mit, den Matrosen einen kleinen Streich zu spielen? Es soll nur Spaß sein."

„Ja, Nonni, gern. Was willst du machen?"

„Ich gehe in eure Kajüte und verstecke mich in deiner Koje. Unterdessen mußt du den Leuten einreden, daß zuweilen Eisbären und andere Seeungeheuer bei den Schiffen umherschwimmen. Wenn dann die Matrosen zum Kaffee gehen, ahme ich das Brummen eines Seetieres nach. Sobald du das hörst, lockst du sie wieder auf Deck, damit sie mich nicht erwischen."

Owe war zu allem bereit, und der Spaß sollte gleich losgehen. Ich kam wieder unbemerkt in die Kajüte der Matrosen, kletterte schnell in Owes Koje und kroch in die Ecke.

Bald hörte ich die Matrosen die Treppe herabkommen.

Sie sprachen lebhaft miteinander und waren heiter und fröhlich. – Jetzt waren sie vor der Tür. – Sie traten ein und setzten sich um den Tisch.

Ich hielt mich still wie eine Maus und konnte jedes Wort verstehen:

„Es ist doch merkwürdig", fing der Älteste an, „wie einfältig so ein Junge sein kann."

„Ja, so ein Unsinn!" sagte ein anderer. „Wo sollen denn da auf einmal Eisbären und Seeungeheuer herkommen!"

„Da möchte doch ein Eisbär selbst lachen", witzelte der Dritte.

„Nun ja, der Junge ist eben noch jung; dem kann man so was nicht verdenken."

„Sagte er nicht", fiel der Jüngste ein, „er habe etwas gesehen?"

„Nein, er will bloß ein Brummen gehört haben und behauptet, der kleine Isländer habe es auch gehört."

„Dann muß der wohl gerade so einfältig sein wie Owe."

„Das beste wäre zum Donner", schlug der Älteste auf den Tisch, „wir packten die zwei Jüngelchen und gäben ihnen eine ordentliche Tracht Prügel; dann würde ihnen ihre Narrheit schon vergehen."

„Ja, das wäre das einzig richtige", stimmten die anderen ihm zu.

Ich spitzte die Ohren. Das Gespräch nahm nun doch eine bedenkliche Wendung für mich.

In diesem Augenblick kam Owe mit dem Kaffee.

Er wurde mit einem gewaltigen Gelächter empfangen.

„Hast du wirklich ein Seeungeheuer gesehen?" rief ihm gleich einer entgegen. „Wie sah es denn aus?"

„So habe ich nicht gesagt. Es braucht überhaupt kein Seeungeheuer zu sein. Vielleicht ist es etwas anderes, das ich gehört habe. Es gibt ja auch sonst allerlei Tiere in diesen Gewässern."

„Ja, ja, das hat dir wohl deine Großmutter in Bornholm vorgemacht; die weiß sicher mehr so Geschichten. Oder hat der einfältige Isländer dir etwas erzählt?"

Alle lachten und tranken ihren Kaffee.

Owe ging hinauf.

Jetzt war, wie verabredet, der große Augenblick gekommen.

Ich kroch noch weiter in die Ecke der Koje, legte eine Decke über den Kopf und fing an zu brummen, so hohl und gespensterhaft, wie ich konnte.

Augenblicklich verstummten die Leute. Ich aber wäre beinah herausgeplatzt vor Lachen und mußte mich arg zusammennehmen, um mich nicht selbst zu verraten.

Jetzt steckte Owe den Kopf oben durch die Tür und rief: „Es ist wieder da! Kommt schnell! Soeben habe ich es brummen hören."

„Wir auch!" sagte hastig ein Matrose, und im Nu erhoben sich alle und stürzten auf Deck.

Nun hielt ich es für ratsam zu verschwinden.

Wer konnte wissen, was den Matrosen einfiel, wenn sie mich ertappten?

Schnell machte ich mich aus der Koje und schlich die Treppe hinauf.

Alle Matrosen standen an der Reling und stierten ins Wasser.

Ich hatte Glück und kam davon, ohne daß mich jemand bemerkte. Leise ging ich zum Achterdeck und gesellte mich dann wie zufällig zu ihnen.

Der Streich war gelungen.

Mit ernster Miene fragte ich die Leute, was da zu sehen wäre.

„Da soll ein brummendes Seetier sein", antwortete einer; „hast du es vielleicht gesehen?"

„Nein, aber ich habe etwas brummen hören."

„Wo denn?"

„Da vorn."

Aber nirgends regte sich natürlich etwas.

Kopfschüttelnd gingen sie wieder hinab, um ihren Kaffee weiter zu trinken.

„Es stimmt doch", sagte einer.

Owe und ich waren ganz erstaunt, wie ahnungslos die Matrosen auf den Streich hereingefallen waren. Aber wir gaben uns das Wort, ja nichts zu verraten, wie seinerzeit bei dem Abendbrot mit den Schrotkörnern. Denn wir fürchteten, die Matrosen könnten die Geschichte übel aufnehmen.

Um unseren Gefühlen freien Lauf zu lassen, gingen wir in die Kombüse.

Nichts Böses ahnend, machten wir uns dort ganz laut über die vollbrachte Heldentat lustig und lachten uns halb krumm.

Das ward uns zum Verhängnis. Gar bald sollten wir nicht mehr lachen.

Als ich nämlich nach einer Weile auf Deck gehen wollte und die Tür öffnete – o Schrecken! da stand vor mir ein Matrose, der uns draußen belauscht hatte.

Er warf mir einen wütenden Blick zu.

Doch ich tat ganz gleichgültig, als wäre nichts geschehen, und ging in die Kajüte des Kapitäns hinab, um zu überlegen, was jetzt zu machen sei.

Kaum hatte ich einige Minuten dort gesessen, als ich vom Deck her laute, durchdringende Schmerzensrufe hörte.

Die Stimme war mir bekannt: es war mein Freund Owe, der so schrie.

Schnell stürzte ich die Treppe hinauf, um ihm zu helfen.

Da wurde ich nun Zeuge eines jammervollen Auftritts.

Die Matrosen standen beim Eingang zur Kajüte zusammen um eine leere Tonne.

Was war das? – Sah ich recht?

Ja, es waren Owes Rücken und Beine, die aus der Tonne hervorschauten.

Die Matrosen hatten Owe mit dem Kopf nach innen über den Bord der Tonne gelegt und hieben mit einem Tauende auf ihn ein, indem sie höhnisch dazu lachten:

„Es ist ja nur Spaß, Owe, es ist nur Spaß."

Owe schrie vor Schmerz laut auf.

Jetzt war es mir zu toll. Ich stürzte mit Todesverachtung auf die grausamen Menschen los, um Owe aus ihren Klauen zu befreien.

Aber da kam ich bös an!

Ehe ich mich versah, ward ich selbst von einem Matrosen gepackt und zur Tonne geschleppt.

Strampelnd und zappelnd wehrte ich mich und schrie aus vollem Halse:

„Ich sag's dem Kapitän, ich sag's dem Kapitän!"

Aber es half nichts.

Mit dem Kopf nach unten wurde auch ich neben Owe in die Tonne gesteckt und bekam meine Prügel.

Grausam wurden wir beide mit dem Tauende bearbeitet. Es tat entsetzlich weh.

Fortwährend rief ich Kapitän und Steuermann zu Hilfe. Doch keiner kam.

Die Matrosen lachten nur und spotteten in die Tonne hinein:

„Das ist doch ein seltsames Brummen da drin. Das kommt gewiß von einem Seeungeheuer."

Endlich ließen sie uns los: sie hörten den Steuermann kommen.

Als wir wieder auf den Beinen standen, sagte einer der Matrosen:

„So, liebe Jungens, jetzt könnt ihr wieder weiter brummen und uns narren, wenn's euch Spaß macht. Für diesmal habt ihr euern Denkzettel."

Und lachend gingen alle drei in ihre Kajüte hinab.

Owe und ich dagegen trotteten mit langen Gesichtern und ohne ein Wort zu sprechen fort, er in die Kombüse, ich in meine Kajüte. – Als ich mich ausgeweint hatte, ging ich wieder hinauf zu Owe, um zu sehen, was er machte, und ihn um Entschuldigung zu bitten; denn ich allein hatte ja unser Unglück verschuldet.

Oben begegnete mir ein Matrose, der mir schadenfroh zunickte.

Ich tat, als sähe ich ihn nicht, und ging zu Owe.

Er weinte nicht mehr.

Ich setzte mich auf den Holzklotz neben der Tür.

„Tut es dir noch weh, Owe?"

„Ja, Nonni. Und wie ist es dir?"

„Mir tut es auch noch sehr weh."

„Das geht schon wieder vorüber", tröstete er mich. „Du wirst sehen, wir spüren bald nichts mehr."

„Aber Owe, du tust mir so leid. Das Ganze war ja nur meine Schuld. Hätte ich doch allein die Prügel bekommen und nicht dich auch noch in die Sache hineingezogen! Du mußt mir nun doch sicher böse sein."

„Warum, Nonni? Was fällt dir denn ein? Du hast nicht mehr Schuld als ich."

„Aber wie kannst du so etwas sagen! Ich habe doch den Vorschlag gemacht, den Matrosen den Streich zu spielen."

„Das ist wahr; aber ich hätte voraussehen können, wie es enden würde."

„Wie konntest du denn das, Owe?"

„Ja, meinst du, Nonni, die hätten mich heute das erstemal so geschlagen?"

„Wie? Du bist schon früher so behandelt worden?"

„Ja, mehr als einmal, besonders von dem Matrosen mit der roten Warze auf der Nase. Der ist schlimm. Wenigstens zu mir ist er es oft gewesen."

„Wirklich, Owe?"

„Ja, der Matrose sagt immer, es sei nur Spaß. Du hast es ja gehört, vorhin hat er es auch wieder gesagt. Aber das muß dir nicht allzu nahegehen."

„Doch, Owe, das finde ich ungerecht, und ich werde es dem Steuermann erzählen. Du weißt, er ist zu mir sehr gut. Er wird dir sicher helfen."

„Ich glaube nicht, daß es einen Wert hat. Sagen kannst du es ihm ja schon. Aber ich bitte dich um Gottes willen, paß auf, daß die Matrosen nicht erfahren, daß du mit dem Steuermann davon gesprochen hast. Denn sonst ginge es dir schlimm."

„Ich werde schon vorsichtig sein, Owe."

Ich öffnete die Tür ein wenig und warf einen Blick aufs Deck. Diesmal war niemand da, der uns belauschte.

Sofort ging ich zum Steuermann und erzählte ihm den ganzen Vorgang. Zuletzt bat ich ihn eindringlich, er möge in Zukunft Owe in Schutz nehmen.

Wie immer schaute er mich freundlich an und versprach, alles zu tun, was in seiner Macht stünde.

„Aber", fügte er hinzu, „ihr müßt euch auch selbst in acht nehmen, daß ihr die Leute nicht zum Zorne reizt."
Der Wahrheit zur Ehre sei noch gesagt, daß die Matrosen sonst
gut und freundlich zu uns waren.
Auch haben sie nie mehr das Tauende geschwungen, wenigstens nicht, solange ich an Bord war.

11. In Lebensgefahr

Die Zeit verging mit allerhand leichten Arbeiten, mit Spiel und
Spaß.
Owe und ich hatten bald unsere Prügel vergessen und waren
wieder ebenso munter und zufrieden wie zuvor.
Da kam ein Tag, den ich wohl nie vergessen werde, solange ich
lebe. Hatten Owe und ich ein paar Tage zuvor Seeungeheuer
gespielt, so war es an jenem Tag ein wirkliches Meeresunge-
tüm, das beinahe meiner Reise und meinem Leben ein plötz-
liches Ende bereitet hätte.
Vormittag war's. Die Sonne schien hell und warm vom azurblauen, wolkenleeren Himmel herab. Kein Lüftchen regte
sich.
Es war ein Wetter, das sich vorzüglich zum Fischen eignete.
Die Matrosen holten die langen Fischleinen und senkten sie
über die Reling hinab bis zum Meeresgrund.

Sie hatten Glück. Bald lag eine stattliche Anzahl silberweißer, prächtiger Dorsche und kleiner purpurroter gefleckter Goldbutten auf dem Deck.

Da rief mich ein Matrose, derselbe, der mich mit dem Tauende geschlagen hatte:

„Hör mal, kleiner Isländer, halte mir einen Augenblick die Leine; ich muß in die Kajüte."

Ein Junge läßt sich so etwas natürlich nicht zweimal sagen, und so war ich gleich dabei.

Die Schnur war sehr stark und wohl so dick wie mein kleiner Finger. Ich wickelte sie einigemal um mein Handgelenk, damit sie mir nicht entglitt, wenn ein großer Dorsch anbeißen sollte.

An die Reling gelehnt, steckte ich die Arme über das Wasser und achtete auf jeden Ruck.

Wie gern hätte ich doch einen guten Fang gemacht, bevor der Matrose zurückkam!

Ich streckte den Oberkörper immer weiter und weiter über die Reling und schaute in das dunkelblaue Wasser.

„Fischlein, Fischlein, beiß doch an, o beiß doch an", summte ich ständig halblaut vor mich hin.

Da auf einmal gab es einen Ruck, daß ich um ein Haar über Bord gefallen wäre.

Ich hielt mich krampfhaft am Geländer fest.

Der Ruck wiederholte sich, und die Leine wurde mit solcher Gewalt hinabgezogen, daß ich meinte, die Hand werde mir abgerissen.

„Hilfe! Hilfe!" schrie ich, so laut ich konnte. „Ich falle über Bord! Hilfe! Hilfe!"

Zum Glück war der Steuermann in der Nähe.

Er sah die Gefahr, stürzte heran, hielt mich fest und ergriff selbst die Leine.

Handgelenk und Brust schmerzten sehr.

Meine Hand war ganz blau geworden, und die Haut auf meiner Brust war durch das gewaltsame Reiben an der Reling an mehreren Stellen verletzt.

Inzwischen waren die anderen auch herbeigelaufen.

Der Steuermann hatte vollauf zu tun, die Schnur festzuhalten; so heftig zog es ihn nach unten.

„Was für ein Tier muß das wohl sein?" fragten sich alle verwundert.

„Ich glaube fast", antwortete belustigt der Steuermann, „es ist
ein Haifisch; er zieht so gewaltig, daß ich die Leine sicher nicht
allein heraufkriege."

Schnell kam ein Matrose ihm zu Hilfe, und beide zogen nun
mit allen Kräften.

Der Kapitän teilte Befehle aus.

Er ließ sofort das Boot ins Wasser bringen und einen Schiffsha-
ken holen, eine feste Stange mit einem Eisenhaken am Ende.
Ein Matrose mit dieser kräftigen Waffe ausgerüstet, mußte ins
Boot hinabsteigen.

Dann gab der Kapitän die Weisung:

„Jetzt langsam und vorsichtig die Leine aufgezogen! Paßt aber
auf und gebt nach, sooft der Fisch unten zerrt und heftig zieht;
sonst ist Gefahr, daß er sich losreißt. Sobald das Tier bis an die
Oberfläche kommt, dann Achtung im Boot und schnell ihm
den Haken in den Rachen gestoßen! Anders können wir es
nicht aufs Deck bringen."

Die Schnur war so straff, daß sie zu reißen drohte.

Das Boot lag zur Seite, und der Matrose mit dem Haken stand
auf seinem Posten, jeden Augenblick zum Stoß bereit.

Atemlose Stille folgte. Gespannt und aufmerksam schauten wir
alle nur noch auf die Leine und das Wasser.

Steuermann und Matrose zogen mit Leibeskräften, langsam
und bedächtig.

An ihren Bewegungen konnte man merken, mit welch gewalt-
samen Rucken und Stößen sich das gefangene Tier zur Wehr
setzte.

Ganz erregt, wie ich war, vergaß ich meine Schmerzen. Wir hatten uns alle über die Reling gelehnt und stierten ins Wasser.

Nun kam's allmählich herauf.

Plötzlich erscholl von allen Seiten der Ruf:

„Da ist es! Da ist es!"

Ja, das war's. Einige Meter tief unter der Oberfläche sahen wir
eine große, glänzend weiße Scheibe, die gleich wieder verschwand; dann eine schwarze, dann wieder eine weiße, und so
ging es fort.

Auf einmal rief der Kapitän:
„Es ist ein Helleflunder! Ein Riesenhelleflunder!"
„Hurra!" schrien die Matrosen.
Das gewaltige Tier wurde langsam noch etwas höher gezogen.
Als es nun aber, gewohnt an die Dunkelheit des Grundes, das
Tageslicht wahrnahm, wurde es so rasend und schlug so wild
um sich, daß der Kapitän laut kommandierte:
„Gebt nach! Laßt los!"
Die beiden Männer ließen schnell die Leine wieder ins Wasser
hinuntergleiten.
Der Helleflunder schoß wie der Blitz in die Tiefe.
„Wir müssen das Tier recht müde machen", erklärte der Kapi-
tän, „sonst reißt es die Schnur sicher durch. Erst wenn es müde
genug geworden ist, könnnen wir ihm den Haken in den Ra-
chen stoßen."
Die Arbeit begann von neuem. Man zog und zog wie vorher.
Mit Mühe brachte man das Tier wieder bis nach oben. Aber
nochmals gebärdete es sich so unbändig, daß man es wieder in
die Tiefe lassen mußte.
Dies wiederholte sich wenigstens fünfmal.
Als endlich der Riesenfisch sichtlich ermattet an die Oberfläche kam, stieß der Matrose mit der Stange so sicher und fest
zu, daß der Haken ihm tief in den Rachen drang. Dann zog er
die Stange etwas an sich, bis der spitze Widerhaken fest im
Kopf des zappelnden Tieres stak.
Die ganze Besatzung mußte nun helfen, den prächtigen Fang,
der über hundert Pfund wog, aufs Deck zu ziehen.
Das war eine schwere Arbeit.
Als sie endlich geglückt war, wurden wir plötzlich überrascht
durch einen dreimaligen lauten Hurraruf.
Er kam von dem Schiff ‚Ludwig Popp' herüber, das ja in unserer Nähe lag. Seine Besatzung hatte das ganze Abenteuer
mit angesehen.
Als Antwort wurde unser Riesenflunder von kräftigen Armen
in die Höhe gehoben und den Freunden auf der ‚Ludwig Popp'
gezeigt.
Wiederum erscholl ein Hurraruf, und der Fisch wurde aufs
Deck niedergelegt.

So endete das ungewöhnliche Ereignis.

Ich hatte erwartet, man würde mir wegen des reichen Fischfangs gratulieren; hatte doch der Helleflunder an meiner Leine angebissen.

Aber niemandem fiel so etwas ein.

Das fand ich sonderbar und dachte: Undank ist der Welt Lohn.

Eigentlich konnte ich aber froh sein, daß ich meine Unvorsichtigkeit nicht schlimmer hatte büßen müssen und mit dem Leben davongekommen war.

Als wir den mächtigen Fisch genug beschaut und bewundert hatten, wurde er nach allen Regeln der Kunst geschlachtet und in Stücke von Form und Größe eines Ziegelsteines zerlegt.

Bald lag ein ansehnlicher Haufen am Boden aufgestapelt.

Dann wurde das kostbare Fleisch gewaschen und in einer Tonne eingesalzen. Es ward eine willkommene Vermehrung unserer Eßvorräte.

Sobald alles fertig war, meldete ich mich zur ärztlichen Behandlung bei meinem Freund,. dem Steuermann. Er untersuchte, reinigte und verband meine Wunden mit großer Sorgfalt.

Während meiner Genesung durfte ich mich täglich an dem Übeltäter, der mir die Wunden beigebracht hatte, stärken.

Und noch lange war Helleflunder eine der feinsten Nummern auf unserem Speisezettel.

12. Über den Polarkreis hinaus

Immer noch lagen wir an der friedlichen Insel vor Anker.
Ein Tag verstrich nach dem andern, ohne daß wir absegeln und
die große Reise über den Atlantischen Ozean nach Dänemark
antreten konnten. Immerfort herrschte Windstille, und die Eisberge, so sagte uns der Steuermann, bedeckten das Fahrwasser
draußen auf dem Meer.
Wir konnten nichts anderes tun als warten.
Die Matrosen sagten, es wäre möglich, daß wir wochen-, ja
monatelang von den Eisbergen hier festgehalten würden.
Acht volle, lange Tage vergingen. Da endlich kam Erlösung,
und zwar mitten in der Nacht.
Ich lag im tiefsten Schlafe. Plötzlich wurde ich aufgeweckt.
Mein Bett bewegte sich nach rechts und links, hob und senkte
sich, ja die ganze Kajüte, das ganze Schiff war in starker Bewe-
gung.
Der Kapitän in seiner Koje neben mir wurde unruhig und rief:
„He! Steuermann! wir müssen auf!"
Dann sprang er vom Bett und rief nochmals laut:
„Steuermann! schnell auf! Es ist höchste Zeit! – Daß dies auch
gerade in der Nacht kommen mußte!"
Noch halb schlaftrunken, gab der Steuermann zur Antwort:
„Besser in der Nacht als gar nicht."

In demselben Augenblick donnerten ein paar Faustschläge gegen die Kajütentür.

Ich schaute hin. Da die Nachtlampe nur noch eben glimmte, schien es mir in dem Halbdunkel, als käme ein mit Schmutz bedeckter, aschgrauer Eisbär zur Tür herein.

Es war der wachhabende Matrose.

„Herr Kapitän!" polterte er, indem er eintrat und seinen Südwester abnahm.

„Ja, ja!" antwortete der Kapitän. „Wie ist der Wind?"

„West-Süd-West, Herr Kapitän."

„West-Süd-West?" wiederholte dieser freudig. „Alle Mann auf Deck! Aber geschwind!"

„Jawohl, Herr Kapitän", antwortete der Matrose, setzte seinen Hut auf und trampelte zur Tür hinaus.

„Das war doch ein Glück", sagte der Kapitän und warf sein Lederwams über den Kopf. „Besserer Wind konnte nicht kommen. – Sind Sie fertig, Steuermann?"

„Ja, Herr Kapitän, im Augenblick."

Der Kapitän wandte sich zur Tür und verließ mit dem Steuermann die Kajüte.

Ich legte mich auf den Rücken und spitzte die Ohren, was nun oben alles geschehen würde.

Bald trampelten die Matrosen in ihren schweren Stiefeln geschäftig auf dem Deck herum.

Sie lichteten die Anker und sangen dazu ihre gewohnte eintönige Weise.

Die Segel wurden gehißt, das Fahrzeug legte sich auf die Seite und strich in schneller Fahrt über die Wellen.

Da hörte ich jemand die Treppe herabkommen. Es war Owe, der sich einen Augenblick zu mir hereinschlich.

„Hallo!" rief ich ihm entgegen, „jetzt geht es schnurstracks nach Dänemark!"

„Ja, Nonni, hoffentlich wird es ernst. Aber wir bekommen bald Sturm und turmhohe Wellen. Mach dich nur auf Seekrankheit gefaßt."

„Dann bekommst du sie auch."

„Das ist möglich. Ich habe aber nichts dagegen. Der Sturm ist jetzt das beste, was wir wünschen können."

„Warum denn, Owe?"

„Weil nur er uns vor unserem schlimmsten Feind, den Eisbergen, retten kann."

„Nun verstehe ich. Oh, dann schadet es nichts, wenn wir auch ein wenig seekrank werden. Aber was meinst du, soll ich nicht aufstehen?"

„Nein, tu das nicht. Versuche lieber noch etwas zu schlafen. Der Sturm wird dich früh genug wecken. Wenn wir einmal im offenen Meer sind, wirst du schon von selbst aus dem Bett kommen. Doch ich muß gehen und Kaffee kochen", brach er ab und lief hinauf.

Ich lag wieder allein in der dunklen Kajüte.

Vom Deck drang lärmende Unruhe herab, und die Wellen gingen immer höher.

Trotzdem schlummerte ich bald ein.

Aber auf einmal erwachte ich wieder und stand in der Ecke meines Bettes fast auf dem Kopf.

„Haha!" dachte ich, „das ist der Sturm. Nun geht das Rutschen wieder los."

Das war jedoch nichts Neues für mich. – Ich kauerte mich zusammen und schlief nochmals ein.

Aber wieder dauerte es nicht lange, da wurde ich von der einen Ecke des Bettes in die andere geworfen.

Jetzt hatte ich genug. Ich stand auf und ging auf Deck.

Wir waren bereits außerhalb des Fjords. Der Wind war günstig und trieb uns schnell voran. Doch da wir mit ihm fuhren, merkte man nicht, daß er so stark war.

Ich stand an der Reling und blickte auf das Land hinüber.

Da rief ein Matrose mir zu:

„Ja, du kleiner Isländer, schau dir nur dein Vaterland noch einmal gut an; es wird wohl lange dauern, bis du es wiedersiehst."

Ich betrachtete die düsteren, lotrechten Felsen. Ernst und stumm hoben sie sich aus den wilden Wogen.

Unaufhörlich wälzten die Wellen sich zum Ufer hin, und in langer, schneeweißer Reihe brandeten sie schäumend die steinige Felswand hinauf.

Aber unbeweglich standen die gewaltigen Riesen auf ihren Grundfesten.

Meine Augen füllten sich mit Tränen.

Wehmütig wandte ich den Blick von der teuren Insel und lenkte ihn auf das wogende Meer und die zahllose Schar von Seevögeln, die uns begleitete.

Das Schiff strengte sich gewaltig an.

Es kam mir vor wie ein lebendes Wesen, das seufzend und stöhnend voraneilt, um heimzukommen und im stillen Hafen von den Strapazen auszuruhen.

Bald war ich wieder munter und fand Freude an dem frischen, gesunden Seemannsleben.

Von orkanartigem Sturme getrieben, jagten wir beständig gegen Osten.

Wir mußten nämlich erst die nordöstliche Spitze Islands, Rifstangi und Langanes, umsegeln, bevor wir die Richtung südwärts auf Dänemark zu einschlagen konnten.

Die Küste sank immer tiefer und tiefer ins Meer, und bald hatten wir uns wieder, wie acht Tage früher, so weit vom Land entfernt, daß wir nur Himmel und Wasser sahen.

Auffällig war mir, daß sich trotz der hohen Wellen weder bei Owe noch bei mir die Seekrankheit einstellte.

Das kam aber wohl daher, daß wir den Wind im Rücken hatten und deshalb flott über die fließenden Wasserberge dahinglitten.

Spät am Nachmittag trat ein sonderbarer Wechsel im Wetter ein. Fern am östlichen Himmel stieg eine Menge kleiner, dunkelblauer Wolken auf. Kapitän und Steuermann beobachteten sie außergewöhnlich aufmerksam.

Um zu erfahren, was das sei, machte ich mich so nahe wie möglich an sie heran. An die Reling gelehnt, tat ich, als ob ich die Wogen betrachtete.

„Meine Meinung ist", sagte der Steuermann, „daß der Sturm, der dort heranzieht, in einigen Stunden auch hier losbricht. Er wird äußerst heftig werden und uns weit gegen Norden treiben. Und da haben wir die Eisberge wieder. Es wäre daher wohl das beste, wir suchten in einen Fjord des Ostlandes zu kommen und warteten dort so lange, bis das Unwetter vorüber ist."

„Sie können wohl recht haben", erwiderte der Kapitän; „doch ziehe ich es vor, auf offenem Meer zu bleiben, auch auf die Gefahr hin, daß wir in die Nähe der Eisberge kommen. Der Sturm kann unmöglich so lange dauern, daß er uns wirklich in Lebensgefahr bringt. Übrigens sind wir schon so weit östlich, daß wir uns ruhig ein paar Tage nach Norden treiben lassen dürfen. Die Eisberge befinden sich weiter im Westen."

Jetzt wußte ich genug. Schnell lief ich zu Owe, um ihm die Neuigkeit mitzuteilen.

Er war in der Kombüse und bereitete eben von dem Helleflunder eine Mahlzeit für die ganze Besatzung.

Ich setzte mich in einer Ecke nieder.

„Owe, ich kann dir etwas Wichtiges mitteilen."

„So? Was ist denn das?" fragte er, „und woher weißt du es?"

„Vom Kapitän und Steuermann selbst."

Nun erzählte ich ihm, was ich von diesen gehört hatte, und ernsthaft setzte ich hinzu:

„Morgen früh werden wir wohl mehrere Meilen nördlich vom Polarkreis sein."

„Aber dann treiben wir ja auf die Eisberge los."

„Das gerade nicht, meinte der Kapitän. Wir sind ja ständig nach Osten gesegelt, und die Eisberge kommen vom nördlichen Amerika, also vom Westen her."

„Wir wollen das Beste hoffen, Nonni. Aber es sind ernste Neuigkeiten, die du da erzählst."

„Ja, das sind sie. Und der Kapitän scheint mir diesmal sehr kühn zu sein."

„Ja, Nonni, er wagt wirklich ein Spiel auf Leben und Tod."

Wir wurden beide sehr ernst und saßen eine Weile stumm da.

„Hoffen wir, daß wir mit heiler Haut davonkommen", sagte ich und ging wieder aufs Deck hinaus.

Der Wind hatte bereits stark abgenommen, und bald wurde es vollständig windstill.

Aber es dauerte nicht lange, da meldete sich der neue Sturm. Und er kam wirklich von Süden.

Erst waren es nur einzelne Stöße. Dann wurden sie häufiger und heftiger. Schließlich blies der Wind ununterbrochen. Er wurde stärker und stärker und wuchs in kurzer Zeit zu dem gewaltigen Orkan, wie Kapitän und Steuermann ihn vorausgesagt hatten.

Gegen die Riesenkräfte eines solchen Sturmes war unser Schiff natürlich ohnmächtig. Es wurde von ihm erfaßt und unaufhaltsam nach Norden gejagt.

Ich ging zeitig zu Bett und traf meine Vorbereitungen für die Nacht; denn ich wußte, was sie mir bringen würde.

Mit starken Schnüren band ich mich fest, um nicht allzusehr im Bett herumgeworfen zu werden.

Bald fiel ich in Schlaf.

Die ganze Nacht war ein solches Heulen und Poltern und Krachen rund um mich her, daß ich nicht recht wußte, ob ich schlief oder wachte.

Im Halbschlaf träumte ich, wir seien von Wikingern angefallen worden und auf Deck werde eine blutige Schlacht geliefert.

Dann wieder entführte mich ein Traum zu den großen isländischen Wasserfällen. Sooft nämlich eine Woge über das Schiff stürzte, hörte ich ein Getöse ähnlich dem Brausen eines schäumenden Wasserfalls.

Gegen Morgen legte sich der Sturm.

Ich stand auf und begab mich an Deck. Der Kapitän hatte also recht gehabt. Nirgends auch nur eine Spur von den Eisbergen.

Das Eis war auf der Wanderung von Amerika her noch nicht so weit nach Osten getrieben.

Ich ging zum Steuermann und fragte, wo Island läge. Er zeigte nach Süden:

„Dort, weit, weit von hier. Diese Nacht waren wir auf dem Wege zum Nordpol.“

Augenblicklich hatten wir schwachen Südwind und suchten mit vollen Segeln gegen Südost zu fahren.

„Wie lange“, fragte ich, „wird es wohl dauern, bis wir wieder Ost-Island erreichen?“

„Mit dem Wind, den wir jetzt haben“, antwortete er, „werden leider wohl mehrere Tage hingehen.“

„Ach“, seufzte ich, „hätten wir doch stärkeren Wind!“

„Dein Wunsch wird wahrscheinlich bald erfüllt“, erwiderte der Steuermann und warf einen sorgenvollen Blick nach Süden.

Noch am selben Vormittag fing ein fürchterlicher Orkan von Süden her wieder mit solcher Gewalt an zu toben, daß der

Kapitän mir befahl, mich schleunigst in die Kajüte zu retten, damit ich nicht von den Wellen über Bord gespült würde.

Das Unwetter wütete den ganzen Tag und die folgende Nacht.

Wir kamen immer weiter nach Norden, und alle Anstrengungen, gegen den Wind zu segeln, waren vergebens.

Als ich am anderen Morgen aufstand, schaukelte das Schiff gewaltig.

Der Wind heulte mit ungeschwächter Kraft, der Wogengang war fürchterlich.

Die Wellen geiferten und tosten, als wären wir ringsumher von brausenden Wasserfällen umgeben.

Das war ein Kochen und Sieden und Donnern und Krachen, daß einem fast die Sinne schwanden. –

Nach dem langen Eingesperrtsein in der dunklen Kajüte kroch ich mühsam die Treppe hinauf.

Kaum hatte ich die äußere Tür geöffnet, da erhielt ich ein solches Sturzbad ins Gesicht, daß ich beinahe die Treppe hinabgestürzt wäre.

Schnell schloß ich die Tür wieder und ging zurück.

Gleich darauf kam der Kapitän herein und verbot mir strengstens, die Kajüte zu verlassen.

„Die Tür darf nur geöffnet werden", unterwies er mich kurz, „wenn wir uns zwischen zwei Wellen befinden; sonst ist Gefahr, daß das Wasser alle Räume füllt."

So blieb ich denn eingesperrt. Draußen heulte der Wind und brausten die Wogen.

Es gab keine regelmäßigen Mahlzeiten mehr. Von warmen Speisen konnte erst recht keine Rede sein.

Ich mußte das Leben mit dem Mundvorrat fristen, den man für mich in einer Schublade des Kajütentisches zurechtgelegt hatte.

Drei Tage und Nächte trieb der Sturm sein unheimliches Spiel mit uns. Endlich am Schluß der dritten Nacht legte er sich.

Als ich am Morgen erwachte, war ich erstaunt über die plötzliche Stille und Ruhe, die auf dem ganzen Schiff herrschte.

Von Wellen keine Spur mehr.

Gottlob, dachte ich, jetzt werde ich endlich vom Kapitän die Erlaubnis erhalten, mein Gefängnis zu verlassen.

Während ich so in meinem Bett geduldig wartete, merkte ich auf einmal, daß die Luft merklich kühler geworden und sogar das Licht sich auffällig verändert hatte.

Ich konnte mir das nicht gleich erklären, richtete mich verschlafen auf und schaute umher.

Alles um mich her war blendend weiß, und doch schien die Sonne nicht. Und die Luft war bitter kalt.

Ich legte mich wieder hin, deckte mich sorgfältig zu und sah gegen die dicke Glasscheibe oben in der Kajütendecke.

Das seltsame weiße Licht fiel in blendenden Strahlen auf mein Gesicht.

Ich wurde unruhig und ängstlich.

Ich hörte keinen Laut. Auf dem ganzen Schiff herrschte Grabesstille.

Sind am Ende gar einige über Bord gespült worden?

Wenn nur Owe und der Steuermann noch am Leben sind! Ach, käme doch einer von ihnen zu mir!

Sonst erhielt ich ja morgens am Bett regelmäßig den einen oder anderen Besuch. Heute kam niemand.

Zum Aufstehen aber fühlte ich wegen der beißenden Kälte wenig Lust.

Endlich wurde ich aus meiner schrecklichen Ungewißheit befreit.

13. Zwischen Eisbergen

Oben auf dem Deck wurde die Kajütentür geöffnet, und ich hörte jemand mit schweren Tritten die Treppe herabkommen.
Aber ich konnte diesmal nicht erraten, wer es sei.
Unten an der Treppe blieb er stehen, und anstatt die Tür, die zu mir hereinführte, zu öffnen, machte er einen gewaltigen Lärm.
Er trampelte mit den Füßen und stieß mit aller Kraft gegen die Türpfosten.
Ich konnte gar nicht recht klug werden, was dies wohl sein mochte, und fürchtete mich fast.
Da trat zu meinem Erstaunen der Steuermann ein.
Er hatte seine dicksten Winterkleider an, und eine schwarze Schneehaube bedeckte fast das ganze Gesicht. Nur Auge und Nase waren frei. An den Händen trug er große isländische wollene Handschuhe, in denen alle Finger außer dem Daumen zusammensteckten, an den Füßen schwere Schaftstiefel.
Er war ganz bedeckt mit unzähligen kleinen Eisnadeln. Draußen vor der Tür hatte er versucht, sie soviel wie möglich abzuschütteln. Daher der Lärm.
Der Eismann stellte sich vor mein Bett und schaute mich an.
Endlich zog er die Handschuhe aus und gab mir lachend die Hand.

„Guten Morgen, kleiner Nonni; ich habe dich doch wohl nicht erschreckt?"

„Das gerade nicht, Herr Steuermann. Aber Sie haben mich doch etwas in Staunen versetzt."

„Wieso denn, mein Junge?"

„Erst durch den Lärm, den Sie an der Tür machten, und jetzt durch Ihre Kleidung und die eigentümlichen Eisnadeln, die daran hängen."

„Armer Nonni", sagte er freundlich, „du bist die letzten Tage so einsam und verlassen gewesen und weißt wohl gar nicht, was in dieser Zeit geschehen ist."

„Das ist es gerade, Herr Steuermann. Ich weiß gar nicht, wo wir sind. Alles kommt mir so verändert vor. Das Licht ist so blendend weiß, und es ist so kalt. Auch hört man keinen Laut, keinen Fußtritt mehr. Ich habe schon gedacht, ob nicht ein Teil der Besatzung während des Sturmes über Bord gespült worden sei."

„Dir gehen ja unheimliche Gedanken durch den Kopf, mein Lieber. Du kannst dich aber beruhigen: Wir sind noch alle am Leben.

„Gott sei gelobt!" rief ich vor Freude.

„Aber wie geht es Owe? Er kommt ja gar nicht mehr zu mir."

„Er ist seekrank geworden und liegt noch im Bett."

„Liegt er im Bett? Dann muß ich schnell aufstehen und ihn besuchen. – Aber wer kocht denn jetzt?"

„Das tu' ich."

Ich sah ihn erstaunt an.

„Mußt du dich wundern, daß der Steuermann den Koch spielt?" sagte er darauf. „Das kommt auf den kleinen Schiffen oft vor. In der Not hilft man sich, so gut es eben geht."

„Aber Sie haben doch sonst schon genug zu tun. Hätte ich nur auch das Kochen gelernt, so könnte ich Owe vertreten."

Der Steuermann lachte, legte die dicke Jacke ab und hing sie draußen vor der Tür an einen Haken.

Dann kam er wieder herein und setzte sich zu mir.

Allmählich war er wieder der Alte, nur sah er sehr müde und angestrengt aus.

„Ich muß etwas ruhen", begann er wieder; „es ist schon lange, daß ich keinen Schlaf mehr bekommen habe. In den letzten Tagen ging es hart her."

„Ist jetzt die Gefahr vorüber?"

Der Steuermann schaute mich ernst an und schüttelte mit dem Kopf.

„Sind wir wirklich noch in Gefahr?" fragte ich hastig, indem ich mich etwas aufrichtete und, auf die Ellenbogen gestützt, ihn erwartungsvoll anschaute.

Statt auf diese Frage zu antworten, stellte er mir eine andere.

„Betest du zuweilen, Nonni?"

„O ja."

„Gut, so rate ich dir, Gott zu bitten, er möge jetzt seine Hand über uns halten."

„Aber warum gerade jetzt?"

„Nun, wenn uns noch einmal ein solcher Sturm überfällt, dann ist es aus mit uns."

Ich glaube, ich wurde vor Schrecken bleich.

Der Steuermann merkte es und suchte mich zu beruhigen.

„Ich sage das nicht, um dir Angst zu machen, sondern damit du zu Gott betest."

Ich wußte nicht recht, was ich antworten sollte. Doch stammelte ich schüchtern ein Versprechen hervor.

Der Steuermann schwieg.

Nach einer Weile fragte ich weiter:

„Herr Steuermann, wollen Sie mir nicht sagen, welche Gefahr uns droht?"

„Hast du das noch nicht gemerkt?"

Ich dachte etwas nach. Jetzt begriff ich endlich.

„Sind wir zwischen die Eisberge gekommen?"

„Du hast es erraten; so ist es. Wir sitzen mitten im Polareis."

„Das hätte ich aber auch vorher wissen können. Die Kälte und das weiße Licht und die Eisnadeln sind mir ja schon aufgefallen, als ich im Eyjafjördur bei Akureyri zum erstenmal die Eisberge sah."

„Wie? Du hast bei Akureyri schon Eisberge gesehen? Da kannst du mir wohl etwas davon erzählen."

„O ja, ich erinnere mich noch sehr gut. Es war im März vor zwei Jahren. Ich schlief zu Hause im Dachzimmer. Den ganzen Tag hatten wir Nordwind gehabt, und abends, als ich zu Bett ging, wehte er sehr stark.

Als ich am anderen Morgen aufwachte, lag auf der Bettdecke vor meinem Mund ein kleines, schneeweißes Kissen von leuchtenden Kristallen.

Mein Atem hatte sich des Nachts, als ich schlief, an der Bettdecke festgesetzt und war zu Eis gefroren. Außerdem fiel mir auf, daß das Licht ungewöhnlich weiß war, gerade wie hier. Schnell sprang ich auf und lief ans Fenster.

Da hatte ich einen wundervollen Anblick. Der ganze Fjord war mit Eisbergen bedeckt, die nachts in aller Stille hineingetrieben waren. Es wehte kein Wind mehr. Die Eisberge lagen ruhig und friedlich gerade vor unserem Haus und so dicht gedrängt, daß man keine offene Stelle im Wasser mehr finden konnte.

Der Erdboden war mit einer dicken Lage Schnee bedeckt. So sah es wenigstens aus. Aber das war kein rechter Schnee, sondern lauter kleine, harte Eisnadeln, gerade solche, wie Sie eben auf ihren Kleidern hatten."

„Und die Eisberge, wie sahen die aus?" unterbrach mich der Steuermann.

„Oh, die waren schön! Sie waren ganz rein und blendend weiß. Und wenn über Tags hie und da die Sonne darauf schien, das hätten Sie sehen sollen! Dann leuchteten sie wie funkelnde Perlen und strahlten wie Diamanten in allen Farben, Rot, Grün, Blau, golden. Ich kann Ihnen gar nicht sagen, wie schön das war.

Die einzelnen Eisberge waren aber alle sehr verschieden und nicht gleich groß. Einige waren höher als die Häuser, ja sogar höher als die Kirche; doch waren auch mehrere kleine darunter.

Die meisten hatten schöne Türme und Zacken. In manchen waren Höhlen, große und kleine, andere waren ganz durchbrochen und bildeten Tore und Gewölbe.

Und wissen Sie, was gerad vor unserem Haus geschah? Eines Tages war die See unruhig, und zur Zeit der Flut stieg das Wasser höher als sonst. Da warf eine gewaltige Welle einen von den kleinen Eisbergen auf den Strand, und ein größerer, der hinter ihm schwamm, schob ihn noch höher hinauf. Als

116

dann die Woge zurückging, blieb der kleine Eisberg auf dem Land sitzen.

Und denken Sie, er war noch da, als die anderen später aus dem Fjord trieben; ja, er blieb den ganzen Sommer hindurch. Und als das Wetter warm wurde, fing er an zu schmelzen, und es floß ein kleiner Bach von ihm aus ins Meer. Wir Kinder tranken zuweilen daraus; es war Süßwasser."

„Du verstehst ja ganz prächtig zu erzählen. Aber jetzt steh auf. Oben in der Küche habe ich warmen Kaffee und Brot für dich bereitet.

Iß nur ordentlich. Nachher kannst du die Gegend betrachten und schauen, ob die Eisberge hier auch so sind wie die, welche du in Akureyri gesehen hast."

„Ja, Herr Steuermann, ich will gleich aufstehen, und dann bete ich mein Morgengebet und bitte Gott, er möge uns beistehen."

„Gut so! – Betest du jeden Morgen?"

„Ja, wenn ich es nicht zufällig vergesse."

Der Steuermann lächelte.

„Paß aber auf, daß du es nicht zu oft vergißt."

„Nein, das tue ich nicht. Ich mußte es meiner Mutter vor der Abreise versprechen."

Ich stand auf, und der Steuermann ging zu seiner Koje.

Bevor er sich zu Bett legte, verrichtete er ein kurzes Gebet.

Nachdem ich mich fertig gemacht hatte, betete ich mein Morgengebet.

Am Schluß flehte ich zu Gott, er möge seine schützende Hand über unser kleines Schiff halten und uns vor den gefährlichen Eisbergen bewahren. Auch bat ich ihn, er möge uns günstigen Wind senden, damit wir vor ihnen fliehen könnten.

Dann zog ich meine Jacke an und begab mich auf Deck.

Hier stand ich wie gebannt und sprachlos vor Staunen.

Das erste, was mir ins Gesicht schlug, war das Licht. Es blendete mich so, daß ich die Hand vor die Augen halten mußte. Ich sah kein Meer, kein Wasser, keine Wellen mehr – nur Schnee und Eis.

„Wir sind ja gar nicht mehr auf dem Meere! Wir sind aufs Land geraten!" rief ich aus.

Ja, man hätte fast glauben können, einer von den alten Hrimthursen, den gewaltigen nordischen Riesen der Edda, hätte unser Schiff gefaßt und es auf eines der großen Polarländer gesetzt.

Erst nach und nach wurde mir unsere wirklich Lage bewußt.

Nein, wir befanden uns nicht auf dem Lande, wir waren auf dem Meere, und weiter vom Lande entfernt als je zuvor. Und was das Schlimmste war, wir saßen im Polareise!

Ja, die wilde, schauerlich schöne Landschaft, die vor mir lag, war das fließende, treibende Polareis, unser Todfeind, der Feind, den jeder, der Kapitän sowohl wie der Steuermann und die Matrosen, mehr als alles andere fürchtete.

Ich schaute in die Ferne.

Soweit das Auge reichte, nur Eis und Schnee! Und alles, was ich sah, war übergossen von diesem blendend weißen Licht, das von dem leuchtenden Schnee zurückflimmerte.

Vor mir, hinter mir, zur Rechten, zur Linken, fern und nah, überall nur dieses eine: der weiße Schnee!

Allmählich gewöhnte sich das Auge an das scharfe Licht, und es tauchten Einzelheiten auf, die ich anfangs gar nicht beachtet hatte.

Dort waren sie durchsichtig, funkelklar und scharf gekantet mit allerlei Zacken; hier ohne Glanz, die Formen alle weich und rund.

Das Ganze machte nicht den Eindruck einer Eisgegend, sondern einer Schneelandschaft mit weit ausgedehnten Flächen und runden Hügeln, durchbrochen von zahlreichen Schluchten und kleinen Tälern.

Selbst das Schiff sah aus wie ein großer Schneehügel, aus dem ein Mast, einige Rahen und Taue hervorstachen.

Welch ein Schneesturm mußte gerast haben!

Owes Küche war vollständig im Schnee begraben. Ein schmaler aufgeworfener Gang führte bis zur Türe.

Jetzt verstand ich auch, weshalb ich vorher in der Kajüte kein Geräusch mehr vernommen hatte. Jeder Laut verlor sich ja im tiefen Schnee.

Doch dieser Schnee kam mir sehr sonderbar vor. Ich nahm daher eine Handvoll und untersuchte ihn. Er war nicht weich, sondern bestand aus lauter Eisnadeln und kleinen, harten Eiskristallen.

Die Luft war totenstill und sehr kalt.

Aber ich achtete kaum auf die Kälte; denn es war so viel Neues und Seltsames um mich her, daß ich ganz davon gefangen war.

Plötzlich regte sich etwas vorn auf dem Schiff.

Es war der Kapitän, der hinter einem Schneehaufen gesessen hatte.

Eben erhob er sich und schaute, tief in Gedanken versunken, nach Norden.

Er schien mich nicht bemerkt zu haben.

Flüchtig bekam ich sein Gesicht zu sehen. Er sah noch müder aus als der Steuermann.

Als er mich erblickte, winkte er mir.

Ich watete mühsam durch den Schnee zu ihm hin und wünschte ihm guten Morgen.

Freundlich reichte er mir die Hand:

„Guten Morgen, mein Junge. Es freut mich, daß du schon aufgestanden bist. Hoffentlich bist du frisch und gesund."

„Danke, Herr Kapitän, mir geht es ganz gut. Aber wie geht es Ihnen? Sie sehen ja müde aus."

Er lächelte, gab aber keine Antwort.

Ich konnte gut merken, daß er nicht bloß müde, sondern auch in gedrückter Stimmung war.

Nach einer kleinen Pause begann ich wieder:

„Wo sind denn die Matrosen?"

„Die Matrosen – ", antwortete er, und sein Gesicht zeigte einen bitteren Zug, „die schlafen; sie liegen alle in ihren Kojen."

„Und Owe, höre ich, soll krank sein."

„Ja, der ist krank."

„Darf ich mal zu ihm gehen und mit ihm ein wenig erzählen?"

„Das kannst du tun; aber nimm dich in acht, daß du die Matrosen nicht weckst."

„Danke, Herr Kapitän. Ich werde schon still sein und ganz leise gehen."

Als ich zur Tür der Matrosenkajüte kam, hörte ich von unten herauf unheimliche Laute.

Ich öffnete behutsam die Tür und lauschte. Die Matrosen lagen in tiefem Schlaf und schnarchten.

Owe richtete sich empor, streckte den Kopf aus der Koje und gab mir die Hand.

Ich fragte leise, wie es ihm gehe.

„Es tut's so", antwortete er. „Und wie geht es dir, Nonni?"

„Ich bin frisch und gesund wie ein Fisch."

Leise flüsterte ich:

„Owe, erzähle mir doch, was in den letzten zwei Tagen alles geschehen ist. Ich war immer in der Kajüte eingesperrt und weiß von nichts."

„Ja, Nonni, ich will dir alles erzählen.

In den letzten Tagen ging es schlimm zu. Der Sturm war so fürchterlich, daß niemand in all der Zeit ruhen durfte. Wir wurden beständig nach Norden getrieben. In der Nähe der Eisberge schlug der Wind plötzlich um. Wir bekamen eiskalten Nordwind, und sofort begann der Schneesturm. Er überschüttete uns mit gewaltigen Schneemassen von den Eisbergen her.

Du kannst dir keine Vorstellung machen, wie schrecklich das war.

Einzelnen Eisbergen waren wir schon begegnet, und nun trieb das Schiff blindlings voran!

Den gefährlichen Feinden irgendwie auszuweichen war unmöglich, denn wegen des Schneesturms konnte man nichts sehen. Wir alle glaubten nicht mehr anders, als daß wir verloren seien, und jeden Augenblick erwarteten wir einen Zusammenstoß.

Da legte sich wie durch ein Wunder der Wind, und der Schneesturm hörte auf: wir waren vorläufig gerettet. Eine Zeitlang trieben wir noch mit den Eisbergen umher und kamen schließlich mitten in sie hinein.

Heute früh stellte der Kapitän an die Matrosen die Frage, ob sie noch Kraft hätten, sofort an die Arbeit zu gehen und das Schiff aus dem Eis zu bringen. Doch fügte er hinzu, er wolle sie nicht zwingen, denn er wisse, wie erschöpft sie seien.

Die Matrosen erklärten alle, sie müßten erst ausruhen. Der Kapitän machte sie darauf aufmerksam, wie lebensgefährlich es sei, zwischen den Eisbergen sitzen zu bleiben.

Aber die Matrosen blieben bei ihrer Weigerung; denn, sagten sie, das Unmögliche könne man von ihnen nicht verlangen; sie könnten kaum noch auf den Beinen stehen.

Der Kapitän bestimmte nun, daß die ganze Mannschaft vier Stunden schlafen sollte, er selbst würde während der Zeit Wache halten.

So kamen die Matrosen hierher und legten sich zur Ruhe.

Ich war schon wach in meiner Koje und konnte alles hören, was sie sprachen."

Hier hielt Owe in seiner Erzählung inne. Er streckte den Kopf in die Höhe und lauschte, ob alle noch schliefen.

Das regelmäßige Schnarchen beruhigte ihn, und er fuhr fort: „Nonni, es war schrecklich, wie aufgebracht die Matrosen gegen den Kapitän Foß waren. Sie sagten, er allein wäre schuld an allem. Es wäre unverantwortlich, uns bei einem solchen Sturm in offener See zu lassen. Wir hätten ebensogut in einen isländischen Fjord flüchten können. So aber hätte er uns in die größte Lebensgefahr gebracht. Kommen wir mit heiler Haut weg, haben wir ihm nichts zu danken.

Sie sprachen auch davon, daß sie ihn beim Gericht verklagen würden, sobald sie nach Dänemark kämen."

„Der arme Kapitän!" unterbrach ich Owe. „Man kann doch nicht verlangen, daß er alles voraussieht."

Plötzlich merkten wir, daß ein Matrose aufhörte zu schnarchen und sich bewegte.

„Nonni, geh schnell fort!" flüsterte Owe.

Ich gehorchte. Oben war es noch immer beißend kalt.

Mich fror. Und hungrig war ich auch, denn ich hatte ganz vergessen, meinen Morgenkaffee zu trinken.

Sofort eilte ich in die Kombüse und holte das Versäumte nach.

Dann ging ich in meine Kajüte hinab.

Dort lag der Steuermann in bestem Schlafe. Ich hielt mich daher ganz still, nahm mein Schreibzeug hervor und setzte den Brief an meine Mutter fort.

Bald kam der Kapitän herein, um den Steuermann zu wecken.

Die Mannschaft hatte die vier Stunden geschlafen.

Jetzt war es Zeit, an die große Arbeit zu gehen und das Schiff aus dem Eise zu schaffen.

14. Im Kampf mit den Eisbären

Der Steuermann war im Nu aus seiner Koje und ging mit dem Kapitän auf Deck.
Ich folgte ihnen; denn ich war sehr gespannt darauf, wie sie es anstellen würden, das Schiff aus dem Eis in die offene See zu bringen.
Zugleich mit mir kamen die Matrosen oben an.
Zuerst schaufelten sie den Schnee von der Luke des Lastraumes; denn dort lagen die langen Stangen und Haken, die sie zur Arbeit brauchten.
An beiden Seiten des Schiffes ragten kleine Eishügel auf.
Die Männer stemmten die langen Stangen gegen das Eis und schoben mit ganzer Kraft das Schiff langsam in südliche Richtung.
Nach einer Stunde angestrengter Arbeit kamen wir an eine sehr große flache Eisscholle zur Linken.
Sie war gewiß mehrere hundert Meter lang und erstreckte sich bis hin zum offenen Meer, bis an die Grenze des Polareises.
An ihr entlang mußte das Schiff geschoben werden.
Doch hier entstand eine große Schwierigkeit.
Zur Rechten war kein Eis mehr in unmittelbarer Nähe, und so konnte man an der Steuerbordseite die Stangen nicht benutzen.

Die Arbeit stockte. Man überlegte, was nun zu machen sei. Der Kapitän wußte bald Rat.

„Die Matrosen", sagte er, „gehen mit mir auf die Eisscholle, das lange Tau wird am Bug befestigt, und dann ziehen wir mit vereinten Kräften das Schiff vorwärts. Der Steuermann hält an Bord mit einer Stange das Fahrzeug in passender Entfernung vom Rande des Eises."

Das Schiff wurde nun mit langen Haken bis dicht an die Scholle gezogen.

Dann sprangen Kapitän und Matrosen auf diese hinab. Der Steuermann warf ihnen das Tau hinüber, und die mühsame Arbeit begann.

Ich versuchte, so gut ich konnte, dem Steuermann zu helfen, das Schiff vom Rand des Eises fernzuhalten, damit es nicht durch Reiben oder Anstoßen behindert würde.

Der Kapitän und die Matrosen mußten zuweilen bis über die Knie durch den Schnee waten, doch ohne ein Wort zu reden, zogen sie unverdrossen an ihrem Tau.

So kamen wir unserem Ziel immer näher.

Keiner von uns merkte etwas von der Kälte; im Gegenteil, das Rettungsmanöver machte uns sehr warm. Es ging ja für uns alle um Leben oder Tod.

Nachdem wir eine gute Stunde lang sämtliche Kraft aufgeboten hatten, waren wir bis zur Mitte der Eisscholle gekommen.

Hier stießen wir auf ein Hindernis, das unserer Arbeit vorläufig ein Ende setzte.

Wir hatten anfangs gemeint, die Eisscholle sei ganz und gar flach. Aber nun sahen wir gerade vor uns eine Erhöhung, die wir wegen des hohen Schnees bisher nicht beachtet hatten.

Sie erstreckte sich wie ein Wall quer über die ganze Fläche und war, wie alles rundumher, mit Schnee bedeckt. Zudem war sie auf der uns zugekehrten Seite so steil, daß man nicht hinüberklettern konnte.

Kapitän Foß blieb stehen und rief:

„Steuermann, wie kommen wir da hinüber?"

Der Steuermann, der schon einige Zeit besorgt auf die Erhöhung geschaut hatte, antwortete:

„Ich sehe noch keinen Ausweg, Herr Kapitän. Jedenfalls müssen wir sehr vorsichtig sein, denn es können hier Vertiefungen und Spalten sein. Geben Sie nur acht, daß Sie nirgends hineinfallen."

„Sie haben recht", erwiderte der Kapitän. „Es wird wohl das beste sein, ich untersuche erst einmal das Eis."

„Nonni!" rief er dann, „geh mal in die Kajüte und hole meinen Stab mit der Eisenspitze; er hängt bei dem Jagdgewehr in meiner Koje."

124

Stolz über diesen Auftrag, war ich im Augenblick unten, nahm den Stab und brachte ihn eilig hinauf.

Es war eine Stange aus festem Holz, etwa zwei Meter lang, unten mit einer scharfen Eisenspitze versehen.

„Wirf ihn mir zu!" rief der Kapitän.

Ich schleuderte ihn hinüber, und Kapitän Foß fing ihn geschickt auf.

Dann gab er Befehl:

„So, jetzt das Schiff so nah wie möglich an den Eisbuckel gezogen! Wir werden nachher schon Mittel finden, das Hindernis zu überwinden. Zunächst aber wollen wir ein Lied anstimmen, damit kommen wir besser voran."

Sofort begann der Steuermann, der eine wohlklingende Stimme hatte, das bekannte dänische Lied:

„Es ist ein herrlich Land,
es liegt im hohen Norden."

Kapitän und Matrosen fielen kräftig ein.

Dann ward mit neuem Mut die Arbeit wieder fortgesetzt.

Als wir endlich bis an die verhängnisvolle Erhöhung gelangt waren, blieb der Kapitän stehen und stieß mit seinem Stab einigemal kräftig gegen die harte Eiswand, die lotrecht vor uns aufragte.

Da ertönte plötzlich von der anderen Seite des Walles her ein Heulen, so wild und entsetzlich, daß der Gesang augenblicklich verstummte und die starken, sonst so mutigen Seeleute unwillkürlich einige Schritte zurücksprangen.

Mit angstvollem Blick starrten sie in die Richtung, von wo das fürchterliche Heulen gekommen war.

Es dauerte nicht lange, da tauchte über dem Rand des Eiswalles ein weißer, zottiger Kopf hervor, und ein paar scharfe, funkelnde Augen stierten auf die Männer herab.

Der Kapitän, der dem Ungetüm am nächsten war, faßte sich zuerst und rief mit lauter Stimme den Matrosen zu, die wie gelähmt vor Schrecken hinter ihm standen:

„Ein Eisbär! Rettet euch schnell aufs Schiff. Ich bleibe hier, bis alle an Bord sind."

Kaum hatte er diese Worte gerufen, da zeigte sich neben dem ersten zottigen Kopf noch ein zweiter.

Die Matrosen waren gleich davongestürzt.

Voller Schrecken und Angst hasteten sie durch den tiefen Schnee zum Schiff.

Kapitän Foß trotzte unterdessen kaltblütig der Todesgefahr.

Zwar zog auch er sich zurück, aber langsam, Schritt um Schritt, die Augen fest auf die fürchterlichen Bestien gerichtet.

Ab und zu warf er einen raschen Blick auf die Matrosen, um zu sehen, ob sie sich schon in Sicherheit gebracht hätten.

„Um Gottes willen! Schnell! Schnell!" schrie er. „Springt auf Deck, sonst ist es aus mit uns!"

Atemlos riefen sie ihm zu:

„Wir können nicht – es ist unmöglich –, das Schiff ist zu weit vom Eis entfernt."

Es lag wenigstens sechs Fuß vom Eisrande im Wasser.

Ratlos irrten die Leute in wilder Angst bald dahin, bald dorthin.

Doch nirgends fanden sie eine Stelle, wo sie herüberspringen konnten.

Der Steuermann rannte in die Kajüte hinab, um das Gewehr des Kapitäns zu holen.

Schon waren die Tiere bis oben auf den Wall geklettert, zwei große Eisbären, mächtige Raubtiere.

Sie blieben zunächst unbeweglich stehen und schauten neugierig auf die Männer und das Schiff. Es war ihnen wohl etwas ganz Neues. Sie hatten bisher vielleicht noch nie Menschen gesehen.

Nach einer Weile sperrten sie den Rachen auf und zeigten ihre langen, spitzen Zähne. Dann folgte ein furchtbares Heulen.

Ich zitterte am ganzen Körper.

Plötzlich wurden sie still und begannen, Kopf und Vorderkörper zu bewegen, bald nach rechts, bald nach links, und so eine Weile fort.

Dann streckten sie Kopf und Hals immer weiter nach vorn, als suchten sie eine passende Stelle, wo sie sich an der lotrechten Wand hinablassen könnten.

Es war schauerlich anzusehen, mit welch eisiger Ruhe, wie bedächtig und sicher die beiden beutegierigen Unholde den Weg zu uns auskundschafteten.

Der Kapitän hatte sich unterdessen bis zum Schiff zurückgezogen und sah jetzt erst, weshalb die Matrosen nicht an Bord kommen konnten.

„Nonni!" rief er, „die dickste Stange her!"

Schnell ließ ich sie über die Reling bis auf das Eis hinunter. Einer der Matrosen versuchte in aller Hast hinaufzuklettern. Aber sie war zu schwach; sie krachte gleich so stark, daß er zurückspringen mußte.

Wieder standen Kapitän und Matrosen ratlos da.

Die Gefahr wuchs mit jeder Sekunde.

Schon ließen die Bären sich vorsichtig von der Eiswand herab und tapsten dann nebeneinander durch den Schnee.

„Die Bären gehen auf uns los!" schrie der Kapitän mit zitternder Stimme und hielt die scharfe Spitze des Stabes den Tieren entgegen.

„Lauft zum Bug und klettert am Schiffstau hinauf!" rief er den Matrosen zu.

„Am Schiffstau hinauf!" wiederholte er mehrmals, wandte aber nicht den Blick von den herannahenden Bestien.

Die Matrosen liefen in aller Hast nach vorn, wo das dicke Tau schlaff von der Reling herabhing.

Einen Augenblick zögerten sie; denn sie konnten das Tau nicht greifen, ohne sich in das eiskalte Wasser zu stürzen.

Die Bären waren jetzt noch höchstens zehn Fuß weit vom Kapitän.

Er drohte ihnen ständig mit dem Stab, um sie zu schrecken oder wenigstens aufzuhalten.

Das gelang ihm.

Sie blieben stehen, wandten sich aber nach links, gingen in einem Bogen an dem drohenden Kapitän vorbei und auf die Matrosen los.

„Ins Wasser!" schrie der Kapitän. „Ins Wasser! Greift das Tau!"

Als die Matrosen die Bären herankommen sahen, schrien sie entsetzt auf und warfen sich alle auf einmal ins Wasser.

In dem Augenblick, in dem die Raubtiere ihre Beute plötzlich verschwinden sahen, stießen sie ein fürchterliches Gebrüll aus und sprangen den Männern hinterher.

Der erste Matrose war schon beinahe bis an die Reling geklettert, der andere war dicht hinter ihm, und der dritte kam mit dem Kopf eben aus dem Wasser.

Kapitän Foß versuchte, seinen Leuten Zeit zu verschaffen. Drohend schwang er seinen Stab und schrie, so laut er konnte, um die Aufmerksamkeit der beiden wilden Tiere auf sich zu lenken.

Sie blieben auch wirklich an der Kante des Eises stehen und wandten den Kopf zum Kapitän.

Die ersten zwei Matrosen waren bereits außer Gefahr. Der letzte war noch mit den Beinen im Wasser.

Jetzt ließen die Bären sich nicht länger hinhalten. Sie sprangen ins Meer und schwammen auf den Matrosen zu.

Eben wollte dieser die Füße aus dem Wasser ziehen, da hatten die Bären ihn erreicht.

Sie langten wie Katzen mit den Vordertatzen nach ihm, faßten mit ihren scharfen Klauen seine Beine und zogen ihn zu sich, daß ihm augenblicklich das Tau entschlüpfte.

Mit einem Schrei der Verzweiflung fiel er auf die schwimmenden Raubtiere, die ihn nun mit den Zähnen packten.

Was jetzt vor unseren Augen geschah, war so gräßlich, daß mir das Blut in den Adern stockte.

Zwischen den beiden Bären entstand ein unheimlicher Kampf um ihre Beute.

Endlich kam der Steuermann mit dem geladenen Gewehr. Er lehnte sich über die Reling und zielte.

Der Schuß krachte.

Ein dumpfes Heulen und starkes Platschen im Wasser bewies, daß eines der Tiere getroffen war.

Der grauenvolle Kampf hörte auf.

Der erlegte Bär ließ seine Beute fahren.

Der andere schwamm, den Matrosen mit den Zähnen am Arme festhaltend, zum Rande des Eises.

Schnell ging der Kapitän einige Schritte zurück, damit das Tier den Mann ungehindert auf das Eis bringen und ihn so wenigstens vor dem Ertrinken retten konnte.

Der Bär kletterte mit dem scheinbar Halbtoten auf die Eisscholle und schleppte ihn einige Fuß weit.

130

Dann ließ er ihn auf den Schnee fallen, legte sich langsam auf ihn, mit den Vordertatzen an den Schultern festhaltend.

Nun machte er es gerade wie ein Hund, der sich in aller Ruhe hinlegt, um einen großen Knochen zu verspeisen.

Er schaute langsam um sich, fletschte mit den Zähnen, leckte sich ums Maul, ja beleckte sogar das Gesicht des Matrosen und gab durch ein leises Knurren und Grunzen zu erkennen, wie wohlig er sich fühlte.

Doch ihm blieb wenig Zeit.

Mit Todesverachtung stellte der Kapitän sich dem jetzt doppelt gefährlichen Raubtier entgegen, bewaffnet nur mit seinem Stab.

Der Steuermann stand mit entsichertem Gewehr auf dem Schiff. Er zielte, wagte aber nicht zu schießen, aus Furcht, den Kapitän oder den Matrosen zu treffen.

Die zwei Geretteten waren in ihre Kajüte hinabgesprungen und kamen mit Messern wieder.

Bei dem Anblick, der sich ihnen auf der Eisscholle bot, schrien sie vor Entsetzen laut auf.

Der Eisbär lag mit offenem Rachen auf ihrem Kameraden, vor ihm stand der Kapitän und hielt ihm die Eisenspitze in die Brust.

Knurrend warf das Tier wütende Blicke auf ihn, wollte aber seine Beute nicht preisgeben.

„Kommt mit den Schiffshaken her!" rief der Kapitän.

Die Matrosen schleuderten sie aufs Eis und setzten von der Reling aus in kühnem Sprung über das Wasser.

Der Steuermann mit dem Gewehr in der Hand sprang ihnen nach.

Während dies vor sich ging, erhob der Bär sich gegen den Kapitän.

Dieser aber stieß schnell zu und bohrte ihm die scharfe Eisenspitze in die Brust, daß sie bis tief in die Eingeweide drang.

Das verwundete Tier stieß ein langgezogenes, durchdringendes Geheul aus und sprang so wütend auf, daß der Kapitän den Stab nicht wieder an sich ziehen konnte. Er blieb dem Bär im Leibe stecken.

Waffenlos, wie er jetzt war, suchte Kapitän Foß sein Leben durch die Flucht zu retten.

Aber der rasende Bär richtete sich auf die Hinterfüße und setzte ihm nach.

Trotz der schweren Wunde hatte er ihn in wenigen Sekunden eingeholt und streckte ihn mit einem Schlag der Vordertatze nieder in den Schnee.

Der Kapitän schien verloren.

Aber im Nu waren die Matrosen da und bohrten beide zugleich ihre Haken tief in die Seiten des wütenden Tieres.

Zugleich setzte der Steuermann ihm den Gewehrlauf an den Kopf und gab Feuer.

Zwar hatte der Eisbär noch die Kraft, sich gegen seine Verfolger zu wenden, doch dann fiel er auf den Rücken. Er biß den Stab ab, der aus der Brust hervorragte, und wälzte sich in den letzten Zuckungen eine Weile in dem blutgetränkten Schnee.

Dann blieb er auf der Seite liegen und rührte sich nicht mehr.

132

15. Gerettet

Der schreckliche Kampf war zu Ende.

Die Eisbären waren getötet und zwei unserer Leute verwundet.

Man ließ die toten Bären liegen und schaute eiligst nach dem Kapitän.

Er sah sehr blaß aus.

Der Steuermann beugte sich zu ihm nieder und fragte:

„Herr Kapitän, sind Sie verwundet?"

„Ja", antwortete er mit schwacher Stimme, „der Bär schlug etwas hart. Ich kann nicht aufstehen."

„Dann will ich Sie an Bord tragen."

„Nein, Steuermann, sorgen Sie erst für den verwundeten Matrosen; er braucht mehr Hilfe als ich."

„Gut, Herr Kapitän. Aber Sie erlauben, daß ich einen Augenblick erst bei Ihnen nachsehe."

Bei näherer Untersuchung entdeckte er, daß der rechte Arm aus dem Gelenk geschlagen war.

Mit großer Mühe gelang es ihm, den Kapitän aufzurichten.

Der Arm hing schlaff herab.

Der Kapitän stützte sich nun mit der linken Hand auf den Steuermann und sagte zu den Matrosen:

„Ich werde mit Hilfe des Steuermanns schon allein bis zum

Schiff kommen. Ich danke euch für die Teilnahme. Aber euer Kamerad ist schlimmer dran als ich. Sorgt nur zuerst für ihn."
Die zwei eilten zu dem Schwerverwundeten, der noch auf derselben Stelle lag, wo der Eisbär ihn überwältigt hatte.
Sie fanden ihn noch am Leben, aber so verstört und so von Kräften, daß er kaum imstande war, sich zu rühren.
Sie ließen ihn vorerst liegen, denn zunächst mußte das Schiff näher ans Eis gezogen werden.
Allmählich war auch der Kapitän herangekommen und ließ sich zur Seite des verletzten jungen Matrosen nieder.
Der Steuermann half den beiden anderen, das schwere Schiff am Tau herbeizuziehen.
Das war eine mühsame Arbeit.
Als es endlich gelungen war, befestigte man die Strickleiter an der Reling und brachte mit größter Sorgfalt die zwei Verwundeten an Bord.
Jeder wurde in seine Kajüte getragen.
Bevor man sie behandeln konnte, mußten die Matrosen die Kleider wechseln, denn sie waren ja durch den Sprung ins Wasser bis auf die Haut naß geworden.
Nachdem dies geschehen, ging man an die Kranken.
Zuerst sollte der Arm des Kapitäns wieder eingerichtet werden. Aber das war eine schwierige Sache.
Wir hatten keinen Arzt bei uns, doch zum Glück schien der Steuermann etwas von der Heilkunde zu verstehen.
Kapitän Foß setzte sich auf einen Stuhl, den Rücken gegen den feststehenden Tisch gelehnt.
Der Arm mußte entblößt werden. Aber die geringste Bewegung verursachte dem Verletzten heftige Schmerzen. Deshalb schnitt man mit einer Schere die Unterkleider auf.
Dann preßten die Matrosen seine Schultern fest gegen den Tisch; der Steuermann faßte den kranken Arm mit beiden Händen und zog, so stark er konnte.
Der Kapitän wurde leichenblaß und biß auf die Zähne.
Der Steuermann hatte offenbar nicht Kraft genug; er vermochte den Arm nicht ins Gelenk zu ziehen.
Er hielt inne und winkte dem stärksten Matrosen.
Kurz und genau erklärte er ihm das Nötige, legte den kranken

Arm in seine Hände und hieß ihn in der gezeigten Richtung ziehen.

Der Matrose zog mit solcher Wucht, daß der Kapitän laut aufschrie und ihm mit der linken Hand in den Arm fiel.

Der Matrose schaute fragend auf den Steuermann, der fortwährend das kranke Glied am Gelenk drückte, um es auf die rechte Stelle zu bringen.

„Weiter!" sagte er, „noch stärker!"

Der Mann setzte nun seine ganze Kraft ein. Der Arm schien länger zu werden, die Sehnen gaben nach.

Auf einmal hörte man ein leises Knacken – der Arm war ins Gelenk gesprungen.

„Genug!" sagte der Steuermann.

Er untersuchte das Gelenk, und freudig rief er aus:

„Prächtig! Es ist gelungen!"

Der Kapitän litt freilich noch sehr und mußte sich zu Bett legen.

Nachdem für ihn auf das beste gesorgt war, begaben wir uns in die Matrosenkajüte zu dem anderen Patienten.

Owe und ich erhielten den Auftrag, in der Kombüse für warmes Wasser zu sorgen.

Schnell machten wir Feuer, füllten den Kessel mit Schnee und Eis, und bald hatten wir so viel warmes Wasser, daß wir einen Eimer voll herbeibringen konnten.

„Das habt ihr schnell gemacht", lobte der Steuermann.

Nun wusch er sorgfältig die Wunden aus. Wir mußten wiederholt das Becken ausschütten und es wieder mit reinem Wasser füllen. Der Mann war jämmerlich zerkratzt und gebissen, und Kleiderfetzen klebten an den Wunden.

Als er gewaschen war, fragte ich, wie es mit ihm stünde.

„Es geht ihm gut", sagte der Steuermann. „Er hat zwar viele Verletzungen, aber keine ist gefährlich. Er wird wohl bald wiederhergestellt sein."

Am ärgsten hatte ihn das viele Seewasser mitgenommen, das er schlucken mußte.

Nachdem die Wunden gut verbunden waren, begaben sich die Sanitäter auf Deck. Wir zwei Jungen gingen natürlich mit.

Owe hatte bereits seine wärmsten Kleider angezogen und

fühlte sich wieder ganz wohl und munter. Die große Erregung hatte ihn ordentlich aufgerüttelt und wiederhergestellt.

Jetzt wollten wir aber vor allem die beiden Bären besichtigen.

Der eine schwamm noch im Wasser, der andere lag ausgestreckt auf dem blutgefärbten Schnee an der Stelle, wo er erledigt worden war.

Die mächtigen Tiere wurden aufs Deck geschafft. Selbstverständlich sollten sie nach Dänemark mitgenommen werden.

Die Beute war sehr selten und die Pelze wertvoll.

Danach schoben wir das Schiff ein gutes Stück ins offene Wasser, um vor einem nochmaligen Zusammentreffen mit Eisbären gesichert zu sein.

Kapitän des Schiffes war nun einstweilen der Steuermann. Er ließ zunächst die erschöpften Leute sich durch ein gutes Mahl stärken.

Owe mußte seine besten Sachen auf den Tisch bringen, und ich half ihm, weil er noch nicht ganz bei Kräften war.

Um den Kapitän nicht zu stören, speisten wir alle zusammen mit den Matrosen in deren Kajüte.

Der verwundete Matrose fühlte sich so wohl, daß unsere Gesellschaft ihn nicht störte.

Doch horch! Was war das?

Wir saßen noch am Tisch, da hörten wir plötzlich ein dumpfes Donnern und Krachen, das wie aus weiter Ferne zu uns dröhnte.

Der Steuermann stürzte mit seinem Feldstecher auf Deck.

Eilig kam er wieder herab und meldete, daß ein Sturm im Anzuge sei; er komme von Norden, und die Eisberge seien bereits in starker Bewegung.

„Auf!" rief er, „wir haben keine Zeit zu verlieren. Rasch ein paar Segel gehißt! Wir müssen schnell die Eisgrenze erreichen und uns ins offene Meer retten, bevor die Brandung zu stark wird."

Die Matrosen begriffen sofort die gefährliche Lage und sprangen auf, ohne ein Wort zu sagen.

Mit großer Mühe wurden einige von den hartgefrorenen Segeln gespannt, und schon kamen die ersten Windstöße.

Das Schiff setzte sich in Bewegung, und wir glitten nach Süden,

entlang der großen Eisscholle, die uns soviel Aufregung gebracht hatte.

Bald war das offene Meer erreicht. Wir atmeten wieder frei
auf und dankten Gott für unsere Rettung.

Die Matrosen arbeiteten aus Leibeskräften, um noch weitere
Segel zu hissen, und mit jedem neuen Segel ging die Fahrt
schneller voran.

Und immer weiter trug unser Schifflein uns fort – fort von den
unheimlichen Bergen aus Schnee und Eis, die so schnell, behend uns Tod und Verderben bringen konnten.

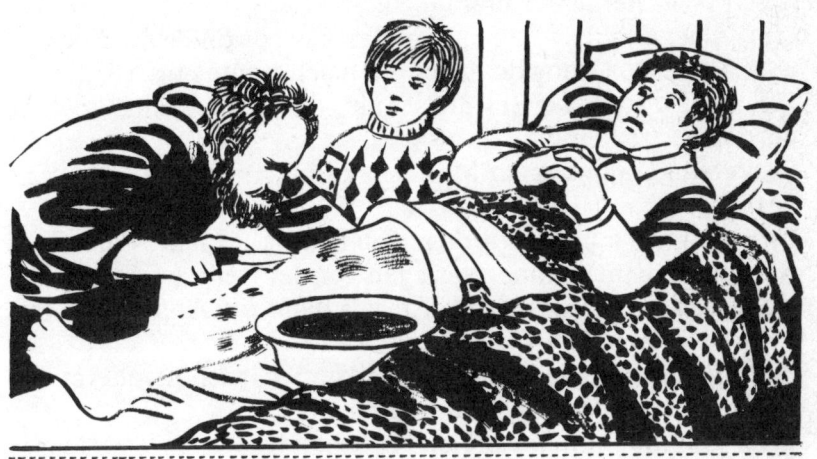

16. Eine Operation

Der Wind, der uns anfangs nach Süden getrieben hatte, legte
sich leider bald und flaute zu einer schwachen Brise ab.

Das Meer lag ruhig hingebreitet, das Wasser war leicht ge-
kräuselt.

So kam unser Schiff, obwohl alle Segel gehißt waren, nur sehr
langsam voran.

„Ist es nicht merkwürdig", sagte Owe zu mir, als wir abends zu
Bett gingen, „unsere Reise dauert schon fast zwei Wochen,
und anstatt in all der Zeit Dänemark näher zu kommen, sind
wir jetzt weiter davon als am Tage, wo wir aus dem Eyjafjördur
segelten."

„Ja, das ist sonderbar", antwortete ich. „Aber ich kann doch nicht sagen, daß es mir unangenehm ist, denn beim Umhertreiben auf dem Ozean erleben wir ständig neue Abenteuer."

„Ob wohl der Kapitän und der verwundete Matrose auch der Meinung sind?" bemerkte Owe.

„Nein, ganz gewiß nicht."

Beide lagen ja im Bett und hatten große Schmerzen.

Owe und ich brachen die Unterhaltung bald ab.

Von den Anstrengungen und Aufregungen des Tages waren wir sehr müde. Wir sagten einander gute Nacht, und bald hatte uns der sanfte Schlaf umfangen. –

Am folgenden Tag begann wieder das gewöhnliche Alltagsleben. Die Genesung des Kapitäns machte gute Fortschritte.

Schon nach zwei Tagen stand er auf, den Arm freilich noch in der Binde tragend.

Sein erster Gang war zur Matrosenkajüte, um den Kranken zu besuchen.

Der Matrose, ein Bauernjunge von Bornholm, hatte die Angewohnheit, daß er immer verlegen wurde, wenn er sich in der Nähe des Kapitäns befand. Er gab dann oft Antworten, die Owe und mich zum Lachen brachten.

Als der Kapitän die Treppe herabkam, war ich gerade unten und flüsterte dem Kranken schnell zu:

„Der Kapitän kommt, Sie zu besuchen."

Der Matrose wurde rot über das ganze Gesicht und sagte:

„Wie? Der Kapitän kommt selbst hierher? Das hätte ich nicht erwartet."

Der Kapitän stöhnte wiederholt, während er sich mit Mühe durch den engen Treppenraum zwängte.

Sein Arm mußte ihn wohl immer noch sehr schmerzen.

„Guten Tag, mein Lieber, wie steht's?" sagte der Kapitän freundlich, als er zur Tür hereintrat.

„Ach ja, – ich weiß nicht recht, was ich sagen soll, Herr Kapitän", antwortete der Kranke.

„Ei, Sie wissen nicht, was Sie sagen sollen? Es geht doch hoffentlich etwas besser, nicht wahr?"

„O ja – das sollte es wohl, Herr Kapitän; ja, das sollte es natürlich."

138

„Aber, was sagen Sie, geht es Ihnen wirklich nicht besser?"
„O doch, Herr Kapitän – wie man es nehmen will. Das Leben
haben wir ja gerettet, und das war doch die Hauptsache –
selbstverständlich, Herr Kapitän."
„Aber, ich werde nicht recht klug aus dem, was Sie sagen. Ich
meine, ob Sie sich nicht besser fühlen und ob die Schmerzen
noch nicht nachgelassen haben."
„Doch, doch, Herr Kapitän – das sollten sie ja schon –, selbst-
verständlich. Das möchte ich am liebsten sagen können."
Aus der Antwort des Kranken schloß der Kapitän, daß es nicht
gut mit ihm stehe. Er fragte ihn deshalb:
„Wo schmerzt es Ihnen am meisten?"
„Am Bein, Herr Kapitän." – Und mit verhaltenem Jammern
und Stöhnen streckte er das eine Bein aus dem Bett.
Als der Kapitän das verwundete Bein sah, rief er aus:
„Aber, was ist denn das? Das Bein ist ja entsetzlich geschwol-
len!"
„Ja, das ist es, Herr Kapitän, selbstverständlich –"
„Und nicht bloß das; es sieht ja schrecklich aus – gelb, blau,
grün!"
„Jawohl, Herr Kapitän, so ist es."
„Aber das muß Ihnen gewaltige Schmerzen verursachen, nicht
wahr?"
„Jawohl, selbstverständlich, Herr Kapitän, das tut es – gewiß,
gewiß."
„Können Sie nachts schlafen?"
„Das sollte ich ja eigentlich, Herr Kapitän, das sollte ich selbst-
verständlich, aber –"
„Aber das können Sie nicht, nicht wahr?"
„Das ist es eben, Herr Kapitän."
„Leicht begreiflich", sagte Kapitän Foß und half dem Armen
das Bein wieder ins Bett legen.
„Eine dumme Geschichte", fügte er bei, „da muß unbedingt
etwas geschehen."
„Ja, unbedingt, das muß es", stöhnte der Kranke.
„Nun, ich will mal mit dem Steuermann reden", sagte der
Kapitän. „Er versteht sich auf solche Dinge. Und wir wollen
hoffen, daß wir Ihr Bein wieder in Ordnung bringen."

„Ja, das wollen wir, Herr Kapitän, das wollen wir."

„Auf Wiedersehen", sagte der Kapitän und verließ die kleine Kajüte.

„Auf Wiedersehen, Herr Kapitän, und Dank für den Besuch." –

Ich ging mit auf Deck, um zu hören, was über den Zustand des Kranken gesprochen würde.

Der Steuermann stand am Ruder.

Der Kapitän ging zu ihm hin und sagte:

„Mit dem Kranken da unten sieht's nicht gut aus!"

„Ja, leider", antwortete der Steuermann. „Ich habe ihn schon ein paarmal verbunden, aber er reißt den Verband immer wieder ab."

„Das tut er gewiß vor Schmerzen", erwiderte der Kapitän, „er leidet ja schrecklich. Ich glaube, es ist das beste, Sie gehen hinab und untersuchen ihn. Ich werde so lange am Steuer bleiben."

Der Steuermann übergab das Ruder dem Kapitän.

„Ich will mal versuchen", sagte er, „ihm einige Schröpfköpfe auf das Bein zu setzen. Schaden können die jedenfalls nicht."

„Ja, tun Sie, was Sie können. Ich fürchte, es gibt eine Blutvergiftung."

„Das befürchte ich auch", antwortete der Steuermann.

Dann ging er hinab in die Kapitänskajüte, um die Schröpfköpfe zu holen.

Ich eilte zum Kranken und sagte ihm:

„Der Steuermann kommt gleich! Er will Sie schröpfen."

„Schröpfen? – Meinst du, das wird helfen?"

„Ja, das wird Ihnen die ganze Krankheit aus dem Bein ziehen", tröstete ich ihn, als wenn ich wunder was von der Sache verstände.

„Wenn es nur so wäre!" stöhnte er.

Endlich hörten wir Schritte auf der Treppe.

Es war der Steuermann.

Gleich darauf trat er zu uns herein, hinter ihm Owe, der ein Becken mit warmem Wasser trug.

„So, du kleiner Isländer, bist du hier!" redete er mich an. „Das ist ja schön von dir, daß du Kranke pflegst und tröstest. – Da

140

du nun doch mal hier bist, kannst du gleich hierbleiben und uns etwas helfen."

„Sehr gern, Herr Steuermann."

Dann sagte er zu Owe:

„Stell das Becken dort auf den Tisch!"

Das Lederfutteral mit dem Instrument zum Schröpfen legte er daneben. Dann wandte er sich zu dem Kranken.

„Nun, wie geht es mit dem Bein? Tut es noch weh?"

„Ja, Herr Steuermann, ich weiß nicht recht, was ich sagen soll. Ganz gut geht es mir eigentlich nicht."

„Das dauert doch lange mit der Krankheit. Nun, wir wollen mal schauen, wie es aussieht."

Unter großen Schmerzen streckte der Matrose das kranke Bein auf die Bettkante.

„O weh! O weh!" rief der Steuermann erschrocken, „das ist eine schlimme Geschichte! Nein, so kann es nicht weitergehen. Aber ich will Ihnen was sagen: ich setze Ihnen gleich sechs Schröpfköpfe auf das Bein; das wird Ihnen gut tun, Sie können mir's glauben."

„Meinen Sie wirklich, Herr Steuermann?"

„Selbstverständlich; das wird doch das verdorbene Blut herausziehen, das im Bein hockt."

„Dann bitte nur rasch, Herr Steuermann."

„Gut, wir wollen gleich darangehen. Owe und Nonni, nehmt das Waschbecken!"

Zunächst wurde die kranke Stelle sorgfältig gewaschen.

Der arme Mann mußte arge Schmerzen ausstehen, denn er jammerte zum Erbarmen.

„Nur ein wenig Geduld", tröstete der Steuermann. „Es tut wohl etwas weh; aber Sie werden sehen, wie glücklich Sie sind, wenn alles vorüber ist."

„Ja, das werde ich sein, selbstverständlich, Herr Steuermann."

Der Steuermann setzte nun das Instrument auf das Bein, drückte mit einer Feder die kleinen Lanzetten an sechs Stellen ein und die gläsernen Schröpfköpfe darauf.

Nachdem sie das Blut in sich gesogen hatten, entfernte er sie wieder und verband das Bein.

141

Dabei sagte er dem Kranken beruhigende Worte und versicherte ihm, es würde jetzt bald besser werden. Dann ging er auf Deck.

„Geht es Ihnen nun wirklich besser?" fragte ich, als der Steuermann fort war.

„Ja, das möchte ich schon gern sagen können", antwortete er.

„Aber können Sie es denn nicht sagen?"

„Ja, wie man es nimmt", erwiderte er.

Nach den ausweichenden Antworten mußte ich schließen, daß es nicht besser geworden ist, und das tat mir leid.

Ich versuchte nun wenigstens, ihm etwas Gesellschaft zu leisten. Er war dankbar dafür, und so wurden wir beide bald gute Freunde.

Kaum eine Stunde verstrich, wo ich nicht zu ihm kam, um ihm zu helfen und ihn zu fragen, ob er etwas wünsche.

So ging es einige Tage.

Aber das Bein schwoll immer mehr an, und die Schmerzen wurden so groß, daß der Kranke zuweilen laut aufschrie.

Sooft ich diesen Schrei hörte, eilte ich zu ihm und versuchte, ihn zu trösten.

Es war oft schrecklich anzusehen, wie der sonst so kräftige junge Matrose stöhnte, schrie und sich krümmte vor Schmerz.

Ich konnte es kaum aushalten.

Weil er sich aber jedesmal über mein Kommen freute, überwand ich meinen Widerwillen und saß oft lange Zeit an seinem Bett.

Die Gespräche, die wir führten, wurden immer ernster, zumal als es mit ihm zu Ende zu gehen schien und er davon überzeugt war, daß er sterben müsse. Und dieser Gedanke erfüllte ihn mit Furcht und Zittern.

Er war ein gläubiger Mann und hatte Angst, er könne nicht bestehen vor Gottes Richterstuhl. Darum versuchte er mir gegenüber sein Herz zu erleichtern und offenbarte mir seine geheimsten Gedanken und Gefühle.

Er sprach sogar von seinen Sünden und wie er bereue, nicht ein besseres Leben geführt zu haben.

Nun müsse er bald Rechenschaft über sein ganzes Leben ablegen – und wie würde es ihm da wohl ergehen!

Ich war erstaunt über das große Vertrauen, das er mir schenkte, und hütete mich, es zu mißbrauchen.

Nicht einmal Owe erzählte ich davon.

Ich fühlte, daß eine Verantwortung auf mir lag; denn so jung ich auch war, mußte ich dem Kranken gleichsam geistlichen Beistand leisten.

Er litt ja fast noch mehr an der Seele als am Leibe.

Eines Nachmittags, als ich auf Deck war, hörte ich auf einmal, wie er unten vor Schmerz heulte.

Ich eilte hinab.

„Nonni", stöhnte er, „ich glaube, ich sterbe."

Ich reichte ihm die Hand und sah ihn hilflos an.

„Ja, jetzt sterbe ich gewiß. Deshalb mußt du mir helfen, Gott um Verzeihung für meine Sünden zu bitten."

Eine Weile schwieg er. Dann fuhr er fort:

„Nonni, willst du mir laut vorbeten? Ich selbst kann es schlecht."

Ich wurde verlegen, denn ich wußte nicht, wie ich das anfangen sollte.

Der Kranke sprach weiter:

„Beginn jetzt, Nonni, und bitte Gott um Verzeihung für mich. Ich glaube, du kannst dies besser als ich."

Nun konnte ich aber nicht länger zögern. Ich faltete die Hände und betete:

„Lieber Gott, verzeih ihm doch all das Böse, das er getan hat. Verdamm ihn nicht, sondern nimm ihn gnädig auf. – Wenn er stirbt, laß seine Seele zu dir in den Himmel kommen. – Er bereut ja alle seine Sünden und will sie nie mehr tun."

Da ich nicht recht wußte, was ich sagen sollte, schloß ich mit dem Vaterunser.

Der Kranke fühlte sich erleichtert.

„Glaubst du, Nonni, daß Gott mir auch wirklich alle Sünden verzeiht?"

„Ja, das glaube ich ganz bestimmt."

„Aber, Nonni, bedenk, das ist doch eine ernste Sache. Ich habe noch immer Angst."

„Die brauchen Sie nicht mehr zu haben. Ich habe meine Mutter oft sagen hören: Gott ist unendlich barmherzig."

„Das ist wohl wahr; aber in der Bibel heißt es, daß Gott zu den Guten sagen wird: Du guter und getreuer Knecht! Ich bin aber doch ein böser und ungetreuer Knecht gewesen. Darum habe ich Angst, Gott werde die Worte nicht zu mir sprechen."

„Das wird er, glaube ich, doch tun. Sie haben ihn ja um Verzeihung gebeten. Meine Mutter sagt, Gott sei viel gütiger, als wir meinen."

„Hoffentlich ist dies wahr, Nonni!"

„Das *ist* wahr! Sie können sich darauf verlassen. Sonst würde die Mutter es nicht gesagt haben."

Eine Zeitlang saßen wir nun schweigend da.

Während ich so vor mich hinsann, fiel mir ein Wort ein, das ich auch von meiner Mutter gehört hatte und das mir gerade jetzt zu passen schien.

„Wissen Sie, daß Gott einmal gesagt hat: Ich will nicht den Tod des Sünders, sondern daß er sich bekehre und lebe? Sie haben sich jetzt doch bekehrt und brauchen also gar nicht mehr ängstlich zu sein."

Dankend drückte er mir die Hand und sprach:

„Ja, du hast recht. Ich glaube, Gott wird mir barmherzig sein."

Wiederum schwieg er eine Weile. Dann sagte er:

„Nonni, jetzt möchte ich dich noch um einen Dienst bitten. Willst du nicht dem Steuermann sagen, mein Bein schmerze so heftig, daß ich es nicht mehr aushalten könne? Er möge doch kommen und es abschneiden. Es kann ja doch nicht wieder gesund werden."

Bei diesen unheimlichen Worten lief es mir kalt über den Rücken. Doch faßte ich mich und fragte:

„Wollen Sie wirklich, daß er Ihnen das Bein abnimmt? Ist das Ihr Ernst?"

„Ja, Nonni, das ist mein voller Ernst. Geh nur hin und sag es ihm."

Ich ging zum Steuermann, der eben mit dem Kapitän im Gespräche war.

Ich grüßte und teilte meinen Auftrag mit:

„Herr Steuermann, der Matrose bittet Sie, ihm das Bein abzuschneiden."

144

Die Männer sahen einander an.

„Hat er das wirklich gesagt?"

„Ja, ganz sicher."

„Glauben Sie überhaupt, daß er am Leben bleiben kann?" fragte der Kapitän den Steuermann.

„Wohl kaum", antwortete dieser. „Es muß Gift in die Wunde gekommen sein. Er wird wohl an Blutvergiftung sterben."

„Könnten Sie nicht wenigstens eine Operation versuchen?" fragte der Kapitän weiter. „Selbstverständlich meine ich nicht, Sie sollen ihm das Bein abnehmen; aber Sie könnten es vielleicht mit einem ordentlichen Schnitt versuchen, damit das verdorbene Blut entfernt würde."

„Daran habe ich auch schon gedacht. Aber das könnte eine gefährliche Sache für uns werden. Angenommen, der junge Mensch stürbe gleich nachher, was ja nicht unmöglich ist, was dann? – Die Schuld gäbe man wohl uns."

Der Kapitän dachte etwas nach. Dann aber sagte er:

„Ich meine, Sie sollten es doch wagen. Der Mann hat ja selbst darum gebeten."

So sprachen sie noch etwas hin und her. Schließlich wurden sie einig, die Operation doch vorzunehmen. Der Kapitän sollte als Zeuge zugegen sein.

Schauder ergriff mich, als der Steuermann sein großes Messer zog, das an seinem Gürtel hing.

Er prüfte die Schneide und meinte:

„Scharf genug ist es."

„Nonni!" rief er mir zu, „Füll ein Becken mit heißem Wasser, und bring es mit dem großen Schwamm und einigen sauberen Handtüchern in die Matrosenkajüte. Der Kapitän und ich kommen gleich nach."

Mir wurde angst und bange, und ich zitterte an allen Gliedern. In großer Erregung eilte ich zu Owe, um Wasser zu holen. Rasch erzählte ich ihm, was geschehen sollte.

Er wurde kreideweiß vor Schreck.

Ganz verstört, richtete er Wasser und Tücher zurecht.

„Nein", sagte er, „das könnte ich nicht mit ansehen."

Ich trug die Sachen hinunter.

Kapitän und Steuermann waren noch nicht dort.

„Will er mir das Bein abnehmen?" fragte der Kranke.

„Nein, das gerade nicht. Er will erst versuchen, durch ein paar Schnitte das Gift zu entfernen."

„Schon gut. Wenn es nur besser hilft als das Schröpfen!"

Während er dies sagte, kamen der Kapitän und der Steuermann. Unser „Arzt" trug einige Verbandsachen unter dem Arm und ein großes, leeres Becken in der Hand.

„So, so", begann er mit zaghaftem Lächeln, „Sie wünschen, daß ich Ihnen das Bein abnehme?"

„Ja, Herr Steuermann, das wäre mir lieb. Ich kann den Schmerz nicht länger aushalten."

„Gut, so hören Sie mal: Ich will erst versuchen, durch ein paar Schnitte das Gift aus Ihrem Bein zu schaffen. Sie sollen sehen, wie Ihnen das guttun wird."

„Dann müssen Sie aber tüchtig schneiden, Herr Steuermann, sonst geht es wie mit dem Schröpfen. Das hat gar nichts geholfen."

„Gut; diesmal wird es helfen."

Neben den kleinen Tisch wurde nun ein umgedrehter Kasten gestellt und der Kranke darauf gehoben. Sein Kopf ruhte auf einer Bettdecke.

Die Operation begann.

Sie war überaus einfach und im Handumdrehen ausgeführt: der Steuermann machte einige feste Schnitte vom Knie bis zum Fuß – und alles war fertig.

Der Kranke ließ keinen Laut hören. Ich dagegen schrie hell auf. Es war mir, als hätte die Messerspitze mein Herz getroffen. Ich taumelte und mußte schnell ins Freie eilen, sonst wäre ich sicher in Ohnmacht gefallen.

Ich ging zu Owe und setzte mich an der Küchentür nieder. Das Herz pochte mir so, als wollte es aus der Brust springen.

„Aber Nonni!" rief Owe, „du bist ja ganz bleich."

Als ich mich etwas erholt hatte, erzählte ich ihm, was vorgefallen war.

„Der arme Mensch!" bemitleidete ihn Owe, „das wird er gewiß nicht überleben."

Es dauerte einige Zeit, bis Kapitän und Steuermann endlich von der Matrosenkajüte heraufkamen.

Gleich lief ich ihnen entgegen und fragte:
„Lebt er noch?"
„Ob er noch lebt!" sagte der Steuermann lachend. „Das will
ich meinen! Es geht ihm sogar sehr gut; jetzt ist er die ärgsten
Schmerzen los."
Ich traute meinen Ohren kaum und wollte gleich zum Kranken.
Doch der Steuermann hielt mich zurück:
„Paß auf, Kleiner, mach keinen Lärm, er schläft."
„Er schläft? – Nein, Herr Steuermann, das ist nicht möglich!
Wie kann er nach solch greulichen Schnitten schlafen?"
„Kannst du das nicht begreifen? Sein Bein war ja so voll von
vergiftetem Blut. Das war es, was ihm die großen Schmerzen
bereitete und ihn nicht mehr schlafen ließ. Nun ist alles Gift
fort. Das hat ihm eine solche Erleichterung gebracht, daß er
nach dem Verbinden bald einschlummerte."
„Dann wird er vielleicht wieder gesund werden, Herr Steuermann?"
„Ja, ganz gewiß. Er ist noch jung und kräftig. In einigen
Wochen wird er vollständig geheilt sein!"
„Oh, das freut mich! Darf ich nicht mal zu ihm gehen?"
„Das kannst du tun. Aber geh leise, daß du ihn nicht weckst."
Lautlos schlich ich die Treppe hinab und fand meinen kranken
Freund in tiefem Schlaf. Ich war sehr froh darüber, denn durch
unsere Gespräche hatte ich ihn sehr liebgewonnen.
Als ich wieder fortgehen wollte, begegnete mir Owe mit Wasser und Putztüchern. Er sollte den „Operationstisch" und den
Fußboden waschen.
Ich bot ihm meine Hilfe an, und so gingen wir zusammen an
die Arbeit.
Hin und wieder warfen wir einen kurzen Blick nach dem Kranken, und alles verrichteten wir so leise, daß er nicht das geringste merkte und ruhig weiterschlief. –
Die folgenden Tage ging es unserem Freund zusehends besser.
Er hatte wohl noch Schmerzen, aber sie waren nichts im Vergleich zu dem, was er vorher ausgestanden hatte.
Ich besuchte ihn noch oft und erzählte ihm manche Geschichten und Sagen von Island.

17. In Erwartung des Orkans

Wir befanden uns nördlich vom Polarkreis. Island lag immer noch im Süden.

Auf unserem Schiff waren alle Segel gehißt, aber wir kamen nicht vorwärts, der Wind hatte sich zur Ruhe gelegt.

Ein graues Heer von Nebeln zog sich zusammen, und dichte Schwaden hüllten uns zeitweise ein.

Obwohl in diesem Fahrwasser kaum Gefahr bestand, mit anderen Schiffen zusammenzustoßen, mußten doch die Nebelsignale gegeben werden.

Alle fünf Minuten wenigstens einmal setzte der Wachhabende das gewaltige Nebelhorn an den Mund und tutete aus Leibeskräften.

Die langgezogenen, durchdringenden Töne wurden nie von einem Schiff erwidert: wir trieben allein in endloser Wasserwüste, keine Ausschau ringsumher.

Ab und zu begegneten wir einem einzeln schwimmenden Eisberg, dem einzigen Wanderer und Wegelagerer in dieser Wüstenei.

Wie mir der Steuermann erzählte, kann man in diesen nördlichen Breiten zuweilen auf Eisberge stoßen, die aussähen wie schwimmende Inseln. Oft hausten auf ihnen Seehunde, Seelöwen, Eisbären und eine Menge Seevögel.

Eines Tages sahen wir zur Backbordseite einen solchen Eisberg. Anfangs glaubten wir, es sei Land. Doch Kapitän wie Steuermann versicherten, daß nirgends Land in der Nähe sei. Der Kapitän schätzte ihn über zwanzig Kilometer lang. Bis wir an ihm vorbeikamen, brauchten wir einen vollen Tag.

Mit dem Feldstecher konnte man auf ihm deutlich einzelne Eisbären und eine Anzahl Seehunde und Vögel erkennen. So etwas hatte ich in Island, wenn die Eisberge von Grönland kamen, doch noch nie gesehen.

Aber wie horchte ich erst auf, als der Kapitän mir erzählte: „Was meinst du, kleiner Eisbergriecher, das ist noch lange nicht der größte Eisberg. Es gibt noch viel, viel größere. Gerade an der Stelle, wo wir jetzt sind, fuhr im Jahre 1823 Clavering an einem Eisberg vorbei, der mehr als hundert Kilometer lang war."

Ein andermal wieder trafen wir einen Eisberg von eigentümlicher Gestalt. Nach der Schätzung des Steuermanns war er ungefähr 200 Meter lang und 100 Meter breit. Er ragte gut 100 Meter in die Luft und war an zwei Stellen durchlöchert. Diese Löcher glichen hohen und breiten Gewölben, groß genug für unser Schiff, um durchzusegeln. Doch hüteten wir uns vor einem solchen Wagestück.

Der Kapitän erklärte uns, wenn wir uns diesen Eisberg auf dem Lande stehend dächten, so würde seine Höhe wenigstens 700 Fuß betragen, denn nur der siebte Teil der ganzen Höhe rage aus der Oberfläche des Wassers hervor. –

So ging die Fahrt einige Tage langsam und ruhig voran.

Dann aber wurde sie an einem schönen Vormittag unerwartet beendet.

Früh am Morgen weckte mich Owe mit den auffallenden Worten:

„Nonni, ich rate dir, steh sofort auf. Wir werden heute große Dinge erleben."

Kaum hatte er diese Worte gesprochen, da taumelte er gegen mein Bett und wäre beinah auf mich gefallen.

Ich merkte, daß wir unruhige See hatten, und sagte:

„Oh, jetzt weiß ich, was du meinst."

„Ja", sprach Owe weiter, „es droht ein Sturm oder vielmehr

ein Orkan, wie wir ihn seit unserer Abfahrt vom Eyjafjördur nicht erlebt haben. Der Kapitän meint, er wird uns noch im Laufe des Vormittags, vielleicht schon in ein paar Stunden mit ganzer Gewalt überfallen. Man trifft bereits alle Vorbereitungen."

Ich wußte nicht, was er damit meinte, und fragte:

„Welche denn?"

„Das kannst du mit eigenen Augen sehen, wenn du dich jetzt ankleidest und mit auf Deck kommst."

Statt zu antworten, sprang ich aus dem Bett und nahm meine Kleider.

„Wie kann man denn einen solchen Sturm voraussehen?" wandte ich mich wieder an Owe, während ich mich fertigmachte.

„Die großen Orkane", antwortete er, „pflegen schon mehrere Stunden voraus durch gewisse Anzeichen ihren Ausbruch anzukündigen."

„Hast du denn heute eins von diesen Zeichen gesehen?"

„Ja, heute morgen sah der Himmel ganz anders aus als sonst. Am nördlichen Horizont war ein pechschwarzer Streifen, darüber ganz auffallende Farben, Hellgrün, Gelb, Violett. Diese Farben veränderten sich ständig und gingen so eigentümlich ineinander über. Zudem soll das Barometer so tief gesunken sein, daß selbst der Steuermann sagte, er habe nie in seinem Leben etwas Ähnliches gesehen."

„Fürchten sich Kapitän und Steuermann vor dem Sturm?"

„Sich fürchten? – Das darf ein Kapitän oder Steuermann nie."

„Glaubst du, Owe, daß der Orkan wirklich so gefährlich werden wird?"

„Ja, das glaube ich allerdings. Weißt du denn nicht, daß die Herbststürme bei Island fast immer sehr heftig sind und lange dauern?"

„Ja, das weiß ich sehr gut, Owe. Im Spätjahr gehen dort zuweilen Schiffe und Boote dutzendweise zugrunde."

„Und zum Unglück ist unser Kapitän noch nicht wiederhergestellt und ein Matrose noch schwer krank. Wenn der Orkan lange dauert, wie werden dann die paar kräftigen Leute sich ablösen und ausruhen können?

Und dazu noch die schwimmenden Eisberge! Des Nachts, zumal bei Nebel, können wir jeden Augenblick mit ihnen zusammenstoßen."

„Aber Owe, wenn wir nur nicht ums Leben kommen!"

„Nun, an so Schreckliches mußt du nicht gleich denken, Nonni", tröstete er. „Die Gefahr wird wohl auch wieder vorübergehen."

Wir schauten uns beide eine Zeitlang schweigend an, als wollten wir einander vom Gesicht ablesen, wie es enden werde. Doch bald gewann unsere Sorglosigkeit wieder die Oberhand. Scheinbar ernsthaft sagte ich zu Owe:

„Nimm dich in acht, Owe, es kommt noch eine andere Gefahr dazu! Du wirst ja bei Sturm immer seekrank!"

„Und du auch, du –", gab er lachend zurück und stieß mich an die Schulter.

Doch Owe wurde bald wieder ernst und sagte:

„Ja, Nonni, wir stehen hier und lachen. Der Kapitän und der Steuermann und die Matrosen, die lachen nicht mehr. Du solltest mal sehen, wie ernst sie alle sind!"

Ich war mit dem Ankleiden fertig, und wir waren im Begriff, die Kajüte zu verlassen.

Da wurde die Tür aufgerissen, und der Steuermann stürzte herein. Ganz gegen seine Gewohnheit schob er uns auf die Seite und sagte kein Wort. Er schaute uns nicht einmal an.

Er ging an seine Koje, nahm den Winkelmesser und sprang rasch wieder die Treppe hinauf.

„Es ist doch auffallend, wie ernst er ist", bemerkte ich; „er ist doch sonst nicht so."

„Das war es ja, was ich eben sagte", antwortete Owe. „Und so sind sie alle zusammen oben."

„Ja, Owe, ich sehe, du hast recht; es muß ernste Gefahr vorhanden sein."

Wir eilten nun auf Deck und fanden die Matrosen und die beiden Schiffsführer in fieberhafter Tätigkeit.

Alles, was nicht schon niet- und nagelfest war, wurde nachgesehen und festgemacht.

Der Lastraum stand offen. Jedes irgendwie entbehrliche Stück wurde hineingeworfen.

Die meisten Segel und Rahen waren mit doppelten Tauen festgebunden. Selbst Owes kleine Kombüse war mit eisernen Ketten umspannt und ans Deck verankert.

Es sah aus da oben wie auf einem Kriegsschiff, wenn alles zur Schlacht bereit gemacht ist. Man hätte glauben können, wir müßten uns zu einem blutigen Kampf mit Wikingern oder Seeräubern rüsten.

Nach einer Weile rief uns der Steuermann.

Wir eilten zu ihm.

„Owe", sagte er, „geh gleich und hol den großen Schinken, ein Roggenbrot und einen Topf Butter, und trag alles in die Kapitänskajüte hinab."

„Jawohl, Herr Steuermann", sprach Owe und befolgte schnell den Befehl.

Ich wollte mit ihm gehen, wurde aber vom Steuermann zurückgehalten.

„Nonni", sagte er ernst, „geh in die Kajüte, und nimm die Lebensmittel, die Owe holt, in Empfang. Leg sie dort in eine leere Lade, aber so, daß sie während des Sturmes nicht hin und her geworfen werden. Es ist dein Mundvorrat.

Solange der Orkan wütet, darfst du die Kajüte nicht verlassen. Das kann diesmal lange dauern. Warmes Essen gibt es nicht, bis das Unwetter sich ausgerast hat. Fülle auch ein Dutzend leere Flaschen mit Trinkwasser aus der Tonne, und bring sie in die Kajüte."

Das war der rasche Befehl des Steuermanns, und sofort war er wieder bei der Arbeit.

Ja, das war kein Scherz mehr von unserem Steuermann! Und er konnte doch immer so lustig sein.

Mir wurde allmählich ganz unheimlich zumute.

„Was wird aus uns werden?" sprach eine dumpfe Stimme in mir. „Sollten wir verloren sein?"

„Ach nein!" gab ich zur Antwort und riß mich wieder aus den trüben Gedanken. „Es wird nicht so gefährlich werden. Nein, nein, ein Schauspiel wird es geben, wie du noch keins gesehen hast!

Jetzt aber hinunter in die Kajüte, sonst wird der Steuermann schimpfen."

152

Als ich die Wasserflaschen gefüllt und die Sachen in der Lade verstaut hatte, holte Owe vom Deck ein dünnes Tau und brachte es mir.

„Was soll ich damit machen?" fragte ich.

„Wir wollen es von der einen Ecke zur anderen durch die Kajüte spannen", erklärte Owe.

„Warum denn?"

„Kannst du das nicht erraten, Nonni?"

Ich dachte etwas nach. Dann ging mir ein Licht auf.

„Das ist wohl dazu, die Wände zusammenzuhalten, daß sie beim Sturm nicht auseinandergehen."

Owe lachte über meinen Einfall.

„Nein, das glaubst du wohl selber nicht. Ich will dir aber sagen, wozu das ist. Bei den großen Stürmen kommt es zuweilen vor, daß die kleinen Schiffe sich so stark auf die Seite legen, daß die Wand zum Boden und der Boden zur Wand wird. Da hält man sich dann an dem gespannten Seil, damit man nicht umgeworfen wird."

Nun war es mir klar.

Wir banden das Tau an den Eisenringen, die in den vier Ecken angebracht waren, ordentlich fest.

Owe schloß noch sorgfältig alle Schubladen und Kästen zu, damit sie während des Wellenganges sich nicht öffneten und herausfielen.

Dann eilten wir wieder auf Deck, um so lange wie möglich die frische Luft zu atmen und vor allem die Ankunft des Orkans zu beobachten. Alles war vorbereitet. Die Männer waren ziemlich ruhig geworden.

Die Stille vor dem Sturm!

Ich hörte, wie Kapitän Foß zum Steuermann sagte:

„Das wird ein böses Wetter werden! Sehen Sie mal die Wolken an!"

Damit zeigte er nach dem schweren Himmel in der Ferne.

Diese Wolken – sie waren finster wie die Nacht und zerrissen in den wunderlichsten Formen.

Mit rasender Geschwindigkeit schienen sie auf uns losgepeitscht zu werden.

„Aber ein Trost ist's immerhin", antwortete der Steuermann,

„daß sie von Norden kommen. So werden wir wenigstens nicht aus dem Kurs getrieben."

Eine sorgenvolle Stunde ging vorüber. Der Himmel wurde immer dunkler, und der Nordwind nahm ständig zu.

Obwohl wir nur noch ein paar kleine Segel gehißt hatten, trieb das Schiff bereits in schneller Fahrt gen Süden.

18. Der Orkan

Der Sturm jagte heran.

Mit unbändiger Kraft, mit urplötzlicher Wucht fiel er über uns her. Rasende Mächte riefen uns brüllend auf zum Kampf.

Das Meer schäumte und ward weiß wie Schnee vom Gischt der aufgewühlten Wogen.

Der Wind peitschte die Wasser durch die Luft, und wie Platzregen gingen sie auf uns nieder.

Die Wellen wuchsen bald zu Bergen.

Das kleine Schiff, vom Sturm erfaßt, ward mit ihm fortgerissen über Berg und Tal und brausende, siedende Strudel.

Ein wildes Fest, ein Tanz voll Tod und Grauen!

Am Steuer stand ernst und aufmerksam der Kapitän.

Ich hatte eben noch mit den Matrosen gesprochen.

Da traf mich ein scharfer Blick von ihm, und ein rascher Wink wies mich fast zornig hinab in die Kajüte.

So gern ich oben geblieben wäre, ließ ich mich nicht zweimal schicken. Schnell eilte ich zur Treppe und stieg hinunter.

Ich war nun und blieb allein – viele lange Stunden in den sechs Tagen, die der Sturm dauerte, allein hier unten in der Kajüte, eingesperrt wie in einem kleinen Gefängnis, mitten im hellen Aufruhr des Meeres.

Und doch – ich fühlte mich nicht im geringsten unglücklich.

Im Gegenteil, es machte mir gewissermaßen Vergnügen, als Einsiedler in schwimmender Zelle zu hausen, wo ringsum Wind und Wetter rasten.

Ich hatte mich bald eingerichtet.

Ich erträumte eine wunderschöne Welt, in der alle Dinge sich vor meinen Augen in strahlendem, goldenem Schimmer zeigten.

Den unvermeidlichen Aufenthalt in dem engen, dunklen Raum sah ich nur als kurzen Durchgang an, der mich einer herrlichen Zukunft entgegenführte.

Ich hatte nur das Ziel im Auge, den Weg beachtete ich kaum. Ich beschäftigte meinen Geist mit der licht- und doch so geheimnisvollen Welt, der ich immer näher kam, mit dem schönen Dänemark, dem strahlenden Kopenhagen, dem herrlichen Frankreich!

Alle diese großen Erwartungen nahmen mich ganz ein. Sie begeisterten mich dermaßen, daß ich Einsamkeit und Gefangenschaft vergaß.

Ja, mein Sinn war hell, und in meinem Herzen war Sonnenschein – wenn auch in der kleinen Kajüte mich Dunkel umfing.

Sie war so düster, daß ich anfangs umhertasten und mich an den Tauen festhalten mußte.

Das Schiff schaukelte gewaltig. Von stillem Sitzen oder Ruhen konnte keine Rede sein.

Die wenigen Gegenstände, die ich vergessen hatte festzubinden oder in der Schublade zu bergen, wurden bald lebendig. Sie führten einen Rundtanz um mich auf und wurden von Wand zu Wand geschleudert.

Sie zu sammeln und in Sicherheit zu bringen war man nächster Zeitvertreib.

Ich kniete auf den Boden und rutschte suchend auf und ab.
Aber das war schwieriger, als ich mir gedacht hatte.
Ich wurde selbst von der Bewegung des Schiffes erfaßt und
samt den Sachen, die ich greifen wollte, hin und her geworfen.
Es dauerte lange, bis alles in Ordnung war, und ich bekam
dabei manchen unsanften Stoß.
Schließlich aber gab es keinen Gegenstand mehr in der Kajüte,
der nicht festgebunden oder festgeklemmt war.
Ich setzte mich auf mein Bett und hielt mich mit beiden Händen
an den Tauen.
So konnte mir das Schaukeln des Schiffes nichts mehr anhaben.
Ich achtete auf seine Bewegungen und malte mir die großen
Wellen aus, deren gewaltiges Wogen ich unter mir fühlte.
Um sie mir noch besser vorzustellen, schloß ich die Augen und
machte so den harten Kampf des Schiffes mit, als wäre ich auf
dem Verdeck.
Uh ha! Da kommt wieder eine Welle, sicher eine von den ho-
hen. – Wir fuhren aufwärts. – Aber wie lange das dauerte! –
Immerzu ging es in die Höhe. – Wie hoch mußte doch diese
Welle sein!
Endlich waren wir oben. – Jetzt werden wir wohl auf der anderen Seite des fließenden Berges hinabfahren. – Ich lehnte mich
zurück, um nicht umzufallen.
Aber wie? Wir bleiben ja so lange oben! – Diese Welle muß
einen breiten Rücken haben.
Ich zählte langsam: „Eins – zwei – drei – vier – fünf –" So, jetzt
ging's hinunter in den Abgrund!
Das Schiff neigte sich so stark, daß der Boden einige Sekunden
fast senkrecht stand.
Ich fühlte, wie wir mit Windesschnelle durch die Luft fuhren –
hinab – hinab – und immer noch hinab – ein kalter Schauer
durchrieselte mir Mark und Bein – da endlich: platsch! – ein
fürchterlicher Prall, ein Krachen, ein Schütteln, ein Ächzen. –
Wir waren auf dem Boden des Abgrunds; das Vorderteil hatte
sich tief ins Wasser gebohrt!
Es krachte gewaltig in allen Balken und Brettern und Fugen.
Ein Zittern und Beben ging durch den ganzen Körper des
Schiffes. –

156

Jetzt richtete es sich wieder auf. Der Boden wurde wieder zum Boden, die Wand wieder zur Wand, die Dinge kamen allmählich wieder in ihre richtige Lage.

Aber dann folgten die schäumenden, siedenden Wasserfälle. Das war der Kamm der neuen Welle, der sich überschlug und mit entsetzlichem Gekrach auf das Schiff fiel, als wolle er das ganze Deck zerbrechen und zerknicken.

Ich hörte, wie die gewaltigen Wassermassen voran und zurück geworfen wurden und sich in wahnsinnigen Wirbeln vom Vorder- zum Hinterdeck stürzten, um dann durch die Relingslöcher wieder ins Meer ausgespien zu werden.

So begann es immer wieder von neuem, nur jedesmal auf eine etwas andere Weise, aber stets begleitet von dem ohrenbetäubenden Heulen und Pfeifen des Orkans.

Oft kam es mir vor, als ob zwei, drei Wellen auf einmal gegen das Schifflein anrannten, von rechts und von links, und uns zwischen sich zermalmen wollten.

Dann wieder Erschütterungen ganz neuer Art. Das kleine Fahrzeug wehrte sich mit starken Stößen nach hüben und drüben, gleichsam um die feindlichen Angreifer fortzustoßen: es legte sich abwechselnd auf die eine und die andere Seite, schüttelte sich kräftig und kehrte wieder in die normale Stellung zurück.

So ging es nun Stunde um Stunde, und ich wurde nicht müde, den zähen Kampf unseres Schiffes mit den wütenden Winden und Wellen zu beobachten.

Allmählich fühlte ich ein gewisses Unwohlsein, und ich wußte anfangs gar nicht recht, was es sei.

Es war aber nichts anderes als nagender Hunger.

Ich war so vertieft gewesen in meine Betrachtungen, daß ich ganz mein Mittagsmahl vergessen hatte.

Aber war es das Mittag- oder das Abendessen, das ich jetzt einnehmen sollte?

Kurz entschlossen legte ich für diesmal beide Mahlzeiten zusammen. Es kam ja schließlich auf eins heraus.

In Zukunft dachte ich, werde ich die Essenszeit einfach nach dem Hunger einrichten.

Ich wartete nun, bis der Boden des Schiffes einigermaßen in

waagerechte Lage kam, und ging dann an meine Vorrats-kammer, die große Tischschublade.

Ich drehte den Schlüssel um, zog die Lade heraus, und siehe da, alles lag noch in schönster Ordnung.

Es war nun freilich nicht besonders hell hier unten; aber meine Augen hatten sich bereits an das Halbdunkel gewöhnt, und so konnte ich mich schon behelfen.

Ich nahm ein Tischmesser und das große Roggenbrot zur Hand und machte mir das erste Butterbrot zurecht.

Da plumps – stürzte ich hintenüber.

Das Brot flog in die eine Ecke, das Messer in die andere, ich selbst lag rücklings auf dem Boden.

Alles nur das Werk eines Augenblicks.

Während ich hinfiel, hörte ich neben mir ein eigentümliches Gepolter.

Ich richtete mich auf – und o Schreck! die Schublade war her-ausgeglitten und alles herausgeflogen!

Auf ihrem Weg zum Boden hatte sie gerade Zeit genug gehabt, sich in der Luft zu überschlagen, und so ging der ganze Inhalt auf und davon.

Der große Schinken machte einen Ausflug unter die Koje des Steuermanns, der Buttertopf rollte unter mein Bett – und die feine dänische Butter saß zwischen Scherben hinten an der Wand.

Von den kostbaren Wasserflaschen waren ebenfalls ein paar entzweigegangen, so daß die ganze Bescherung ungefähr wie eine kleine Überschwemmung aussah.

Das war der Anfang meiner ersten Mahlzeit!

Ob mir aber der Unglücksfall die gute Laune verdarb?

Überhaupt nicht. Er war für mich nur eine Abwechslung in meinem Einsiedlerleben.

Ruhig schaute ich mich um.

Eine Lehre für die Zukunft, dachte ich; da wirst du dann um so vorsichtiger sein.

Aber schon sollte ich ein zweites Lehrgeld zahlen.

Das Schiff war soeben mit dem Vorderteil in die Höhe gegan-gen und schoß plötzlich hinab in ein Wellental. Der Boden neigte sich auf die entgegengesetzte Seite.

Alle die losen Gegenstände nun, die ich nicht eilig genug wieder gesammelt hatte, rutschten jetzt nach der anderen Wand hin. Und es wäre ein neues Unglück geschehen, hätte ich mich nicht hastig genug draufgeworfen und sie festgehalten.

Es dauerte immerhin noch lange, bis ich alles an seinen Platz gebracht, die Sachen gereinigt, den Boden aufgetrocknet und alles getan hatte, um weitere Unfälle zu verhüten.

Jetzt erst konnte ich meine Mahlzeit einnehmen.

Nun aber achtete ich genau auf jede Bewegung des Schiffes, hielt mich am Tau fest, wachte sorgfältig über alles und ersparte mir so neue Störungen.

Als ich mich am Abend zu Bett legte, band ich mich fest, damit es mir nicht ginge wie der Schublade.

Trotz der gefahrvollen Fahrt, trotz des heulenden Sturms und der brausenden Wogen schlief ich ruhig und fest.

So ging es nun fort Tage und Nächte.

Meine Sehnsucht nach der schönen Zeit, wo ich bei Sonnenschein das weite Meer betrachten und frische Seeluft atmen konnte, wurde immer größer und größer.

Aber solange der wilde Orkan nicht ausgetobt hatte, durfte ich an keine Freiheit denken.

Und er schien noch gut bei Kräften zu sein.

Er raste Tag und Nacht mit ungeschwächter Gewalt.

So blieb mir denn nichts übrig, als mich mit etwas anderem zu beschäftigen.

Ich begann zu lesen und las den ganzen Tag, zuweilen sogar bis in die Nacht hinein.

Meine Mutter hatte mir verschiedene Bücher mit auf die Reise gegeben.

Beim Schein einer Kerze las ich Buch um Buch, darunter die spannend geschriebene Weltgeschichte des isländischen Geschichtsschreibers Páll Melsted von Anfang bis zu Ende.

So gingen oft Stunden hin, ohne daß ich das geringste von den Wogen oder dem gewaltigen Schlingern des Schiffes merkte.

Ich war weit, weit fort mit meinen Gedanken, durcheilte Zeit und Raum, schweifte durch vergangene Jahrhunderte, durch Reiche und Länder und durchlebte mit höchster Spannung die großen Ereignisse der Weltgeschichte.

Bald war ich auf einem Kriegszug mit den Kreuzfahrern im Heiligen Land, bald mitten zwischen den französischen und englischen Heermassen im Hundertjährigen Krieg. Ich war Augenzeuge vom Fall Konstantinopels am Ende des Mittelalters und von unzähligen anderen Umwälzungen.

Als ich mit der Weltgeschichte fertig war, nahm ich die isländischen Sagas vor.

Und jetzt begleitete ich zu Wasser und zu Land die kühnen Normannen auf ihren Wikingerfahrten, bald über die nordischen Meere, bald durch die blühenden Königreiche des Südens. Ich war bei ihnen, als sie Paris belagerten, die Normandie, Sizilien, ja das mächtige England eroberten.

Daneben las ich aber auch religiöse Bücher, in denen mancher guter Ratschlag stand, und erneuerte die Vorsätze, die mir meine gute Mutter aufgetragen hatte.

Ich wollte immer ein guter und gläubiger Junge sein, oft zu Gott beten und mich nicht von meinen bösen Neigungen überwinden lassen.

Alles das hatte ja die Mutter mir so eindringlich ans Herz gelegt, und ich hatte es ihr versprochen.

Jetzt fehlte es mir nicht an Zeit, über ihre Worte nachzudenken und meine Vorsätze für die Zukunft zu erneuern.

So gingen die Stunden dahin, ohne Langeweile, in schönster Unterhaltung.

Für das Essen war reichlich gesorgt mit Butterbrot und Schinken, mit vortrefflichen Feigen und Rosinen, zu denen ich freien Zugang hatte.

Meinen Durst stillte ich mit hellem, klarem Wasser. Kurz und gut, ich konnte mich über nichts beklagen.

Zuweilen erhielt ich Besuch vom Kapitän oder Steuermann. Sie kamen abwechselnd herab, um jedesmal drei oder vier Stunden zu schlafen.

Als der Steuermann eines Tages zur Tür hereinkam, sprang ich auf, eilte freudig auf ihn zu und fing an, ihm von dem Sturm der Türken auf Konstantinopel im Jahre 1453 zu erzählen und wie dabei Kaiser Konstantin XI. im Kampf sein Leben verlor.

Ich befand mich nämlich damals gerade mitten in meinen weltgeschichtlichen Studien und war davon begeistert.

160

„Denken Sie sich, Herr Steuermann", redete ich ihn voll Feuer an, „400000 Türken stürmten gegen Konstantinopel los. Es war ein schrecklicher Kampf!

Und der griechische Kaiser Konstantin kämpfte wie ein Löwe. Und die Türken wurden zuerst zurückgeschlagen.

Aber dann rückten 20000 Janitscharen von neuem vor. Und dann ging es den Griechen schlecht. Und Konstantin wurde furchtbar bedrängt. Und dann warf er seinen Purpurmantel ab und stürzte sich in das Handgemenge, um den Tod zu suchen. Und es strömte Blut aus seinem Gesicht und aus seinem Hals.

Und das letzte, was man ihn rufen hörte mitten im Kampf, waren die Worte: Ist kein Christ hier, der mir das Haupt abschlage? Und keiner wollte es tun.

Aber dann kam ein Janitschar und spaltete ihm den Kopf. Und so starb der letzte griechische Kaiser. Und dann nahmen die Türken Konstantinopel.

Ist das nicht schrecklich, Herr Steuermann?"

Der Steuermann war bis auf die Haut durchnäßt und fiel vor Müdigkeit und Schlaf fast um.

Erstaunt über meine Begeisterung, ließ er mich eine Zeitlang über den Fall Konstantinopels reden. Dann sagte er:

„Du scheinst hier unten in deiner eigenen Welt zu leben, kleiner Nonni. Übrigens freut es mich, daß du solche Ruhe bewahrst und die Zeit gut nutzt. Lerne nur weiter, dann kannst du mal ein Professor werden."

„Ja, ja", raunte er noch vor sich hin und schlüpfte in seine Koje, „der Sturm auf Konstantinopel ist sehr interessant; aber vorläufig haben wir hier einen anderen Sturm selbst zu bestehen, und der ist arg genug, mein Junge."

Dann übergab er mir seine Uhr und sagte:

„Willst du mich nach vier Stunden wecken? Da muß ich den Kapitän ablösen."

„Gewiß, Herr Steuermann. Ich werde genau auf die Zeit schauen. Sie können ruhig schlafen."

Kaum hatte er sich niedergelegt, da schlief er schon in vollen Zügen. Der gute Steuermann! Er war so angestrengt und müde. Bis es Zeit für ihn ist aufzustehen, dachte ich, mußt du ihm schon ein feines Butterbrot mit Schinken bereiten.

Als ich ihn nachher weckte, gab ich es ihm.

Er nahm es gerne an und sagte herzlich:

„Tausend Dank! Das ist aber aufmerksam von dir. Ich werde es nicht vergessen."

Ich war vergnügt, daß der Steuermann solche Freude an meinem kleinen Geschenk hatte.

Als später auch der Kapitän herabkam und seine vier Stunden geschlafen hatte, gab ich ihm ebenfalls ein solches Brot, und auch er dankte mir freundlich dafür.

Von da an blieb es, wenigstens solang der Orkan dauerte, dabei, die zwei Männer nie zu wecken, ohne für sie ein Butterbrot mit Schicken bereitet zu haben. –

Als volle fünf Tage vergangen waren, kam es mir vor, als ob der Sturm nicht mehr so stark sei.

Da bekam ich große Lust, auf Deck zu steigen. Ich wollte mit eigenen Augen das gewaltige Meer sehen und endlich wieder frische Luft atmen.

Sobald der Steuermann am Vormittag des sechsten Tages zu mir herabkam, sagte ich:

„Ich möchte Sie um etwas bitten, Herr Steuermann."

„So? Was ist denn das?"

„Ach, ich möchte so gern wieder einmal auf Deck und den Sturm und die großen Wellen anschauen."

„So, so, du willst mal den Sturm sehen? Ja, das kann ich gut begreifen, mein Junge. Du bist wahrlich lang genug hier eingesperrt gewesen. Aber es ist oben noch gefährlich. Die Wellen sind zwar nicht mehr so hoch wie in den letzten Tagen, aber doch hoch genug, und schlagen noch oft übers Deck. – Meinst du, die Sturzbäder werden dir gefallen?"

„Davor ist mir nicht angst, Herr Steuermann, im Gegenteil, ich habe Spaß daran."

„Aber du wirst naß bis auf die Haut."

„Das macht mir nichts, Herr Steuermann."

„Schon recht; aber wenn ich dir erlaube mitzukommen, dann muß ich dich oben festbinden."

„Das dürfen Sie ruhig tun; ich bin zu allem bereit, wenn ich nur in die frische Seeluft kommen und Sturm und Wogen sehen darf."

„Gut, mein Junge, ich will deinen Wunsch erfüllen."
Er ging an einen Schrank neben der Koje, nahm daraus einen
vollständigen Anzug aus wasserdichtem Zeug, einen Südwester und ein Paar hohe Wasserstiefel.
„So", sagte er, „nun will ich dir erklären, was du damit tun
sollst. Ich gehe jetzt zu Bett und schlafe vier Stunden. Bevor
du mich weckst, ziehst du diesen Anzug an über deine Kleider.
Dann weckst du mich, und wir gehen zusammen auf Deck. Ich
werde dich dort schon fest genug binden, daß die Wellen dich
nicht über Bord spülen können.
Ich hüpfte vor Freude und wäre dem Steuermann am liebsten
um den Hals gefallen.
Er legte sich zu Bett und schlief wie gewöhnlich sofort ein.
Schon eine halbe Stunde, bevor seine Ruhezeit zu Ende war,
begann ich die Sachen anzuziehen.
Sie waren mir natürlich viel zu groß. Die lederne Jacke reichte
mir bis auf die Füße, und in den hohen Wasserstiefeln konnte
ich kaum auf den Grund kommen; meine Beine verschwanden
darin bis oben herauf.
Aber die weiten Kleider, dachte ich, würden mich vor Kälte
und vielleicht auch vor Nässe schützen, und das war ja die
Hauptsache.
Als der kleine Seemann fertig war, bereitete ich ein großes und
extra feines Butterbrot für den Steuermann.
Dann weckte ich ihn.
Wie er mich in meiner komischen Tracht erblickte, brach er in
helles Lachen aus.
„Was wird der Kapitän wohl denken, wenn er dich in dieser
Ausstaffierung sieht?"
„Er kann denken, was er will, das hat nichts zu sagen."
„Gut, mein Junge, du hast recht."
Der Steuermann verzehrte nun sein Butterbrot, machte das
dünne Tau los, das durch die Kajüte gespannt war, und band
es mir um den Leib.
Dann trug er mich die Treppe hinauf, weil ich mich in den lan-
gen Stiefeln kaum bewegen konnte.
Auf der obersten Stufe angekommen, wollte ich gleich die
kleine Tür zum Deck aufmachen.

163

„Halt!" rief da der Steuermann. „Nur langsam; so rasch geht das nicht. Hast du das Sturzbad schon vergessen, das du im ersten Sturm bei Island bekommen hast? Willst du gern eine Welle in die Kajüte haben?"

Jetzt erst fiel mir ein, daß die Wellen ständig über das Schiff schlugen und daß die Tür nicht geöffnet werden dürfe, bevor das Deck frei von Wasser war.

Wir warteten daher eine Weile an der Tür, und der Steuermann gab genau acht auf die Bewegungen des Schiffes und horchte auf jedes Geräusch von draußen.

Auf einmal griff er an die Klinke, riß die Tür auf und sagte: „Jetzt schnell hinaus!"

Im Nu waren wir auf Deck, und die Tür ward sofort wieder zugeklappt.

Da stand ich nun wieder unter freiem Himmel!

Welch ein Anblick!

Die Wellen um das Schiff herum sahen aus wie rauchende Berge, der Sturmwind sauste und heulte und brüllte.

Mitten über das Schiff war von Reling zu Reling ein Tau gespannt.

Der Steuermann führte mich dorthin.

Dann faßte er meine Hände, preßte meine Finger fest um das dicke Tau und schrie, so laut er konnte, mir ins Ohr:

„Um Gottes willen! Laß das Tau nicht los! Halt fest! Halt fest!"

Sturm und Wellen tosten so fürchterlich, daß ich nur mit Not diese Worte verstand.

„Ja, ja!" schrie ich aus Leibeskräften, „ich halte schon fest."

Aber ich selbst konnte meine eigenen Worte nicht verstehen.

Jetzt band er das dünne Tau, das ich um den Leib hatte, so an das dicke, daß ich daran hin und her gleiten konnte.

Es bestand nun wenigstens keine Gefahr, daß ich das schwere Tau verlor, und ich konnte mich quer über das Deck von der einen Reling zur anderen bewegen.

Als ich so in Sicherheit gebracht war, nickte der Steuermann mir freundlich zu und begab sich ans Steuer, um den Kapitän abzulösen.

Jetzt war ich mir selbst überlassen und konnte mir Sturm und Wellen anschauen.

164

Alle Winde waren entfesselt, und grimmig jagten und peitschten sie die wildrasenden Wogen, daß sie in wahnsinniger Wut sich aufbäumten und aus gähnenden Abgründen brüllten.

Das war ein Schäumen, ein Kochen, ein Sieden – ein betäubendes Rasen und Heulen und Pfeifen.

Ich war vollkommen verwirrt vor Bewunderung und Staunen. Plötzlich wurden die geifernden Wellen zu lebenden Wesen.

Das aufgewühlte Meer kam mir vor wie ein Schlachtfeld, wo zwei feindliche Heere in wildem Ansturm aufeinanderstießen.

Der Kampf ward zu einem schrecklichen Handgemenge.

Riesen rangen miteinander auf Leben und Tod; sie wanden und streckten sich, wüteten und wälzten sich, der eine auf dem andern. Sie hielten sich umschlungen, wirbelten rund um, stöhnten und schäumten in wilder Wut.

Mir kam in den Sinn, wie die Edda so herrlich die Wellen beschreibt. Da heißen sie Töchter des Meergottes Ägir.

Sie weinen und heulen unaufhörlich und werfen ihre Schleier hoch in die Luft. Sie stoßen die Schiffe hin und her, heben sie auf ihre starken Schultern und ziehen sie wieder hinab in die Tiefe.

> „So erscholl es,
> Wo zusammenschlugen
> Kolgas Schwester
> Und die langen Kiele,
> Als brächen Berge
> Und Brandung entzwei."

Wie klang sie bei dem furchtbaren Getöse in mir wider, diese Strophe aus dem Heldenlied von Helgi dem Hudingstöter, das ich fast auswendig konnte! Und wie so ganz anders verstand ich die großartigen Bilder der Edda jetzt, wo ich die Wirklichkeit selbst sah!

Lange stand ich unbeweglich da und sah nur auf das Meer. Das brausende Meer!

Übergoß mich auch dann und wann ein Sturzbad – ich achtete kaum darauf.

Bald bemerkte ich auch, daß es zwei Arten von Wellen gibt. Die einen waren die großen.

Sie glichen Bergesketten, und ein weiter Raum lag zwischen ihnen, der oft wohl Hunderte von Metern breit war.

Sie waren nicht alle gleich hoch; einige hoben sich bedeutend über alle anderen empor.

Ich sah sie schon von ferne herankommen.

Drohend näherten sie sich unserem Schiff. Ihr mächtiger Kamm war immer blendend weiß, lauter Gischt und langhin wallender, brodelnder Schaum.

Sooft wir durch diese schäumenden Wellenkämme fuhren, hörte man ein Geräusch wie aus einem kochenden Riesenkessel.

Dann spritzte der weiße Schaum in Schwaden über das ganze Schiff, wurde zu Wasser und wälzte sich in reißendem Strom vom Vorder- zum Hinterdeck, daß es uns oft über Bord zu spülen drohte.

Die andere Art, die kleineren Wellen, liefen oben auf den großen in steter Bewegung hin und her.

Sie waren meist nur wenige Meter hoch.

Diese erschütterten das kleine Schiff, schoben es herüber und hinüber und zwangen es, sich bald auf die eine, bald auf die andere Seite zu legen.

Um diese kümmerte man sich nicht weiter. Sie durften uns stoßen und rütteln, soviel sie wollten.

Aber die großen Wellen, die flößten gewaltige Furcht ein.

Ständig mußte Ausschau nach ihnen gehalten werden, und der Mann am Steuer mußte das Schiff so lenken, daß nie ein solcher Wasserberg auf dessen Seite stieß.

Leben und Tod konnten davon abhängen.

Das Schiff mußte diesen großen Wellen immer mit dem Steven begegnen oder, wenn sie von rückwärts kamen, mit dem Spiegel.

Stunden vergingen, während ich so angeseilt war und meinem Träumen und Schauen nachging.

Von Müdigkeit merkte ich keine Spur.

Langsam schien sich der Orkan zu legen.

Die Luft war milder geworden, und ich schloß daraus, daß wir bereits wärmeren, südlichen Ländern näher gekommen seien.

Aber ich hatte keine Ahnung, wo wir uns befanden.

Darüber mußte ich schon den Steuermann fragen.

Zunächst aber war ich hungrig geworden und mußte mich mit einem Butterbrot stärken.

Es ist ja wohl nicht mehr gefährlich, dachte ich, die Fesseln abzustreifen.

So machte ich die Knoten des Taues los und wartete, bis wir in ein breites Wellental kamen.

Um nun die folgende mächtige Welle zu erklimmen – das wußte ich bereits aus Erfahrung –, brauchte unser Schiff mehrere Minuten.

Diese Zeit benutzend, sprang ich, so schnell die langen Stiefel mich trugen, zur Kajütentür.

Ich erreichte sie ohne Unfall und eilte die Treppe hinab.

Unten lief ich gerade dem Steuermann in die Arme. Er war eben vom Kapitän abgelöst worden.

„So, so", sagte er, „du hast wohl oben genug bekommen und willst dich in die warme Kajüte zurückziehen."

„O nein", erwiderte ich, „ich bin bloß hungrig. Ich esse ein Butterbrot und gehe dann gleich wieder hinauf."

„Willst du wirklich wieder hinauf? Das Leben auf dem Meere gefällt dir wohl?"

„Ja, Herr Steuermann", sagte ich, „es war immer mein Wunsch, Seemann zu werden. Übrigens ist es oben auch nicht mehr so gefährlich. Der Sturm nimmt ab."

„Das ist wahr, es wird ruhiger."

Schnell machte ich mir ein Butterbrot zurecht, aber größer als sonst, und ließ es mir vorzüglich schmecken.

„Ich sehe", lächelte der Seemann, „die Seeluft macht Appetit."

„Ja, ja, das merke ich auch. In den letzten sechs Tagen habe ich keinen solchen Hunger gehabt.

Nun möchte ich Sie aber gern etwas fragen, Herr Steuermann", fuhr ich fort. „Wissen Sie, wo wir eigentlich sind? Wir segeln jetzt ja beinah eine Woche lang in schnellster Fahrt, und mir scheint, wir könnten in all der Zeit fast bis nach Amerika gekommen sein."

„Da hast du recht; wir könnten jetzt wohl in Amerika sein. Aber wir sind in anderer Richtung gesegelt."

„Ja, wo sind wir denn?"

„Erst kamen wir an den Färöern und an Schottland vorbei. Dann suchten wir uns der norwegischen Küste zu nähern. Und tatsächlich sind wir ihr schon so nahe gekommen, daß wir sie vielleicht morgen sehen können."

„Oh, das freut mich! So werde ich bald zum erstenmal in meinem Leben Norwegen sehen. Das wunderschöne Norwegen! Das wird das erste Land der Welt, das ich nach Island sehen werde."

Schnell verzehrte ich mein Brot, steckte mir einige Rosinen in die Tasche und ging wieder die Treppe hinauf.

Sofort eilte ich zu meinem Tau und band mich diesmal selber fest. In der kurzen Zeit, die ich unten in der Kajüte war, hatte sich das Wasser auffallend verändert. Der Sturm hatte bedeutend nachgelassen, nur noch der Wellengang war fast so gewaltig wie zuvor.

Wieder genoß ich, doch jetzt mit mehr Ruhe, den herrlichen Anblick.

Während ich über die Wellen hinschaute, erblickte ich auf einmal in weiter Ferne einen eigentümlichen dunklen Gegenstand, wie mir schien, einen großen schwimmenden Vogel.

Er tauchte plötzlich aus dem Meer auf, verschwand aber ebenso schnell wieder.

„Sehen Sie dort, Herr Kapitän?" rief ich diesem zu.

Er stand am Steuer und antwortete etwas, das ich aber bei dem starken Rauschen des Meeres nicht verstehen konnte.

Er winkte mir, ich möchte zu ihm kommen.

Ich löste die Knoten an meinem Tau.

Nochmals sah ich den Gegenstand aus dem Wasser hervortauchen und wieder verschwinden.

Was mochte das wohl sein?

Als ich zum Kapitän kam, sagte er:

„Geh hinab und ruf den Steuermann."

Ich eilte in die Kajüte.

„Herr Steuermann!" rief ich, „der Kapitän wünscht mit Ihnen zu sprechen."

Schnell erzählte ich ihm, was ich in der Ferne gesehen hatte, und fragte, was das wohl sein könne.

„Wenn du wirklich etwas gesehen hast, so glaube ich, es ist ein Schiff."

„Ein Schiff? – Ja, ja, das glaube ich nun auch. Ich meine, es ragte etwas daraus hervor. Das waren gewiß die Masten. Ja, es muß ein Schiff sein."

„Darüber werden wir uns bald klarwerden, mein Junge."

Der Steuermann machte sich fertig, nahm seinen Feldstecher und eine zusammengerollte Flagge und ging auf Deck.

Ich folgte ihm nach und war nun aufs höchste gespannt, was aus meiner Entdeckung herauskommen würde.

Der Steuermann hatte bereits das Fernglas vor die Augen gesetzt und betrachtete den schwarzen Gegenstand, der immer in bestimmten Abständen sich unseren Blicken zeigte und wieder verschwand.

Auch ich sah ihn wieder. Er war schon bedeutend näher gekommen.

Einige Augenblicke schwebte er gleichsam auf einem schneeweißen Wellenkamm und stürzte sich dann kopfüber in die Tiefe. Der Steuermann gab das Fernglas dem Kapitän und sagte:

„Das ist ein Engländer."

Auch der Kapitän schaute durch das Fernglas.

„Sie haben recht, es ist ein englisches Schiff."

Jetzt begab sich der Steuermann mit der Flagge zum Mast, band sie an eine Schnur und hißte sie mehrmals auf und ab.

Wie mir schien, gab der Engländer ähnliche Zeichen.

Die beiden Schiffe kamen sich immer näher.

Der Engländer segelte in derselben Richtung wie wir; nur bog er etwas nach links. Wir steuerten zu ihm hin, und so mußten wir uns bald begegnen.

Das fremde Schiff wurde zusehends deutlicher.

Wir erkannten, es war ein Zweimaster und bedeutend größer als unser kleiner „Valdemar".

Wie eine Nußschale wurde es hin und her geworfen; es wurde gestoßen und geschoben, bald von rechts, bald von links, und wurde bald auf die eine, bald auf die andere Seite gelegt.

Es schien, als hätte es jeglichen Widerstand aufgegeben und sich willenlos der Gewalt der Wellen überlassen.

Endlich waren wir beieinander.

Ich staunte über die Kühnheit der beiden Kapitäne.

Trotz des gewaltigen Seegangs kamen sie einander so nahe, daß der Abstand wohl keine dreißig Meter betrug.

Und in dieser Nähe segelten sie nebeneinander her!

Auf dem Deck des Engländers sah ich einen Jungen, der in meinem Alter zu sein schien.

Er hielt sich fest an einer Eisenstange neben der Kombüse. Ich nickte ihm zu und grüßte mit der Hand. Er erwiderte meinen Gruß lebhaft.

Am Steuer stand in einem schwarzen wasserdichten Überrock der Kapitän.

Sonst waren noch vier Seeleute auf Deck.

Nun begann eine wunderbare Weiterfahrt.

Die Bewegungen der beiden Fahrzeuge waren fast immer dieselben.

Schwebten wir hoch oben auf einem schäumenden Wellenkamm, war der Engländer neben uns. – Schossen wir schnell wie der Blitz in die Tiefe, war auch der Engländer wieder dabei. – Und kletterten wir langsam die hohe fließende Bergwand hinauf, tat er dasselbe.

Ein paarmal langte aber unser Schiff etwas vor dem anderen auf der Welle an, und die Folge war, daß wir auch vor ihm auf der anderen Seite hinabsausten.

Dann war der Engländer plötzlich verschwunden; der Kamm der Welle war zwischen ihm und uns.

Aber auf einmal wurde er wieder hoch über uns sichtbar.

Und nun sah ich, wie er hinter uns her war und wie ein abgeschnellter Pfeil gerade auf uns herabschoß!

Ich stieß einen gellenden Schrei aus.

Doch, was war geschehen?

Der kühne Segler hatte sich mit sicherem Sprung nicht weit von uns mit dem Vordersteven ins Wasser gebohrt.

So waren die Schiffe eine Zeitlang über Berg und Tal nebeneinander dahingeflogen.

Da plötzlich fuhr ich zusammen.

Ein durchdringendes Brüllen, wie ich es noch nie gehört, ertönte vom englischen Schiff zu uns herüber.

Mein erster Gedanke war, es sei ein wilder Stier oder sonst ein Ungeheuer am fremden Bord.

Doch während ich über die Sache grüble, sehe ich, daß unser Steuermann das Tuthorn an den Mund setzt und fast im selben Tone zum Engländer hinüberbrüllt.

Von allem, was der Steuermann durch das Horn schrie, verstand ich nur die Worte: „...from Iceland..."

Jetzt war mir alles klar. Es war ein Gespräch, das zwischen beiden Schiffen geführt wurde.

Auch drüben auf dem Deck des Engländers sah ich jetzt einen Mann mit einem Tuthorn in der Hand am Hauptmast stehen.

Jedesmal, wenn wir an einer Welle hinauffuhren, nahmen die beiden das Horn an den Mund und sprachen hin und her.

Verstehen aber konnte ich nie etwas, und ich begriff auch nicht, wie es zuging, daß die Sprecher sich verstanden.

Die Unterhaltung wurde nur ausgesetzt, wenn wir eine Woge hinabsegelten.

Auf einmal wurde das eigenartige Zwiegespräch unterbrochen.

Einer unserer Matrosen lag während des englischen Besuches unten in seiner Koje und schlief. Er hatte keine Ahnung, was oben vorging.

Durch das mächtige Tuten geweckt und geschreckt, stürzte er – man nimmt das bei kleinen Schiffen auf offener See nicht so genau – in seinem Nachthemd auf Deck.

Der Matrose trippelte zuerst wie verstört auf dem Deck herum, rieb sich die Augen und schaute umher.

Da endlich sah er das fremde Schiff und die englischen Seeleute, die ihn mit neugierigen Blicken betrachteten.

Wie aber unser Matrose jetzt aufwachte!

Als wäre er aus allen Himmeln gefallen, irrte er bald dahin, bald dorthin, ob sich ein rettender Winkel zeige, und verschwand dann blitzartig in der Kajütentür.

Ein schallendes Gelächter von hüben und drüben folgte ihm.

Kurze Zeit noch blieben die zwei Schiffe im Gespräch. Dann winkten sich die Besatzungen Lebewohl.

Der englische Junge und ich nickten und winkten ebenfalls zum Abschied, und die beiden Segler trennten sich.

Lange noch schaute ich dem englischen Schiff nach, das so unverhofft munteres Leben in unsere einsame Fahrt gebracht hatte. –

Und wieder war mein Blick auf den Gang der Wellen gerichtet, und eine neue Entdeckung fesselte mich.

Fern von uns tauchte ein schneeweißer Fleck im Meer auf.

Anfangs hielt ich ihn für Schaum.

Als wir aber der Stelle näher kamen, sah ich zu meiner großen Verwunderung, daß es eine Schar Möwen war.

Gott sei Dank! dachte ich, jetzt sind wir nicht mehr weit vom Land.

Die Möwen schwammen ruhig auf dem mächtig aufgeregten Wasser und hielten sich dicht beisammen.

Ich wandte den Blick nicht von ihnen und beobachtete gespannt, was diese wetterfesten weißen Vögel bei dem starken Seegang machten.

Die Wellen spielten mit ihnen wie der Wind an Herbsttagen mit den dürren Blättern.

Da sie auf der Oberfläche sitzen blieben, wurden sie von den auf und nieder und durcheinander wallenden Wassern lustig umhergewirbelt.

Gleich unserem Schifflein warfen die Wogen sie hoch in die Luft und nahmen sie dann wieder mit hinab in die tiefen Gründe.

Hatte eine Woge sie hinaufgetragen bis auf den Wellengrat, dann ringelten und rollten die Wasser heran und huschten schnell über sie hinweg und begruben sie unter brausendem Wasserfall.

Aber die gewandten kleinen Taucher kamen auf der anderen Seite der Welle wieder hervor und zogen ruhig weiter auf ihrer Bahn.

Das alles hatte ich auch schon in der Nähe von Island gesehen, aber noch nie so anschaulich und schön wie hier.

Ich wurde gar nicht müde, all die wundersamen Eindrücke des Meeres auf mich wirken zu lassen, und ich wäre am liebsten noch lange oben geblieben.

Aber es war schon spät geworden, und es wurde finster.

Ich verließ daher das Deck und begab mich in die Kajüte hinab, um nun endlich nach den vielen Anstrengungen und Erlebnissen des Tages auszuruhen.

Zuerst stärkte ich mich mit einem kräftigen Abendessen. Dann legte ich mich voll froher Hoffnung auf neue Eindrücke und Erlebnisse zu Bett.

19. Sonnentage

Ich schlief die ganze Nacht ruhig und fest.

Als ich am Morgen erwachte, war ich nicht wenig überrascht, daß durch die Kajütentür, die jetzt weit offen stand, warme, erfrischende Sommerluft hereinwehte.

Heller Sonnenschein strahlte durch Tür und Fenster und erfüllte den sonst etwas dunklen Raum mit goldenem Lichtglanz.

Das Schiff lag still – so still nach sechs lärmenden, bewegten Tagen, daß mein erster Gedanke war, wir befänden uns in einem sicheren Hafen, vielleicht an der norwegischen Küste.

Ich sprang auf, wusch mich, kleidete mich an, betete das Morgengebet und lief auf Deck.

Aber wie! – Wir lagen in keinem Hafen!

Wir waren noch weit draußen auf dem großen Meer, fernab von jedem Land!

Und dieses Meer heute!

175

War es dasselbe, das ich gestern gesehen? – Ich konnte es kaum glauben.

Stille ringsumher. Die unermeßliche Wasserfläche wie ein glänzender Spiegel, kein Fältchen darauf.

Die Sonne stand schon hoch am Himmel und strahlte in seltener Pracht.

Die Luft war so warm, als wenn es mitten im Sommer und nicht schon Herbst gewesen wäre.

Kapitän und Steuermann erzählten vorn auf einer Bank miteinander.

Voll Freude rannte ich zu ihnen, reichte jedem die Hand und wünschte ihnen guten Morgen.

„Guten Morgen, Nonni", antworteten beide, und neckend fragte der Steuermann:

„Aber wo sind denn heute dein Südwester, die Lederjacke und die Wasserstiefel? Du hast sie wohl vergessen?"

„Nein, nein, Herr Steuermann", erwiderte ich lachend; „aber ich werde sie jetzt wohl kaum mehr brauchen."

„Oh, sag das ja nicht zu früh", bemerkte der Kapitän; „wir sind noch lange nicht in Kopenhagen."

„Glauben Sie wirklich", fragte ich, „daß wir nochmals einen solchen Sturm bekommen können?"

„Auf der See, Nonni, geschehen manche Dinge."

„Aber, Herr Kapitän, nun haben wir doch so herrliches Wetter und so hellen Sonnenschein. Sollen wir das nicht auch genießen dürfen, nachdem wir so viele Stürme erduldet haben?"

„Du sprichst ja wie ein kleiner Dichter", meinte der Kapitän schmunzelnd.

„Ja, Nonni", begann der Steuermann wieder und sah mich ganz lächelnd an, „auf so einer Seefahrt ist oft eine Überraschung da. Weißt du zum Beispiel das Neueste schon?"

„Nein, Herr Steuermann."

„Nun, dann will ich's dir erzählen. Heute morgen haben wir einen neuen Passagier an Bord bekommen. Hast du ihn noch nicht gesehen?"

„Aber, Herr Steuermann, das ist wohl nicht Ihr Ernst?"

„Jawohl, das ist mein voller Ernst. Wir haben wirklich einen Passagier bekommen."

„Wo ist er denn?"

„Hier auf Deck."

Ich sah mich nach allen Seiten um, entdeckte aber keine Sterbensseele.

„Aber Herr Steuermann", wandte ich mich wieder zu ihm, „Sie haben doch nur Spaß gemacht, ich finde den Passagier nicht."

„Nun gut," sagte er, „so will ich dir helfen. Geh und suche ihn. Sobald du bei ihm bist, werde ich es dir sagen."

Ich wandte mich um und ging einige Schritte voran.

„Jetzt!" rief der Steuermann.

„Wo?"

„Gerade vor dir."

Ich ging noch weiter.

„Jetzt rechts von dir", rief der Steuermann wieder.

Ich ging etwas nach rechts.

„Halt! Jetzt gerade über deinem Kopf."

Ich schaute in die Höhe, sah aber keinen Passagier.

Etwas verdrossen sagte ich:

„Sie wollen mich wohl zum besten haben."

„Durchaus nicht, Nonni; schau doch genauer hin."

Ich hielt die Hand gegen die Sonne und schaute hinauf.

Endlich hatte ich den „Passagier" gefunden und rief überrascht: „Wo kommt denn dieser her?"

Auf einer der Rahen beim Mast saß ganz still ein kleiner Vogel und betrachtete mich ebenso neugierig wie ich ihn.

Seine Federn glänzten in den schönsten Farben, Rot und Grün und Gelb.

„Das ist ein Bote vom Land", gab der Steuermann zur Antwort.

„Was soll das heißen?"

„Das will ich dir erklären, mein Junge. Wenn ein Schiff von hoher See kommt und sich dem Lande nähert, geschieht es manchmal, daß sich ein kleiner Singvogel, der sich zu weit von der Küste verirrt hat, todmüde auf das Deck fallen läßt. Ein solcher Vogel heißt bei den Seeleuten ‚ein Bote vom Land'."

„Wenn er aber nur nicht wieder fortfliegt!" sagte ich.

„Da brauchst du dir vorläufig keine Sorge zu machen", erwiderte der Steuermann; „diese kleinen Gäste verlassen das

Schiff, auf dem sie sich einmal befinden, niemals, bevor sie Land in Sicht bekommen."

„Und dann fliegen sie fort?"

„Ja, sie fliegen dann in ihre Wälder zurück."

Ich ging wieder zu dem Vogel, dem kleinen „Boten vom Land".

Er brachte für einige Zeit Abwechslung in das manchmal einförmige Leben an Bord und wurde bald der Liebling aller. – Auf Deck herrschte Ruhe.

Mit Ausnahme von Kapitän und Steuermann lag die Mannschaft des Schiffes unten in ihren Kojen, um nach den vielen Strapazen der vergangenen Tage auszuruhen.

Ich wurde ermahnt, alles unnötige Trampeln zu vermeiden, damit ich die Leute nicht in ihrem Schlaf störte.

Ich hatte aber große Lust, endlich wieder einmal meine zwei Freunde, Owe und den kranken Matrosen, zu besuchen.

Schon lange hatte ich sie nicht mehr gesehen. Owe war ständig seekrank und der Matrose an das Krankenbett gefesselt.

Lautlos schlüpfte ich in die Matrosenkajüte. Ich schaute zunächst nach dem kranken Matrosen und fand ihn wach.

„Guten Tag", flüsterte ich, „wie geht es Ihnen?"

Er gab mir die Hand und sagte leise:

„Das freut mich, Nonni, daß du kommst. Ich habe schon lange auf dich gewartet. – Es geht mir viel besser. Während des Sturmes habe ich wohl noch zu leiden gehabt; aber das ist nun überstanden."

„Gottlob! Dann werden Sie gewiß bald wieder gesund sein."

„Ja, das werde ich."

„Es war also doch ein Glück, daß der Steuermann Ihnen nicht das ganze Bein abnahm."

„Ja, selbstverständlich."

Ich teilte ihm noch alle Neuigkeiten der letzten Tage mit, und er gab mir stets seine kurzen Antworten.

Auf einmal steckte Owe seinen Kopf aus der Koje hervor und nickte mir zu.

Ich verabschiedete mich von meinem Freund und ging zu Owe.

„Ah! Lieber Owe! Nun haben wir uns aber lange nicht gesehen! Wie geht es dir?"

178

„Ja, das ist lange her", sagte er. „Ich bin die ganze Zeit seekrank gewesen."

„Armer Owe!"

„Oh, es ist jetzt vorüber. Und wie ging es dir, Nonni?"

„Ich bin in der Kajüte eingesperrt gewesen."

„Ja, das kann ich mir wohl denken."

Ich erzählte ihm nun alles, was sich zugetragen hatte und wie
es mir bei dem Sturme ergangen war.

Er freute sich an meinem Bericht und hörte mir eifrig zu.

Dann sagte ich:

„Was meinst du, Owe, kannst du wohl aufstehen? Oben ist es
jetzt so schön."

„Ich glaube schon", erwiderte er, „ich fühle mich wieder ziemlich wohl."

Sofort kroch er aus seiner Koje.

Beim Anziehen mußte ich ihm ein wenig helfen, denn von der
langen Seekrankheit war er immer noch etwas schwindlig.

Dann gingen wir zusammen auf Deck.

Als der Kapitän uns sah, rief er uns zu sich.

„Bist du wieder gesund, Owe?" fragte er.

„Jawohl, Herr Kapitän."

„So, das freut mich. Dann kannst du heute wohl ein besonders
gutes Mittagessen für uns alle bereiten."

„Gewiß, Herr Kapitän."

Owe ging in seine Küche und war bald vollauf beschäftigt.

Zuerst kochte er einen feinen Kaffee und brachte zwei Tassen
von dem dampfenden, duftenden Getränk dem Kapitän und
dem Steuermann. Als er zurückkam, bereitete er auch für
mich eine Tasse – das erste warme Getränk, seitdem der
Sturm uns überfallen hatte.

Owes Kaffee schmeckte mir darum auch ganz besonders.

Ich lebte richtig auf, als es wieder warmes Mittagessen gab, und
Owe zeigte an diesem Tag wirklich überraschende Kochkün-
ste, wie morgens beim Kaffee, so auch am Mittag und am
Abend.

Das Wetter war den ganzen Tag über schön, und die warme
Sonne sog einem noch die letzten müden Schauer aus den Gliedern.

Nach einer ruhigen Nacht waren wir alle wieder frisch und munter und fröhlich.

Am nächsten Vormittag kam der Steuermann zu mir und sagte: „Hör mal, Nonni, du hast mir während des Sturmes so oft ein gutes Butterbrot gegeben, jetzt will ich dir dafür danken."

„Das ist nicht nötig, Herr Steuermann", sagte ich ihm. „Es machte mir Freude, Ihnen einen kleinen Dienst erweisen zu können."

„Jetzt sprichst du wieder wie ein Buch", gab er lächelnd zurück.

„Meine Belohnung erhältst du aber doch, und die ganze Besatzung soll daran teilhaben."

„Nun, dann will ich sie annehmen. Worin besteht sie denn?"

„Es soll ein feines Gericht sein, das wir uns alle zusammen heute mittag schmecken lassen wollen."

„Was für ein Gericht ist denn das?"

„Es hat einen sonderbaren Namen; es heißt Sackpudding."

„Sackpudding? – Den Namen habe ich noch nie gehört."

„Das glaube ich gern. Diesen Pudding kennt man auch weder auf Island noch in Dänemark."

„Aber kann Owe ihn bereiten?"

„Nein, das kann er nicht; ich tu es selbst."

„Darf ich Ihnen zuschauen, Herr Steuermann?"

„Ja, das kannst du. Ich mache mich gleich daran."

Neugierig ging ich mit in die Kajüte hinab.

Hier öffnete er eine Lade und nahm eine Rolle weiße Leinwand heraus.

Dann schnitt er vier gleich große Stücke davon ab, nahm Nadel und Faden und nähte im Handumdrehen vier kleine Säcke zusammen.

Jedes Säckchen war ungefähr zwölf Zoll lang und hatte drei bis vier Zoll im Durchmesser.

„So, die wären fertig", sagte er.

Nun holte er eine große Schüssel und stellte sie auf den Tisch.

„Jetzt kommt Numero zwei", fuhr er fort und nahm Reis, Mehl, Rosinen und Zucker und mischte alles in der großen Schüssel durcheinander.

„Jetzt kommt erst das Feinste." Er schnalzte mit den Fingern, öffnete eine Lade und holte daraus eine schneeweiße Scheibe Speck hervor.

„Aber, Herr Steuermann", rief ich erstaunt, „das geht doch nie und nimmer! Wie paßt denn das zusammen?"

„Ha! ob das paßt, Nonni! Wenn du nur wüßtest! Ohne dies wäre sogar der Pudding nicht zu genießen."

Er nahm ein Messer und schnitt die weiße Scheibe in eine Menge kleiner, viereckiger Stücke und warf sie in die Schüssel.

„Jetzt, mein Freund, gehört eigentlich Milch dazu. Da es aber auf dem Ozean keine Kühe gibt, müssen wir uns mit klarem Wasser begnügen. Es wird auch so nicht übel."

Damit goß er Wasser in die Schüssel, rührte das Ganze tüchtig um, füllte die vier Säckchen mit dem Teig und nähte sie oben zu.

Dann hängte er sie an zwei Stöcke und trug sie so in die Kombüse.

Dort wurde der größte Kessel mit Wasser gefüllt und aufs Feuer gesetzt. Die zwei Stöcke wurden quer über den Kessel gelegt, so daß die vier Säckchen frei im Wasser hingen.

Owe überwachte dann das Garkochen.

„Aber wo haben Sie denn das gelernt, Herr Steuermann?" fragte ich.

„In England", sagte er. „Ich bin vor mehreren Jahren in England gewesen. Dort ist es ein Nationalgericht."

Als es Zeit zum Essen war, brachte Owe zwei Säckchen zu den Matrosen, die beiden anderen in die Kapitänskajüte.

Die Matrosen bekamen Sirup zu ihrem Pudding, wir dagegen Rotwein.

Es war wirklich ein feines Essen, dieser englische „Sackpudding".

Ich vergaß aber auch nach Tisch nicht, dem Steuermann für den gelungenen Pudding zu danken.

Als wir wieder auf Deck kamen, hatte sich die Wasserfläche etwas verändert. Sie war nicht mehr so glatt wie vorher. Eine leichte Brise strich über sie hin, so schwach, daß wir sie kaum merkten.

„Alle Segel auf!" rief der Kapitän, und schnell waren sie gehißt.

181

Das Steuer mußte jetzt ein Matrose übernehmen.

Diese Gelegenheit benutzte ich und bat ihn, mir das Steuern beizubringen.

„Eigentlich ist es mir nicht erlaubt, hier zu sprechen", sagte er; „aber solange der Wind so schwach ist, wird der Kapitän es wohl nicht so genau nehmen."

„Nein, sicher nicht", meinte ich. „Worauf muß ich achten?"

„Siehst du den Kompaß, der da vor mir steht?"

„Ja, den sehe ich."

„Siehst du auch, wo die Magnetnadel hinzeigt?"

„Ja, das sehe ich auch."

„Nun gut. Eben dahin soll gesteuert werden."

„Ja, aber wie machen Sie es, daß Sie dahinkommen?"

„Wenn ich das Steuer nach rechts drehe, dann geht die Nadel nach links, und wenn ich es nach links drehe, dann geht sie nach rechts. Das ist die ganze Kunst."

„Wie? Das ist alles? Aber dann könnte ich ja ebensogut steuern wie Sie."

„Je nachdem."

„Darf ich es mal versuchen?"

Der Matrose warf einen vorsichtigen Blick über das Deck. Niemand war zu sehen.

Etwas verstohlen übergab er mir das Steuer.

Ich drehte nach rechts und schaute sorgsam auf den Kompaß.

„Siehst du?" sagte der Matrose.

„Ja, die Nadel ist schon zwei Striche nach links gegangen."

„Gut. Aber nun bring sie schnell wieder auf ihren Platz."

Ich drehte das Steuer nach der entgegengesetzten Seite, und sofort war die Magnetnadel wieder auf der alten Stelle.

Stolz auf meine Leistung und mit dem mir gänzlich neuen Spiel der Nadel, war ich rasch fertig mit dem Urteil:

„Ha! Das ist ja kinderleicht; das kann ich auch."

„Ja, jetzt ist es wohl leicht", antwortete der Matrose; „aber wenn der Sturm geht oder wenn man mitten durch die Fischerflotte segeln muß, dann ist die Sache ganz anders, mein Lieber!"

„Ja, ja, das will ich schon glauben", gab ich etwas kleinlaut bei.

Kaum hatte ich diese Worte gesprochen, da hörten wir Schritte in der Nähe.

Es war der Kapitän!

Er hatte wohl gerade noch gesehen, was wir taten.

Der Matrose wurde rot bis über die Ohren, gab mir einen kleinen Stoß und trat wieder rasch auf seinen Posten.

Mir war augenblicklich klar, daß ich dem Matrosen helfen mußte.

Schnell lief ich auf den Kapitän zu und fragte ihn, als wenn nichts gewesen wäre:

„Herr Kapitän, ist nun Ihr Arm wieder vollständig geheilt? Mir scheint, Sie haben noch Beschwerden."

„Danke, Nonni, es ist alles wieder gut", antwortete er freundlich und ging seines Weges weiter – zum Steuer hin.

„Herr Kapitän", redete ich ihn sofort wieder an, „ich habe eine Bitte an Sie. Wollen Sie mir nicht erlauben zu steuern? Nur solange der Wind schwach ist. Ich kann es schon ganz gut."

„So? Du kannst steuern?" sagte er und sah mich verwundert an.

„Wo hast du denn das gelernt?"

„Ja, Sie sollen gleich mal sehen, Herr Kapitän."

Mit diesen Worten schob ich den Matrosen beiseite, faßte das Steuer, zeigte auf den Kompaß und sagte:

„Sehen Sie, jetzt fahren wir in der rechten Richtung. Wollen Sie mir nun angeben, wohin ich steuern soll?"

„Nach rechts."

Ich drehte am Steuer, und das Schiff ging nach rechts.

„Gut so", sagte der Kapitän lächelnd; „bring uns jetzt wieder in die vorige Richtung."

Auch das hatte ich bald fertig, und mit einem gewissen Stolz bemerkte ich:

„Nicht wahr, Herr Kapitän, ich kann es ganz gut? Sie können sich auf mich verlassen."

In diesem Augenblick kam der Steuermann die Treppe herauf. als er mich sah, rief er:

„Was sehe ich da, Nonni? Bist du Steuermann geworden?"

„Er will durchaus steuern", sagte der Kapitän.

„Das wird eine nette Steuerei sein!" lachte der Steuermann.

„O nein", entgegnete ihm der Kapitän; „er kann es besser, als ich geglaubt hätte."

Der Steuermann stellte sich neben mich, und ich überzeugte ihn, daß ich das Steuer, wenigstens bei ruhigem Wetter, schon zu führen wüßte.

Inzwischen schien der Kapitän vergessen zu haben, was mich und den Matrosen beunruhigt hatte; denn er wandte sich zu ihm und sagte:

„Sie können jetzt zu den anderen gehen."

Der Matrose dankte und ging hinab zu seinen Kameraden.

Nun kam der Kapitän wieder zu mir und fragte:

„Nun, wie gefällt dir dein neues Amt, kleiner Freund?"

„Ausgezeichnet, Herr Kapitän. Solange ich am Steuer stehe, brauchen Sie keine Gefahr zu fürchten, weder für das Schiff noch für die Besatzung."

„So stelle ich hiermit", sprach der Kapitän lachend, „das Schiff und die ganze Besatzung unter deine Obhut. Du sollst also jetzt unser Kapitän sein."

„Paß aber auf", fügte er hinzu, indem er mit dem Finger nach vorn zeigte, „in diese Richtung mußt du steuern, das ist der gerade Weg nach Kopenhagen."

„Ja, ich werde genau die Richtung einhalten."

„Aber wie willst du es anfangen, daß du nicht aus der rechten Linie kommst?"

„Ich schaue bloß auf den Kompaß und gebe acht, daß die Nadel stets nach Süd-West-Süd zeigt."

„Ganz richtig, mein Junge. Herr Steuermann, Sie haben wohl ab und zu ein Auge auf ihn, nicht wahr?"

„Selbstverständlich", antwortete dieser.

„Herr Kapitän", fiel ich ein, „das ist gar nicht notwendig. Sie können sich ganz auf mich verlassen."

Der Kapitän lächelte, wandte sich zum Steuermann und sagte:

„Ich denke, wir wollen nun den Punsch spendieren. Die Leute haben es nach all den Strapazen wohl verdient. Sie brauchen an Kognak oder Rum nicht zu sparen."

„Owe!" rief der Steuermann.

„Jawohl!" klang es aus der Matrosenkajüte, und schon sprang Owe die Treppe herauf.

„Owe", setzte nun der Steuermann ihm auseinander, „der Kapitän will uns einen Punsch spenden. Sorge gleich für alles, was dazu gehört: warmes Wasser, Gläser, Zucker und Zitronen. Das übrige gebe ich dir dann."

„Und vergiß nicht unseren neuen Steuermann", fügte er lachend hinzu. „Aber du darfst ihm keinen Punsch geben, solange er am Steuer steht. Es könnte ihm sonst zu heiß im Kopf werden. Er bekommt seinen Teil nachher."

„Jawohl, Herr Steuermann", antwortete Owe und lachte mir zu.

Kapitän und Steuermann gingen in ihre Kajüte hinab, Owe verschwand in der Kombüse.

Bald war das Fest in vollem Gang.

Ich war nun allein auf Deck und fühlte mich am Steuer als die wichtigste Person des ganzen Schiffes.

Owe bediente die Leute und lief schnell die Kajütentreppe hoch und runter.

Einmal brachte er mir eine ordentliche Portion Feigen und Rosinen mit.

„Da, Nonni", sagte er, „da spendiert dir der Steuermann auch etwas. Weißt du, ein Kapitän darf wohl essen, aber keinen Wein und keinen Punsch trinken."

„Das ist auch ganz recht so", stimmte ich ihm zu und warf mit Kennermiene einen Blick auf den Kompaß. „Und wie geht's unten?"

„Da feiert man den neuen Steuermann und ist fröhlich und munter. Die Matrosen trinken warme Punschbowle, und das keine schwache, sage ich dir; sie haben zwei ganze Flaschen Kognak und Rum bekommen. Kapitän und Steuermann sitzen bei einer Weinbowle."

„Laß sie nur lustig sein, ihr Posten hier ist ja besetzt."

„Gewiß, du steuerst schon ganz prächtig. Du kannst stolz auf diese Beförderung sein."

„Jetzt muß ich aber wieder hinunter, Nonni. Leb wohl."

„Leb wohl, Owe, und unterhalt dich gut."

Als Owe fort war, kam der Steuermann herauf und schaute über die See hin. Er wollte sehen, ob vielleicht ein Schiff in Sicht sei.

„Lassen Sie sich doch nicht stören, Herr Steuermann", sagte ich zu ihm; „ich werde schon fertig werden."

Er nickte mir freundlich zu und ging wieder.

Das Lachen der Matrosen wurde lauter und lauter; der Punsch fing an zu wirken.

Da stapfte einer die Treppe herauf, zwei Fischleinen in der Hand. Sein Gesicht war feuerrot.

„Aha!" sagte ich leise vor mich hin, „dem wird es schon zu heiß; der wird etwas Kühlung brauchen."

Er kam auf mich zu und redete mich an:

„Ah! du steuerst ja ganz nett, mein Junge. Mach nur so weiter, dann wird noch ein rechter Steuermann aus dir."

„Ja, ich habe jetzt das Steuern gelernt", antwortete ich.

„Aber was wollen Sie mit den Schnüren? Sie wollen doch nicht etwa fischen?"

„Ja und nein. Paß nur mal auf. Ja, ja – aber ein wenig Geduld – ein bißchen langsam, Kleiner", kam es ihm so nach und nach von der nicht mehr ganz gelenken Zunge, während er etwas Lockspeise an den Fischangeln befestigte.

Dann warf er sie ins Wasser, die eine auf der einen, die andere auf der andern Seite des Schiffes.

Die Angeln sanken nicht, sondern schleiften an der Oberfläche unserem Schiff hinterher.

„So, jetzt hör mal, Junge", fing der Angeheiterte wieder an, „ich habe da unten gewettet. Was meinst du, was ich gewettet habe? Ich habe gewettet, ich hätte bis heute abend 4 Goldfische zum Essen. Die schwimmen immer an der Oberfläche des Meeres. Ich lasse diese Angeln hinter dem Schiff herziehen. Ich will Goldfische fangen. Verstehst du? Schau ab und zu mal nach, ob ein Fisch an der Angel sitzt, und dann zieh schnell herauf, verstehst du?"

„Ja, aber ich muß steuern."

„Weiß ich, Junge, das brauchst du mir nicht zu sagen. – Aber bei diesem Wetter geht das Schiff auch mal von selbst, verstehst du? Da kannst du auch einen Augenblick vom Steuer weggehen. Wie? Das willst du nicht?"

Der Mann wurde ganz zornig, und ich fürchtete mich etwas vor ihm.

„Ja, ja, gewiß", antwortete ich daher.

„Also, du schaust nach den Angeln und ziehst die Fische herauf. Hast du verstanden, Junge? Gib Antwort!"

„Ja, ja, ja!"

Ich merkte, daß es nicht ratsam sei, dem halbtrunkenen Matrosen zu widersprechen, und versprach, alles zu tun, was er wünschte.

Der Matrose holte nun einen Eimer, band ein Tau daran und ließ ihn über die Reling ins Meer gleiten. Dann zog er ihn in die Höhe, halb mit Wasser gefüllt, stellte ihn neben mich hin und sagte kurz und bestimmt:

„Da wirfst du die Goldfische hinein, hörst du?"

„Ja, ich werde es so machen."

„In Ordnung, mein Junge", sagte er etwas freundlicher. „Jetzt gehe ich wieder hinunter zu den Leuten."

Dann ging er, und ich war froh, daß ich den sonst gutmütigen, aber jetzt, wie mir schien, etwas gefährlichen Kraftmenschen los war.

Bald danach kam der Steuermann wieder herauf, warf einen forschenden Blick in die Ferne, nickte mir zu und ging wieder.

Nun verließ ich einen Augenblick das Steuer und sah nach den Schnüren.

An der ersten regte sich nichts. Die andere aber bewegte sich stark; sie wurde gezogen und gezupft.

Es mußte etwas Lebendiges daran sein.

Schnell zog ich sie herauf.

Und wirklich, ein wunderschöner Goldfisch hing an der Angel. Vorsichtig löste ich den Haken und legte den Fisch in den Eimer.

Sofort schwamm er munter umher.

Dann steckte ich einen neuen Köder an die Angel und warf sie wieder ins Wasser.

Es war ein schönes Tierchen, dieser Fisch. Wie ich gleich bemerkte, war er an verschiedenen Stellen mit scharfen kleinen Stacheln dicht bewaffnet, denn ich hatte mich daran gestochen. Er war ungefähr so lang wie ein großer Hering. Er glänzte von flimmerndem rötlichem Gold, und eine Menge purpurroter Flecken bedeckte den ganzen Leib.

188

Vor Freude an dem Fischlein vernachlässigte ich meine Pflicht am Steuer und schaute viel öfter als nötig nach den Schnüren.

Die Folge war, daß wir immer mehr in einer ungeraden Linie, ja in einem Zickzack segelten.

Aber schöne Goldfische gab es hier; da hatte der Matrose recht.

Sie bissen so fleißig an, daß ich in weniger als einer Stunde wohl ein Dutzend herrlicher lebender Goldfische im Eimer hatte. – Da plötzlich überraschte mich der Steuermann, als ich eben eine Schnur aufzog.

„Hallo!" rief er etwas streng, „was ist, kleiner Steuermann? So führst du dein Amt aus?"

Statt zu antworten, zog ich schnell den Goldfisch über das Geländer, hielt ihn hoch und sagte:

„Oh, seien Sie nur nicht böse, Herr Steuermann. Ich kann gut beides besorgen."

Rasch warf ich den Goldfisch in den Eimer, die Schnur ins Wasser und lief wieder zum Steuer.

Die Magnetnadel war nur zwei Striche zu weit nach rechts gegangen.

Sofort drehte ich das Steuer mit gewohnter Fertigkeit, und der Fehler war wiedergutgemacht.

„Sehen Sie, Herr Steuermann", sagte ich beschwichtigend, „wir sind wieder auf dem rechten Weg."

Kopfschüttelnd erwiderte er:

„Ja, ja. Augenblicklich scheint aber hier an Bord nicht alles so ganz zu stimmen. Du kannst froh sein, daß der Wind so schwach ist, sonst würde es nicht so leicht mit deinen zwei Geschäften gehen."

„Ja, das ist wahr. Aber es ist für einen der Matrosen; für ihn muß ich auf die Angeln aufpassen. Ich fürchte, er würde böse werden, wenn ich es nicht täte."

„Was will der denn mit den Goldfischen?"

„Er sagte, sie sollten heute unser Abendessen werden."

Der Steuermann lachte.

„So, so, ein Abendessen soll das geben? Es wird aber doch gut sein, mein Junge, wenn du besser auf das Steuer achtgibst, ich müßte dich sonst absetzen."

Damit wandte er sich um und wollte gehen.

Ich aber rief ihm nach:

„Herr Steuermann, darf ich gar nicht mehr nach den Fischen sehen?"

Mit dem Zeigefinger drohend, meinte er:

„Ja, schon, aber nur nicht zu oft!"

Zum Glück kam bald der große Matrose wieder auf Deck. Sein Gesicht war noch röter als zuvor, es glühte förmlich. Gleich wackelte er auf mich zu.

Ich empfing ihn mit der boshaften Bemerkung:

„Haben Sie Kopfweh? Das Blut ist Ihnen so ins Gesicht gestiegen."

„Laß es steigen, wohin es will! Hast du Goldfische gefangen?"

Schnell hielt ich meine Hände über den Eimer und sagte:

„Raten Sie mal, wieviel ich habe."

Der Mann war aber nicht zum Spaßen aufgelegt. Er stieß mich auf die Seite und schaute in den Eimer.

Als er die vielen Goldfische erblickte, wurde er freundlicher.

„Ha! das ist ja eine ganze Menge! Das hast du gut gemacht, Junge. Du sollst dafür auch den größten zum Abendessen bekommen. Ich glaube, wir haben für diesmal genug."

Sprach's, nahm den Eimer, und – o weh! im nächsten Augenblick strauchelte er am Mast, fiel um, und der Inhalt des Eimers lief übers Deck.

Ich eilte herbei und wollte ihm helfen, die zappelnden Goldfische wieder einzufangen.

Aber da kam ich schlecht an. Er stieß mich weg und schrie:

„Fort mit dir! Glaubst du, ich könnte mir nicht selbst helfen? Mach dich ans Steuer!"

Mit großer Mühe brachte der Wankende die Goldfische wieder in den Eimer und verschwand damit in seine Kajüte.

Bald ertönten zu seinem Empfang von unten her lebhafte Rufe, und das Fest ging unter Gesang und Späßen lustig weiter.

Doch alles hat sein Ende.

Die Matrosen kamen einer nach dem anderen auf Deck, um frische Luft zu schöpfen, und der Steuermann löste mich ab.

Darauf wurde ich zu einer kleinen Weinbowle in die Kapitänskajüte eingeladen.

Aber lange blieb ich nicht unten.

Ich wollte sehen, wie die Goldfische zubereitet würden, und suchte meinen Freund Owe auf.

Da gab's nun eine Überraschung.

Owe war nicht in der Kombüse. Ich traf ihn vorn im Schiff. Er hatte eine Harmonika auf dem Schoß und spielte den angeheiterten Matrosen dänische Tanz- und Volksweisen auf.

Wie ich da unseren kleinen Koch anstaunte! Gleich setzte ich mich an seine Seite und schaute und hörte aufmerksam seiner Musik zu.

Der große „Goldfisch"-Matrose verlangte mehrmals eine bestimmte Polka. Als sie zum dritten- und viertenmal gespielt war, fragte ich ihn:

„Warum wollen Sie denn gerade die so oft haben?"

„Warum? Weil sie so schön ist", antwortete er. „Meinst du nicht auch? Es ist doch die Hammerpolka. Kennst du sie nicht? – Und soll ich dir sagen, wo ich sie kennengelernt habe? – In dem gemütlichen Wirtshaus von Kopenhagen. – Und willst du wissen, wie das heißt? – ‚Grüne Laterne' heißt es. Es liegt kaum eine Viertelstunde vom Neuhafen. – Und die Musik, die es dort gibt! Die muß man gehört haben, mein Junge! So ein Wirtshaus gibt es auf ganz Island nicht. Hast du verstanden?"

„Ja, das glaube ich gern", gab ich zur Antwort. „In all diesen Dingen sind wir ja in Island noch weit zurück."

„Kannst mir glauben", fuhr er fort, „für Matrosen ist die ‚Grüne Laterne' eine der besten Stuben in Kopenhagen. Ich kann euch allen nur raten, sie aufzusuchen, wenn wir in die Hauptstadt kommen."

Die Matrosen schienen alle Kopenhagen genau zu kennen. Und da es nichts gab, was ich lieber hörte, wollte ich sie über die Stadt ausfragen.

„Ist Kopenhagen wirklich so schön, wie man sagt?"

„Kopenhagen!" antwortete der große Matrose, der das Wort führte; „ob Kopenhagen schön ist? – Das will ich meinen! Es ist eine herrliche Stadt. Ja, das ist sie. Und wenn du dahin kommst, wirst du noch große Augen machen. Verstehst du, mein Junge?"

„Wie hoch sind dort die Häuser? Wohl wie der Mast hier?"
„Wie dieser Mast? – Ha, ha, ha! Du hast eine Ahnung! In Kopenhagen gibt es Häuser, die doppelt, dreimal so hoch sind wie dieser Mast da."
„Wie? Dreimal so hoch wie dieser Mast? – Nein, das ist doch nicht möglich."
„Und doch ist es wahr. – Und die Türme in Kopenhagen, die sind wenigstens noch doppelt so hoch wie die höchsten Häuser."
„Aber das ist doch kaum zu glauben."
„Wie? Das glaubst du nicht? – Du wirst es schon noch glauben. Da ist zum Beispiel die Erlöserkirche. Die hat einen Turm so hoch, daß eine Figur, die obendrauf steht und weit größer als ein Mensch ist, unten von der Straße aussieht, wie eine kleine Puppe. Dieser Turm ist allerdings der höchste in Kopenhagen. Hast du verstanden?"
„Das muß aber sonderbar aussehen."
„Und dann gibt es mitten in der Stadt einen anderen Turm. Da geht innen ein breiter Wendelweg bis zu der Spitze, und dieser Weg hat keine Stufen und ist so breit wie eine Landstraße."
„Oh, davon hat meine Mutter mir schon erzählt. Heißt er nicht der Runde Turm?"
„Ja, das ist der Runde Turm. Du kennst also schon etwas von Kopenhagen?"
„Ja, aber nur sehr wenig."
„Du sollst mal sehen, wie es in Kopenhagen abends aussieht, wenn die Straßenlaternen angezündet sind! Das ist erst eine Pracht, mein Junge!"
„Was brennt denn in diesen Laternen? Talg- oder Stearinkerzen oder Tranlampen?"
Die Matrosen lachten hell auf.
„Nur langsam!" sagte der Große, „wir dürfen nicht über ihn lachen. Er hat ja die Welt noch nicht gesehen. Du meinst also, mein Junge, es brennen Kerzen oder Tranlampen in den Straßenlaternen? Nein, so ist es nicht. Aber ich will dir sagen, was es ist: es ist reine Luft."
„Luft? – Die Luft brennt in den Laternen von Kopenhagen? Nein, das kann ich nun doch nicht glauben."

„Und trotzdem hast du es zu glauben", bekräftigte er überlegen.

„Und du wirst noch ganz andere Dinge glauben müssen, von denen du nie etwas gehört oder gesehen hast. Also paß auf. In den Straßenlaternen von Kopenhagen befindet sich eine neue Art Lampen. Die bestehen aus nichts anderem als einem einzigen Metallröhrchen, und da brennt das Licht ohne Öl, Tran, Docht oder dergleichen."

„Wie ist das aber möglich?"

„Heutzutage ist alles möglich, mein Junge. Aus diesen Röhrchen strömt eine Art Luft. Diese Luft wird angezündet, und dann brennt sie so hell und stark, daß man mitten in der Nacht auf den Straßen lesen kann wie am hellen Tag."

„Das ist aber doch ganz wunderbar!"

„Ja, und du wirst noch andere Wunder in Kopenhagen zu sehen bekommen, so zum Beispiel die ‚Wälzenpeter‘."

„Wälzenpeter! Was ist denn das?"

„Das ist ein Fahrzeug mit zwei Rädern hintereinander. Es wird von keinem Pferd gezogen. Man setzt sich darauf und tritt links und rechts mit den Füßen, und dann fährt es schneller, als ein Pferd laufen kann."

„Das wäre ja die reinste Zauberei. Ist das auch wirklich wahr?"

„Das kann dir als Zauberei vorkommen, aber es ist doch wahr. Du hast noch nicht viel von der Welt gesehen und kennst nichts von den neuen Erfindungen. Ha! du wirst Augen machen, wenn du alle diese Dinge siehst."

„Können die ‚Wälzenpeter‘ auch durch die Luft fliegen?"

„Nein, das gerade nicht. Aber durch die Luft fliegen kann man in Kopenhagen auch."

„Wirklich? In Kopenhagen kann man durch die Luft fliegen?"

„Ja, das kann man dort. Das macht man mit Luftballons. Die steigen dort zuweilen auf.

Aber nun muß ich dir noch etwas anderes erzählen, das du sehen solltest, wenn du nach Kopenhagen kommst. Es liegt zwar nicht in der Stadt selbst, sondern etwa sieben Kilometer davon entfernt. Das ist der größte Wald, den man Tiergarten nennt wegen der vielen Hirsche, die darin leben. Einen solchen Wald hast du auf Island auch noch nicht gesehen."

„Nein, aber ich habe schon Bilder von ihm gesehen. Danach muß dieser Wald wohl das Schönste sein, was es auf der Welt gibt."

„Kann wohl sein. Nun freue dich, bei Kopenhagen wirst du wirkliche Wälder sehen. Und da ist eine Stelle im Tiergarten, die du vor allem anschauen mußt. Das ist Dyrehavsbakken."

„Dyrehavsbakken? – Was ist das?"

„Ja, das ist etwas, das man nicht mit einem Wort sagen kann. Es ist eine Anhöhe, mitten in dem herrlichen, grünen Wald, in der Nähe einer Stelle, die Klampenborg heißt.

Da gibt es allerhand große und kleine Belustigungsstätten: Tanzstuben, Wirtschaften, Kaufläden, Karussells und noch vieles andere. Alles strömt von Kopenhagen dort hinaus, um sich zu erholen und zu erheitern. Abends ist dann Musik, ich sage dir, die schönste Musik, die man sich denken kann.

Da wird nicht gespart mit den Stücken, da geht es immer fort. Und es gibt kein einziges Instrument, glaube ich, das auf Dyrehavsbakken nicht zu finden wäre. Und alle spielen zusammen, Horn, Piano, Drehorgel, Harmonika, Flöte und viele andere. Rechts und links schlägt man auf große Trommeln, und zwischen hinein schießt man mit Gewehren und Kanonen. Ja, glaube mir, mein Junge, das ist eine Musik, die muß man hören! Da hat man für sein Geld auch was, das heißt, es kostet nichts, man kann alles umsonst sehen und hören."

Mir ging es rund im Kopf herum, wie der Mann so erzählte, und es wurde mir immer mehr klar, daß ich von der Welt und ihren Herrlichkeiten noch nichts gesehen hatte.

„Ferner, mein Junge", fuhr der Matrose fort, „gibt es dort Eisenbahnen; die hast du auch noch nie gesehen."

„Eisenbahnen gibt es in Kopenhagen auch?"

„Ja, sie fahren von Kopenhagen über das ganze Land und kommen wieder dorthin zurück."

„Ist es wahr, daß sie so schnell fahren? Ich habe gehört, sie fahren ebenso schnell wie der Blitz."

„Ja, das ist wahr. Sie fahren so schnell, daß du dir keine Vorstellung machen kannst. Man setzt sich in einen Wagen, und der

Zug fährt fort über Felder und Wiesen, über Flüsse und Seen, durch Busch und Wald. Und wenn man aus dem Fenster schaut, weißt du, was man dann sieht? Man sieht Bäume und Telegrafenstangen, Häuser und Hügel und Wälder und Menschen und Tiere mit Blitzesschnelle vorbeifliegen."

„Aber ich glaubte, es sei der Eisenbahnzug, der davoneilt, nicht diese Gegenstände."

„Allerdings; das kommt einem eben nur so vor."

„Wie muß das doch wunderbar sein, wenn man in einem solchen Zug fährt!"

„Ja, mein Junge, das alles kannst du selbst sehen und mitmachen, wenn du nach Dänemark kommst." –

Indessen war es für Owe Zeit geworden, das Abendessen zu bereiten. Er ging in seine Küche, und wir standen ebenfalls auf.

Nach kurzer Zeit schon brachte Owe ein leckeres Mahl auf den Tisch: die Goldfische, duftend und fein gebraten, fast so köstlich wie Forellen, dazu die aufgewärmten Reste des englischen Sackpuddings.

Nach dem Abendessen wurden wie gewöhnlich die zwei Laternen, die rote und die grüne, je an einer Seite des Schiffes aufgehängt, und der Kapitän übernahm das Steuer.

So ging der festliche Tag zu Ende.

Am Abend erlebten wir aber ganz unerwartet noch eine andere Überraschung.

Die Matrosen saßen in ihrer Kajüte beisammen und tranken heiter und fröhlich ihren Punsch zu Ende.

Owe und ich waren bei ihnen.

Es war ein herrlicher, stiller Abend, die Luft war ruhig und warm.

Da auf einmal erklang vom Deck her Gesang.

Aus wunderbarer Herbstnacht schwebte er zu uns herab wie ein zarter, frischer Lufthauch.

Mit angehaltenem Atem lauschten wir alle auf.

„Hört ihr? Das ist der Steuermann!" flüsterte Owe.

Wir saßen da und regten uns nicht.

Jetzt konnten wir deutlich die Worte vernehmen:

„Es kommt der große Meister,
Er müht sich schwer und heiß;
Er sitzt am Feuertiegel
und schmilzt das Silber mit Fleiß."

Dann folgte eine kurze Pause.
Und wieder sang es klangvoll:

„Er harrt des Augenblickes,
Mit Lieb er ihn erspäht,
Wo klar sein eigen Bildnis
Im Silberspiegel steht."

Leise schlich ich auf Zehen einige Stufen die Treppe hinauf und
steckte den Kopf ein wenig heraus.
Da stand der Steuermann im Halbdunkel an den Mast gelehnt,
hielt die Hände auf dem Rücken und schaute zu dem nächt-
lichen Sternenhimmel auf.
Still wie ich gekommen war, ging ich wieder hinab an meinen
Platz.
Er sang weiter:

„Es kommt der große Meister,
Er schmilzt den Sinn dir ein;
Er sitzt an der Herzensgrube
Und schaut in die Seelen hinein."

„Was ist denn das für ein schönes Lied?" bemerkte der kranke
Matrose.
„Das ist von Ingemann", sagte Owe; „ich weiß es von der
Schule her."
Der Steuermann fuhr fort:

„Und wenn in Herzenstiefen
Sein Bildnis leuchtend lacht,
Dann freut sich der hohe Meister,
Dann ist sein Werk vollbracht."

Jetzt hörte der Sänger auf, und wir getrauten uns beinahe nicht,
das Schweigen zu stören.
Ich hatte weder das Gedicht noch die Melodie jemals gehört,

196

und obwohl ich jedes Wort verstanden hatte, konnte ich mir doch den Sinn des Ganzen nicht erklären.

Ich wußte nur, daß die Rede war von dem großen Meister, der an der Herzensgrube sitzt und in die Seelen schaut.

Das muß wohl der allwissende Gott sein, dachte ich.

Aber was der Schmelztiegel bedeuten sollte und der Silberspiegel, worin der Meister sein Bild sah, das konnte ich nicht verstehen.

Das Lied hatte auf uns alle einen tiefen Eindruck gemacht. Nachdenkend und stumm saßen wir da.

Würde mir doch jemand den Sinn des Gedichtes erklären, sagte ich im stillen zu mir.

Da nahm der große Matrose wieder das Wort.

„Hör mal, Owe, du sagtest eben, Ingemann habe diese Verse gedichtet. Weißt du vielleicht mehr darüber?"

„Ja, unser Lehrer hat es einmal in der Schule erklärt."

„Was hat er denn gesagt?"

„So genau kann ich mich nicht mehr erinnern; aber was ich noch weiß, will ich euch gerne erzählen.

Der Lehrer sagte, das Gedicht sei auf folgende Weise zustande gekommen: Ingemann kam einst auf einer Reise in Schweden in eine Werkstatt, wo Gold, Silber und andere Edelmetalle geschmolzen wurden.

Man führte ihn herum, und da kam er zu einem Schmelztiegel, worin man Silber schmolz. Er blieb stehen und schaute zu.

Das geschmolzene Silber war anfangs voll von Schmutz, der auf der Oberfläche schwamm. Der Meister nahm den Tiegel vom Feuer, entfernte den Schmutz und schob den Tiegel wieder in die Glut.

Nach einiger Zeit zog er ihn wieder heraus und reinigte die Oberfläche von neuem. Dies wiederholte er so lange, bis das flüssige Silber spiegelklar geworden war.

Als er nun deutlich darin sein eigenes Bild erkannte, war das ein Beweis für ihn, daß das Silber vollkommen rein sei.

Bei dieser Gelegenheit soll Ingemann der Gedanke gekommen sein, daß Gott der Herr auf ähnliche Weise die Seelen läutere, wie dort das Silber gereinigt wurde. Und alsbald schrieb er sein Gedicht nieder."

Mit Spannung hatten wir alle Owe zugehört.

„Weshalb mag wohl der Steuermann dieses Lied gerade jetzt gesungen haben?" fragte ich.

„Das mußt du dir schon selbst von ihm sagen lassen", erwiderte der große Matrose. „Jedenfalls kann es weder dir noch uns schaden, zuweilen an Gott zu denken. Hast du verstanden, Jüngelchen? – Und nun gute Nacht! alle Mann, ich geh jetzt zu Bett."

„Gute Nacht!" antworteten wir alle zusammen und begaben uns dann ebenfalls zur Ruhe.

Der Kapitän und ein Matrose hielten Steuer und Wacht.

Sanft wiegte das Schifflein uns in Schlummer und trug bei klarer Sternenpracht uns über die tiefen Wasser.

20. An der Küste Norwegens

„Nonni! Nonni! Wann stehst du denn auf?" rief am Morgen Owe mir laut in die Ohren.

Langsam hob ich den Kopf, rieb mir die Augen und sah meinen dänischen Freund an meinem Bett stehen.

„Mach schnell, Nonni! Ein Boot vom Land!"

Jetzt erst wurde ich wach und sprang aus dem Bett wie von einer Tarantel gestochen.

„Ein Boot vom Lande! – Was für ein Land?" fragte ich und griff in aller Hast nach meinen Kleidern.

„Norwegen natürlich."

„Sind wir denn nach Norwegen gekommen?"

„Ja, unser kleiner Singvogel ist heute früh fortgeflogen. Wir sind schon lange an der Küste. Wir haben den schönsten Sonnenschein. Alles da drüben auf dem Land können wir sehen."

„Ist das wahr, Owe?"

„Ja, Nonni, man sieht deutlich die Häuser und auch die Menschen. Nahe am Strand stehen schöne Gebäude, und Kinder laufen umher und spielen auf den Wiesen."

„Oh, wie herrlich, Owe!" rief ich und zog mich schnell an.

Als ich oben ankam, lag vor uns die norwegische Küste im hellen Sonnenschein: hohe Abhänge, saftige, grüne Wiesen, Häuser und Höfe mit roten Dächern und am Strand Kinder, die ausgelassen herumtobten.

Das war also Norwegen, das Land, das mir schon aus den alten Sagas bekannt war, das Land der mächtigen Jarle und Könige, das Land eines Harald und Olaf, eines Hakon und Erik Blutaxt.

Das schöne und alte Norwegen!

Das Land, von dem aus meine Vorfahren in längst vergangenen Zeiten zum fernen Island zogen.

Das war also mein erster Blick auf die Welt, von der ich so lange geträumt hatte!

„Das Boot kommt, Nonni! Wollen wir uns nicht die Norweger ansehen?"

Es war Owe, der mich aus meinen Gedanken riß und mich in die Wirklichkeit zurückrief.

„O ja, das wollen wir. Aber wo ist das Boot?"

Jetzt erst warf ich einen Blick auf die See und entdeckte ein Ruderboot, das in rascher Fahrt herankam.

Fünf Männer saßen darin, einer am Steuer, die vier anderen an den Rudern.

Schon näherte sich das Boot und glitt in einem leichten Bogen an die Seite unseres Schiffes.

Wie auf Kommando wurden alle Ruder eingezogen, und die kräftigen Hände der Ruderer fingen ein Tau auf, das einer von unseren Matrosen ihnen zuwarf.

„Guten Morgen!" riefen sie zu uns herauf und nahmen die Mützen ab.

„Guten Morgen!" erwiderten wir den Gruß.

„Von wo kommen Sie?"

„Von Island", antwortete der Steuermann.

„Haben Sie eine gute Überfahrt gehabt?"

„Nein."

„Sturm?"

„Ja."

„Eisberge?"

„In Masse."

„Wie lange hat die Reise gedauert?"

„Bald einen Monat."

„Ja so!"

Die Norweger nickten sich ernsthaft zu.

Kapitän Foß fragte:

„Ist im letzten Monat auf dem Festland etwas von Bedeutung vorgefallen?"

„Ja, der Krieg zwischen Frankreich und Deutschland ist in vollem Gang."

Wir lehnten uns alle über die Reling und horchten in atemloser Spannung.

„Gab es schon Verluste?"

„Leider ja. Es hat ein Gefecht bei Wörth stattgefunden, das viele Menschenleben kostete."

„Wie schrecklich! Wenn es doch gelingen könnte, Streitfragen zwischen den Völkern auf menschlichere Art auszutragen!"

„Ja, wenn wir doch erst so weit wären!"

Wir schauten uns alle ernst an. – Diese Nachricht hatten wir nicht erwartet. Wie mußte es jetzt den Menschen zumute sein, die in den Kriegsgebieten wohnten!

Alle wären sicher lieber ihrer friedlichen Arbeit nachgegangen. Jetzt sind sie in Not, und vielleicht müssen Tausende von ihnen fort in die Fremde ziehen.

Die Leute vom Boot riefen herauf:

„Wünschen Sie Milch oder Rahm?"

„Ja gern", antworteten Kapitän und Steuermann beide zugleich.

200

Und der Kapitän fügte hinzu:
„Kommt doch alle zu uns herauf und bringt die Milch und den Rahm mit und erzählt uns etwas mehr von diesen Ereignissen."
Behend kletterten die Norweger die Leiter herauf.
Der Steuermann nahm die Milch und den Rahm entgegen und bezahlte den verlangten Preis.
Dann ließ der Kapitän die Leute Platz nehmen.
„Hat der deutsch-französische Krieg sonst Folgen gehabt?"
„Ja, Herr Kapitän, besonders für Dänemark."
„Wieso?"
„Die dänische Regierung überlegt ein Bündnis mit Frankreich gegen Deutschland. Die Dänen hoffen auf diese Weise ihre zwei verlorenen Provinzen Schleswig und Holstein wiederzugewinnen."
„Ist der Krieg zwischen Dänemark und Deutschland schon erklärt?"
„Nein, noch nicht. Der dänische König soll als einziger gegen den Plan sein."
„Also bis jetzt bestehen keine Feindseligkeiten zwischen Dänemark und Deutschland?"
„Nein, soviel ich weiß, noch nicht. Aber sie können jeden Tag ausbrechen."
Der Kapitän war nachdenklich geworden und schaute vor sich hin.
Nach einer kleinen Weile wandte er sich an den Steuermann und sagte:
„Das sind ernste Dinge; die können für uns sehr verhängnisvoll werden."
Der Steuermann nickte zustimmend.
„Was meinen Sie damit?" fragte ein Norweger.
„Ja, sehen Sie", erwiderte Kapitän Foß, „wir sind Dänen und befinden uns auf dem Weg nach Kopenhagen. Sollte Dänemark wirklich daran denken, Deutschland den Krieg zu erklären, dann ist es sehr gut möglich, daß die Preußen bereits Kaperschiffe in diesen Fahrwassern haben und auf alle dänischen Fahrzeuge, die sie finden, Jagd machen. Der Weg nach Kopenhagen könnte somit für uns gefährlich sein."

„Da haben Sie recht", antwortete der Norweger.

„Dann wäre es vorläufig gewiß nicht ratsam weiterzusegeln", meinte der Steuermann.

„Ja, aber wo sollen wir dann hin?"
Fragend schaute der Kapitän den norwegischen Bootsführer an.

„Wenn ich Ihnen einen Rat geben darf", sagte dieser, „so meine ich, Sie sollten den Hafen von Bergen zu erreichen suchen und dort liegenblieben, bis der Weg nach Kopenhagen frei ist."

„Das ist ein guter Rat", sagte der Kapitän. „Wir sind ja nicht weit von Bergen. Was meinen Sie, Steuermann?"
Der Steuermann bedachte sich etwas.

„Ich glaube, wir sollten sehen, daß wir einige der neuesten Zeitungen bekommen. Erst dann können wir einen Beschluß fassen."

„Haben Sie vielleicht einige Tagesblätter bei sich?" fragte der Kapitän den Norweger.

„Leider nicht. Aber wenn Sie so lange warten wollen, will ich Ihnen gern die letzten Zeitungen besorgen und sie noch vor Mittag hierher bringen lassen."

„Ich danke Ihnen", sagte der Kapitän; „das wird wohl das beste sein."

„Gut, also; ich werde so schnell wie möglich meinen kleinen Sohn zu Ihnen schicken."

„Ja, sind Sie so gut", antwortete Kapitän Foß.
Die Norweger nahmen nun Abschied von uns, kletterten die Leiter hinab in ihr Boot und ruderten dem Lande zu.

Auf unserem Schiff wurde jetzt selbstverständlich über nichts anderes gesprochen als über den Krieg zwischen Deutschland und Frankreich und die Stellung Dänemarks dazu.

„Wird das kleine Dänemark wirklich diesen Schritt wagen?"
Diese Frage flog von Mund zu Mund. Die Ansichten waren geteilt.

Der große Matrose meinte, es wäre eine arge Dummheit, wenn Dänemark es nicht täte.

„Jetzt oder nie!" schrie er wiederholt mit erregter Stimme.
„Wenn wir unsere verlorenen Provinzen zurückhaben wollen,

202

so muß es jetzt geschehen, solange die Preußen vollauf mit den Franzosen zu tun haben. Nie wird sich wieder eine so günstige Gelegenheit bieten."

„Aber", bemerkte ein anderer, „wenn der Krieg nicht so ausgeht, wie die dänische Regierung es erwartet?"

„Bist du von Sinnen, Mensch?" fuhr der Große ihn an.

„Ein Krieg geht immer gut für die eigene Sache aus, wenn man sie nur fest genug will!"

„Ist das wirklich wahr? Warum soll das denn immer so sein? Es gibt doch auch Stärkere, als ich einer bin!"

„Du siehst auch nicht weiter, als deine Nase reicht. Es gibt doch auch Kriegslisten, begreifst du das denn nicht? Einen Krieg verliert nicht der Schwächere, sondern der Dümmere. Das ist doch so klar, wie zwei mal zwei vier ist."

Solch „weisen" Worten wagte niemand zu widersprechen.

Doch bei näherem Nachdenken kam mir der Matrose etwas zu großsprecherisch vor, um ihn ernst nehmen zu können. Ich wußte mir aber selber nicht zu raten und wünschte, mit irgend jemand über diese Sache sprechen zu können, der es besser verstand.

Da fiel mir ein, daß ich die Sache auch noch mit Owe besprechen könnte.

Ich ging also zu ihm und fragte ihn, was er meine.

„Weißt du was, Nonni?" war seine Antwort, „ich glaube nicht, daß es nur darauf ankommt, wer listiger ist. Und wenn es je so wäre, dann schiene es mir doch viel besser, wenn die Menschen ihre Klugheit darauf verwenden wollten, die Kriege zu verhindern, statt sich die Köpfe blutig zu schlagen, in welchen ja die Klugheit sitzt."

Einige Stunden vergingen. Da bemerkte ich unter den Leuten auf Deck eine Bewegung.

Das sehnlichst erwartete Boot stieß vom Strand.

Deutlich konnten wir den flinken kleinen Norweger erkennen.

Er ruderte kräftig und rasch wie ein echter Seemann.

Eher als wir glaubten, lag er an der Seite unseres Schiffes.

„Guten Tag!" rief er und band das Boot fest.

Mit einem Pack Zeitungen unter dem Arm stieg er schnell zum Deck herauf.

Der Junge ging zum Kapitän, übergab ihm die Zeitungen und sagte:

„Herr Kapitän, das kostet eine halbe Mark."

„Das ist ja billig, mein Junge", lächelte der Kapitän und zahlte ihm das Geld.

„Da mußt du schon noch einen Botenlohn für dich haben."

„Das ist nicht nötig, Herr Kapitän."

„Ich meine aber doch", erwiderte Kapitän Foß und gab ihm noch ein Geldstück dazu.

Der Junge dankte dem Kapitän und fügte hinzu:

„Ich sollte einen Gruß von meinem Vater bringen und Ihnen sagen, Sie möchten sich in acht nehmen; denn bald kommt ein starker Strom, der zum Land hin treibt, und hier in der Nähe sind gefährliche Riffe."

„Grüß deinen Vater, mein Junge, und sag ihm vielen Dank."

Der Junge wollte schon gehen, als der Steuermann ihn zurückhielt und mir zurief:

„Nonni, geh rasch in die Kajüte hinab und hol einige Rosinen für den kleinen Norweger."

Das ließ ich mir nicht zweimal sagen. Schnell war ich unten, öffnete die wohlbekannte Lade, füllte meine beiden Hände mit Rosinen und lief wieder hinauf.

Der norwegische Junge strahlte über das ganze Gesicht, als ich ihm die vielen Rosinen reichte.

Erst wußte er gar nicht recht, wohin damit. Da kam ich ihm zu Hilfe. Vorsichtig füllten wir die zwei kleinen Taschen seiner Jacke.

Dann verabschiedete er sich, stieg wieder in sein Boot und ruderte ans Land.

Mit Spannung wartete ich nun darauf, welche Neuigkeiten die Zeitungen brächten.

Doch wie war ich erstaunt, als Kapitän und Steuermann die Blätter liegen ließen und in keines auch nur einen Blick warfen!

„Das ist ganz richtig mit dem Strom", sagte der Kapitän, „die Karte gibt ihn auch an. Aber das ist nun eine böse Geschichte. Gerade jetzt können wir die Segel nicht einsetzen; es geht ja nicht der leiseste Wind."

„Nun, dann müssen wir eben rudern", bemerkte der Steuermann.

„Ja, es ist nichts anderes zu machen", stimmte der Kapitän zu, „und wir dürfen keine Zeit verlieren."

Sofort rief er die Matrosen zusammen und erklärte ihnen kurz:

„Wir befinden uns in ernster Gefahr; der Strom fängt schon an, uns ans Land zu treiben. Solange wir keinen Wind haben, müssen wir rudern, um dem Strom entgegenzuarbeiten."

„Jawohl, Herr Kapitän", antworteten die Matrosen und machten sich eilig ans Werk.

Schnell wurden aus dem Lastraum zwei lange Schiffsruder herbeigeholt.

„Das Boot ins Wasser!" befahl der Kapitän, und sogleich glitt das kleine Boot an der Seite der Strickleiter hinab.

Ein langes Tau wurde hineingeworfen und mit dem einen Ende an einem Ring unter dem Bugspriet, mit dem anderen am Boot befestigt.

Zwei Matrosen erhielten Befehl, in den Kahn zu steigen, und ruderten bald mit aller Kraft, das schwere Schiff vom Land wegzuziehen.

Kapitän und Steuermann ergriffen die zwei großen Ruder und machten sich daran, der eine an der Steuerbord-, der andere an der Backbordseite, das Schiff vorwärts zu bringen.

Doch das lange Tau hing schlaff zwischen Schiff und Boot und spannte sich nur dann ein wenig, wenn sich die Männer besonders anstrengten. Sie schafften es nicht, daß sich das Tau ganz über die Oberfläche erhob. In der Mitte lag es stets im Wasser.

„Ich glaube, wir müssen mitrudern", sagte ich zu Owe. „Geh du zum Kapitän, ich will dem Steuermann helfen."

„Ja, du hast recht", antwortete er. „Dann wird es wohl ganz anders vorangehen!" fügte er spaßend hinzu.

Gesagt, getan.

Die beiden Männer nahmen unsere Hilfe gern an.

Oben auf dem Schiff ruderten nun an jeder Seite ein Mann und ein Junge, während die Matrosen sich im Boot abplagten.

Ob es jetzt rascher voranging als vorher, konnte ich nicht sehen; aber ich bildete es mir zumindest ein.

Eine gute Stunde kämpften wir so gegen den Strom, daß uns der Schweiß vom Gesicht lief.

Da endlich, als wir vor Müdigkeit uns kaum noch regen konnten, meldete sich ein starker Helfer, der allein imstande war, die harte Arbeit zu vollführen: vom Land her strich eine leichte Brise.

„Alle Segel auf!" rief der Kapitän.

Und die Segel flogen nur so in die Höhe.

Das schwache Lüftchen zeigte sich stärker als Kapitän und Steuermann und Matrosen und wir Jungen zusammen.

Lautlos faßte es die Segel, und jetzt erst konnte man sehen, daß unser Schiff auf dem noch spiegelglatten Wasser wirklich vorwärts kam.

Nun vertieften sich Kapitän und Steuermann in die Zeitungen.

Sie lasen lange, gewiß wohl ein paar Stunden.

Die Neuigkeiten vom Festland, von dem sie den ganzen Sommer getrennt gewesen, hielten sie gefangen.

Endlich sagte der Kapitän ernst, er sei dafür, nach Bergen zu segeln und dort zu warten.

Der Steuermann dagegen war der Meinung, man dürfe die Fahrt durch das Skagerrak und Kattegat bis Kopenhagen wagen.

„Aber später", fügte er hinzu, „wenn wir von Kopenhagen nach Bornholm weiterfahren und in die Ostsee kommen, da könnten wir eher Grund zu Besorgnis haben."

Ich hörte, wie sie über die Sache hin und her berieten.

„Ich halte es für ganz ausgeschlossen", sprach der Steuermann weiter, „daß die Dänen sich in den Krieg mischen, zumal jetzt, wo die Preußen die Oberhand haben. Was könnte auch unser kleines dänisches Heer gegen die Riesenheere Deutschlands ausrichten?"

„Schon recht", antwortete der Kapitän, „es wäre Torheit. Aber mit dieser Torheit muß man rechnen. Alle Blätter schreiben öffentlich davon. Es ist aber wohl denkbar, daß die Preußen Gewalttätigkeiten ausüben und dänische Schiffe kapern. Ich bin darum der Ansicht, wir sollten einige Zeit in einem norwegischen Hafen warten."

Der Steuermann verteidigte aber seine entgegengesetzte Meinung.

206

Nach und nach ließ der Kapitän sich für dieselbe Ansicht gewinnen, und das Ende der wichtigen Beratung war, daß so rasch wie möglich nach Kopenhagen gefahren werden sollte. Wir alle nahmen den Beschluß mit großer Zufriedenheit auf. Jeder sehnte sich, bald nach dem schönen Kopenhagen zu kommen und dort sich von den Strapazen der langen Reise zu erholen.

Die Brise nahm zu. Das Schiff glitt rasch über die niedrigen Wellen, und die schöne norwegische Küste zog in ihrer Vielfalt an uns vorüber.

Bald war sie wie ein bunter Teppich von Blumen in roten und gelben und blauen Farben, im Hintergrund die saftiggrünen Berghänge; bald hoben sich stolze dunkle Felsen senkrecht aus dem azurblauen Meer.

Dann wieder zeigte sich eine schmale Bucht oder auch ein Fjord, der so breit wurde, daß das Land eine Zeitlang dem Blick entschwand und erst auf der anderen Seite der Fjordmündung wieder auftauchte.

Als der Abend sich niedersenkte und das Land in Dunkel hüllte, funkelten zahlreiche Lichter herüber von Städten und Dörfern und einsamen Höfen, und in bestimmten Abständen der helle Schein von hohen Leuchttürmen.

Für mich war die norwegische Küste bei dem geheimnisvollen Dunkel der Nacht ebenso fesselnd wie am Tage.

Träumend malte und zeichnete ich die wunderlichsten Dinge an die öden, dunklen Stellen zwischen den leuchtenden Punkten und den großen flammenden Lichtern.

Ich sah Städte und Burgen, anmutige blumenreiche Ebenen, hohe Berge und tiefe Täler, kurz, eine Landschaft, die noch weit alles übertraf, was ich tagsüber geschaut hatte.

Und als es immer dunkler wurde, leuchteten rundumher auf dem Wasser Licht um Licht, farbige Feuer, die sich nach allen Richtungen hin bewegten.

Sie sahen aus wie rote, grüne, goldne Sterne, die gespenstisch unser Schiff umschwärmten.

Ich fragte den Steuermann, was das sei.

„Weißt du das nicht? Das sind Schiffe und Boote, die auf der See fahren geradeso wie wir. Sobald es dunkel wird, müssen sie drei Laternen anzünden, eine rote, eine grüne und eine weiße. Nur so kann man sie in der Dunkelheit wahrnehmen. Die verschiedenen Lichter geben zugleich an, in welche Richtung die Schiffe fahren. Hätten sie keine Laternen, so würden sie nachts leicht zusammenstoßen."

„Aber", fragte ich weiter, „warum sind denn eben jetzt so viele Schiffe um uns herum?"

„Es sind wahrscheinlich Fischerboote, die heimkehren."

Damit hatte sich für mich der ganze Zauber aufgelöst.

Ich schämte mich fast, daß ich nicht selbst darauf gekommen war. Unser eigenes Schiff führte ja immer diese drei Lichter, sobald es dunkel wurde.

Als ich zu Bett ging, fühlte ich mich in einer ganz anderen Stimmung als sonst.

Mein Herz schlug schneller.

Schon winkte mein Ziel so nahe, und die Schönheit der norwegischen Küste war mir ein Bild gewesen von den Herrlichkeiten, die auf mich warteten.

21. Dänemark

Am folgenden Tag befanden wir uns wieder auf offener See.
Norwegen war verschwunden und kein anderes Land in Sicht.
Aber es war doch nicht mehr so einsam wie früher.

Wir sahen Schiffe rund umher, zur Rechten und zur Linken,
vor und hinter uns, Dampf- und Segelschiffe, große und kleine:
reger Verkehr und Leben überall.

Wir waren in die Nähe der großen Welt gekommen, einer
neuen, zaubervollen Welt für mich!

Immer mehr eilten meine Gedanken unserem Schifflein voraus, dem Ziele entgegen.

Nur wenige Nächte noch sollte ich hier zubringen – meine letzten Nächte auf dem Meer!

Die kommenden Ereignisse umschwirrten mich wie glänzende,
flatternde Schmetterlinge.

In Kopenhagen also sollte ich ans Land steigen.

Und was dann?

Ja, dann sollte ich gleich zu Professor Gisli Brynjulfsson gehen.

Aber wo wohnte er doch wieder?

Ich holte mein Notizbuch hervor, das schöne Notizbuch meines
verstorbenen Vaters, das die Mutter mir mitgegeben hatte.

Hier stand die Adresse: Dosseringen. An den Seen.

Sonderbares Wort. Was mochte das wohl sein, dieses Dosse-ringen? Nun, später würde ich es ja mit eigenen Augen sehen.
Und dann würde Herr Gisli Brynjulfsson mich zu Herrn Grü-der begleiten.
Ich suchte auch dessen Name und Adresse: Präfekt Grüder, Bredgade 64, bei der Ansgarkirche. In Klammern stand dane-ben: Norgesgade.
Die Straße mußte also wohl zwei Namen haben.
Ansgarkirche. Ich merkte mir besonders dieses Wort. Ansgar war ja der Apostel des Nordens.
Ich erinnerte mich, daß ich einst ein schönes, kleines Heft über sein Leben gelesen hatte. Er war in Frankreich geboren, kam also gerade von dem Lande, wohin ich jetzt reisen sollte.
Eigentümlich, dachte ich, daß ich bei einer Kirche wohnen soll, die den Namen dieses französischen Mannes trägt.
Ab und zu überfiel mich ein eigenartiges Bangen vor dem unsi-cheren und unbekannten Etwas.
Schließlich machte ich mich daran, meine Sachen zu ordnen. Mein Koffer mußte bereit, alle Sachen gut eingepackt sein.
So ging der Tag hin und noch ein paar Tage dazu. –
Das alltägliche Leben an Bord hatte sich auch verändert.
Im Tun und Treiben der Leute machte sich eine sonderbare Unruhe bemerkbar. Das Schiff wurde gescheuert und gerei-nigt, Kleider und Tücher gewaschen.
„Wozu doch all dieses Waschen und Scheuern?" fragte ich ei-nen der Matrosen.
„Weil wir bald in Kopenhagen sind", war seine Antwort. „Da muß alles schön und sauber sein." –
Die Aussicht war immer dieselbe: Himmel und Wasser und die vielen Schiffe; und es schien mir, daß die Zahl der Schiffe wuchs, je näher wir Kopenhagen kamen.
Das Wetter war andauernd schön.
Die Sonne schien hell und warm, die Luft war klar und rein, eine sanfte Brise schwellte leicht die Segel.
Und dann kam der große Tag, an dem das ersehnte Dänemark aus dem Meer emportauchte!
Als ich mich an jenem Morgen auf Deck begab, lief ich Owe in die Arme.

210

„Gut, daß du kommst, Nonni. Man sieht schon Skagen!"

„Skagen? Was ist das?"

„Weißt du das nicht? Das ist die nördlichste Spitze von Jütland!"

Ich warf einen Blick nach allen Seiten, sah aber nichts als Meer und Himmel.

Owe kam mir zu Hilfe und zeigte mit dem Finger nach rechts.

Ich strengte meine Augen an und entdeckte wirklich weit in der Ferne unten am Rand des Wassers etwas, das aussah wie ein ganz dünner, schwarzer Streifen, ähnlich einer mit einem Lineal gezogenen Linie.

„Ist das Skagen, Owe?"

„Jawohl. Es ist das erste, was wir von Dänemark zu sehen bekommen."

„Gott sei Dank!" rief ich voller Freude, „nun sind wir bald in Kopenhagen! Gewiß noch heute, nicht wahr?"

„So schnell geht es nun doch nicht. Weißt du, der Wind ist schwach, wir kommen nur langsam voran. Der Kapitän meint, wir könnten heute und die nächste Nacht nur durch das Skagerrak und Kattegat kommen und dann morgen früh in den Öresund hineinsegeln.

Da wirst du Helsingör und Helsingbor sehen, Kronborg und die Insel Hven und die herrliche Küste von Seeland, wo die berühmten dänischen Buchenwälder ihre Zweige bis ins Meer hinabsenken. Dann erst kommt Kopenhagen."

Das war eine Nachricht! Morgen in den Öresund und morgen auch in Kopenhagen!

Ich ging auf dem Deck hin und her und verlor die schwarze Linie zur Rechten nicht aus dem Auge.

Sie wurde immer deutlicher, und zuletzt sah man einen hohen Turm, der über den flachen Strand emporragte.

Der erste Blick auf Dänemark hinterließ einen noch tieferen Eindruck auf mich als wenige Tage zuvor die abwechslungsreiche norwegische Küste.

Dänemark war ja das nächste Ziel meiner Reise, und es war das Vaterland meines Freundes Owe.

Als ich schließlich müde vom Sehen wurde, fiel mir ein, daß ich eigentlich meinen Freund, den kranken Matrosen, besuchen

und ihm mitteilen müsse, daß sein Heimatland in Sicht sei.
Ich fand ihn auf einer Bank am Tisch, er las in einem Buch.
„Haben Sie schon gehört, daß wir jetzt an Skagen vorbeisegeln?"
„Nein, Nonni, ich glaubte nicht, daß wir schon so weit seien. Kann man wirklich Skagen sehen?"
„Ja, man sieht es ganz deutlich."
„Da muß ich doch machen, daß ich hinaufkomme."
„Glauben Sie, daß es geht?"
„Oh, ich denke schon, Nonni. Es geht jeden Tag besser mit meinem Bein. Ich habe fast keine Schmerzen mehr."
Ich half ihm die Treppe hinauf.
Es war das erste Mal seit seiner Verletzung, daß er sich aufs Deck hinaufwagte.
Das Wort „Dänemark" schien ihm plötzlich die nötigen Kräfte gegeben zu haben.
Lange schaute er auf die sandige Küste seines Vaterlandes und sagte dann:
„Weißt du was, Nonni? Das ist das eigentliche Dänemark. Dies ist nämlich Jütland, und Jütland ist der Hauptteil von Dänemark."
Dann betrachtete er wieder das kleine Stück Land, das dort so niedrig am Horizont lag.
„Wie bin ich doch froh, daß ich mein Vaterland wiedersehe, das liebe kleine Dänemark! Ja, du kannst mir glauben, Nonni, es ist doch ein herrliches Land, nie habe ich ein schöneres gesehen."
Einige Stunden später entschwand Jütland wieder unseren Blicken, und nun segelten wir auf Seeland hin.
Seeland, die liebliche Insel, die ich schon aus den alten isländischen Sagas kannte.
Seeland, das, der Sage nach, die Göttin Gefion mit ihrem Pflug aus Schweden herausschnitt und hierher versetzte.
Beim Abendessen sagte der Kapitän:
„Nonni, morgen früh werden wir in den Öresund segeln und dann im Lauf des Tages noch nach Kopenhagen kommen. Zieh deshalb gleich beim Aufstehen deine besten Kleider an, und pack alle deine Sachen sorgfältig zusammen."

212

„Das werde ich tun, Herr Kapitän."

Bevor ich mich abends hinlegte, ging ich zum Steuermann.

„Herr Steuermann, ich möchte Sie bitten, mich morgen früh zeitig zu wecken. Ich würde gern Helsingör, Kronborg und den schönen Öresund sehen."

„Ja, Nonni, das will ich tun", antwortete er. „Aber woher weißt du denn, daß der Öresund so schön ist?"

„Das hat mir meine Mutter erzählt. Und sie hat auch gesagt, daß die Dänen von Kronberg aus über den Öresund den Schweden fast in die Suppentöpfe sehen können."

„Hat sie dir das wirklich erzählt?"

„Ja, und dann hat sie gesagt, daß die dänische Küste zwischen Helsingör und Kopenhagen ganz grün sei und daß man sie an einigen Stellen kaum sehen könne, weil die Buchenwälder bis nahe an den Strand reichten."

„Das hat sie dir alles erzählt? Nun, ich will dich morgen gern rechtzeitig wecken."

Ich gab dem Steuermann die Hand und ging zu Bett. –

Am folgenden Morgen brauchte ich nicht geweckt zu werden; am letzten Tag der Reise, an dem es nach Kopenhagen ging, wurde ich von selbst wach.

Das Wetter war herrlich. Die Sonne sandte ihre hellsten Strahlen in die Kajüte herein.

Froh stand ich auf, wusch mich sorgfältig und zog meine Sonntagskleider an. Dann eilte ich die Treppe hinauf.

„O wie schön! Wie wunderbar schön!" rief ich aus, als ich oben ankam.

Links und rechts war das Land mit üppigen grünen Wäldern bedeckt.

Das ist sicher der Öresund, dachte ich, und die beiden Länder müssen Dänemark und Schweden sein. – Aber welches von beiden war Dänemark? Ich wußte es nicht.

Da hörte ich eine Stimme hinter mir:

„Aber was sehe ich? Bist du schon aufgestanden, Nonni? Gerade wollte ich hinabgehen und dich wecken."

Es war der Steuermann.

„Ich konnte vor Aufregung nicht länger schlafen", antwortete ich. „Deshalb bin ich gleich aufgestanden."

„Nun, was hältst du von Dänemark? Ist es schön? Ebenso schön wie Island?"

„Ich sehe hier ja zwei Länder, rechts und links eins, und beide scheinen mir fast gleich schön zu sein."

„Das sind sie an dieser Stelle auch. Das Land links ist Schweden. Der Wald dort ist eine große königliche Besitzung nördlich von Helsingborg. Etwas weiter nach Norden hin kannst du den Berg Kullen sehen. – Aber jetzt schau nach rechts. Da liegt Dänemark. Siehst du die grünen Buchenwälder?"

„Sind das die berühmten dänischen Buchenwälder?"

„Ja, das sind sie."

„Ah, die sind freilich schön! So hat meine Mutter sie mir auch beschrieben."

„Dänemark gefällt dir also gut?"

„Ja, sehr gut. Es ist sicher eines der schönsten Länder in der ganzen Welt."

Diese Antwort, ich sah es, gefiel dem Steuermann.

Als ich fortwährend die wundervollen Buchenwälder betrachtete, fragte er:

„Warum schaust du denn so lange auf die Wälder?"

„Oh, es ist das erstemal in meinem Leben, daß ich einen Wald sehe. So etwas gibt es in Island nicht."

„Du wirst heute noch manches zu sehen bekommen, was dir noch nie in deinem Leben begegnet ist."

„Drum bin ich auch so früh aufgestanden."

„Das war recht. Und schau dir nur die dänische Küste gut an, wenn wir durch den Sund fahren. Sie wird immer belebter und schöner, je näher wir nach Kopenhagen kommen."

„Ja, ja, Herr Steuermann, das werde ich schon tun."

Nun mußte ich aber wieder einmal zu meinem Freund Owe gehen.

Der kleine Koch war ebenso wie die Matrosen ganz verändert.

Die Matrosen hatten bereits ihre besten, dunkelblauen Kleider an, trugen hübsche Mützen und schöne rote Seidentücher um den Hals. Hände und Gesicht waren sauber gewaschen, Bart und Haar gekämmt. An ihren Fingern glänzten goldene Ringe, und blank geputzte Uhrketten zierten die Brust.

214

Auch Owe war im feinsten Staat. An Gesicht, Hals und Händen war keine Spur von Ruß. Nie hatte ich ihn so gesehen. „Aber Owe"! rief ich verwundert, „heute bist du aber fein!" „Ja, Nonni, in Kopenhagen darf man nicht anders erscheinen."

Als ich diese Worte hörte, wuchs meine Achtung vor Dänemarks Hauptstadt noch bedeutend, und ich fürchtete, allzu einfach gekleidet zu sein.

Nochmals ging ich in die Kajüte hinab, bürstete meine Kleider, kämmte mich noch einmal und sah im Spiegel nach, ob mein Gesicht ebenso sauber sei wie das von Owe.

Dann lief ich wieder auf Deck und fragte ihn:

„Was meinst du, bin ich nun fein genug für Kopenhagen?" Er betrachtete mich von allen Seiten und sagte schließlich: „Alles ist gut, nur die Schuhe passen nicht. Schuhe wie deine sieht man nirgends in Dänemark."

„Was soll ich dann tun, Owe? Ich habe ja keine anderen."

„Du hattest doch ein Paar Stiefel, als du an Bord kamst."

„Schon. Aber jetzt sind sie fort."

„Wo sind sie denn hingekommen?"

„Sie liegen im Atlantischen Ozean. Eine Welle hat sie während des Sturmes über Bord gespült."

„Dann wird es freilich nicht leicht sein, sie wiederzufinden. – Aber ich will dir etwas sagen, Nonni", tröstete mich Owe, als er mein betrübtes Gesicht bemerkte, „mach dir nur keine Sorgen. Im gewaltigen Straßenverkehr in Kopenhagen wird kein Mensch auf deine Füße schauen. Und wenn du zu dem Präfekten kommst, wird er dir sicher bald neue Schuhe machen lassen."

Owes Worte beruhigten mich.

Doch stellte ich ihm noch die Frage: „Muß man denn in Kopenhagen wirklich so fein sein?"

„Ja, alle Leute sind dort so."

Ich schaute wieder zum Land hin.

Wir befanden uns gerade zwischen Helsingör und Helsingborg. Dies waren die ersten etwas größeren Städte, die ich in meinem Leben sah, wie auch das prachtvolle Kronborg das erste Schloß war, das ich je gesehen.

Owe zeigte mir die alten Kanonen, die auf den hohen Terrassen vor dem Schlosse aufgestellt waren, und erklärte dazu:

„Damit schoß man einst auf die Schiffe, die den Sundzoll nicht bezahlen wollten."

„Ja, das hat mir meine Mutter auch erzählt. – Mußten denn alle Schiffe, die hier vorbeisegelten, Zoll bezahlen?"

„Jawohl, und das gab für Dänemark große Einkünfte. Aber jetzt ist dieser Zoll abgeschafft."

Dann zeigte er auf das gegenüberliegende Helsingborg und sagte:

„Früher gehörte Helsingborg und das ganze Land umher zu Dänemark. Aber die Schweden haben es erobert."

„O wie schade!"

„Ja, Nonni, Dänemark hat noch viele andere Verluste erlitten. Dadurch ist es sehr klein geworden. Doch seine Schönheit hat nicht abgenommen."

„Ja, das glaube ich auch, Owe, und ich verstehe, daß du stolz auf dein Vaterland bist."

Während wir so miteinander sprachen, kamen wir immer weiter in den herrlichen Öresund, der im strahlenden Sonnenschein lag.

Wir gelangten zu einer Insel, die mitten im Sund lag.

„Das ist Hven", sagte Owe. „Dort wohnte einst der größte Astronom Dänemarks, wenn nicht der ganzen Welt. Er hieß Tycho Brahe. Er baute sich auf der Insel ein großes Schloß und nannte es Sternenburg. Dort lebte er manche Jahre und betrachtete die Sterne. Die Ruinen seiner Burg kann man noch sehen. Und denk dir, auch diese Insel haben die Schweden den Dänen weggenommen."

Als wir an der kleinen Insel vorbei waren, zeigte Owe in die Ferne:

„Jetzt schau mal genau dorthin. Kannst du da etwas erkennen?"

„Ja, ich glaube gerade über dem Wasser dahinten Wolken, Rauch und Nebel zu sehen, und dann noch einige hohe Stangen oder Masten, die daraus hervorragen."

„Und weißt du, was das ist?"

„Nein. Es müssen wohl Schiffe sein, die im Nebel liegen."

„Nein, das ist es nicht."

„Ja, was denn sonst, Owe?"

„Das ist Kopenhagen!"

„Kopenhagen! Wirklich Owe? Das ist Kopenhagen?"

„Ja, und was du für Schiffsmasten hältst, das sind die Türme der Stadt."

Ich war wie aus einem Traum erwacht und machte große Augen.

Also endlich am Ziel meiner Seereise! Wirklich! Ich konnte es kaum fassen.

Und was sah ich denn eigentlich? Nichts als eine Menge Türme, eingehüllt in einen eigentümlichen bläulichen Nebel und aschgrauen Rauch.

Und der geheimnisvolle Dunst lag auch auf der Stadt, als wir näher kamen.

Immer nur stachen die spitzen, schlanken Türme hoch empor über dieses luftartige, qualmende Meer, versenkt darin die ganze übrige Stadt.

„Aber wie kann man dort atmen?" fragte ich Owe. „Da scheint ja gar keine rechte Luft zu sein."

„Das sieht bloß so aus", erklärte er. „Wenn man in die Stadt kommt, merkt man nichts von dem Dunst, und die Luft ist fast ebenso klar wie anderswo."

Damit gab ich mich zufrieden.

Den dichten Schleier konnte mein Blick trotz aller Anstrengung nicht durchdringen.

Ich schaute daher wieder nach der schönen Küste zur Rechten und fragte Owe, wie die einzelnen Ortschaften hießen.

Er kannte nur eine mit Namen. Es war Klampenborg. Dort in der Nähe lag, wie ich von dem großen Matrosen bereits gehört hatte, der berühmte Dyrehavsbakke.

Um aber auch die anderen Orte feststellen zu können, ging er in seine Kajüte und holte eine alte Landkarte.

Neugierig steckten wir die Köpfe hinein, verglichen die Namen mit der Richtung und konnten nun doch verschiedene Orte bestimmen, wie Rungsted, Skodsborg, Charlottenlund.

Ich prägte mir die Namen gleich fest ins Gedächtnis.

Inzwischen waren wir Kopenhagen so nahe gekommen, daß man schon die einzelnen Häuser unterscheiden konnte.

Da ward es auf einmal völlig windstill; alle Segel hingen schlaff herab.

Ich wurde ganz niedergeschlagen. Jetzt war gewiß keine Aussicht mehr, heute noch in Kopenhagen zu landen.

Wir lagen dicht an der Küste Seelands, dem königlichen Schloß Charlottenlund gegenüber.

22. Kopenhagen

Bekümmert ging ich zum Steuermann.

„Herr Steuermann, nun können wir heute doch nicht nach Kopenhagen kommen, nicht wahr?"

„Sei unbesorgt, Nonni", tröstete er mich, „in weniger als einer Stunde sind wir mitten in der Stadt."

Erstaunt schaute ich ihn an.

„Aber wir können ja nicht mehr weitersegeln; der Wind hat sich gelegt."

Statt zu antworten, zeigte er nach der Stadt hin.

„Siehst du dort auf dem Wasser das kleine, schwarze Boot, das so rasch auf uns zukommt?"

Suchend schaute ich in die gezeigte Richtung und entdeckte ein kleines, schwarzes Dampfboot, das von der Stadt herkam.

Es fuhr so schnell, daß der weiße Schaum vorn am Bug hoch in die Luft spritzte.

„Kommt das zu uns?"

„Jawohl, das ist ein Lotse."

„Ein Lotse? Was hat der vor?"

„Es will uns in den Hafen von Kopenhagen ziehen."

„Oh, das ist ja ausgezeichnet!" rief ich freudig und lief vorn bis zum Bug, um die Ankunft des Lotsen abzuwarten.

Ich war sehr neugierig, wie die ersten echten Kopenhagener aussehen würden. Die waren gewiß äußerst fein gekleidet, wahrscheinlich in Samt und Seide.

Aber wie groß war meine Enttäuschung, als das Boot neben unserem Schiff anlegte!

Die Besatzung bestand aus vier Männern, die alle schmutzige Arbeitskleider trugen. Hände und Gesicht waren schwarz von Kohlenrauch.

Ihnen gegenüber sahen wir wie Prinzen aus.

Das ist doch sonderbar! dachte ich.

Aber ich fand keine Zeit, länger darüber nachzugrübeln. Ich mußte ja sehen, was diese schwarzen Kopenhagener machen würden.

Sie grüßten ganz kurz.

Dann befestigten sie ein armdickes Tau an unserem Schiff und gaben dem Boot die Richtung zur Stadt hin.

Bald darauf dampften sie ab.

Das Tau wurde sehr straff, und unser Schiff folgte sofort in dem Kielwasser des kleinen Schleppdampfers.

Ha! Das ging aber anders voran als einige Tage vorher an der norwegischen Küste, wo wir unser Schiff gegen den Strom auf die See hinaus ruderten!

Um alles besser sehen zu können, war ich oben auf die Schiffswinde geklettert. Unsere ganze Besatzung war auf Deck.

Alsbald hörte ich hinter mir die Stimme des Steuermanns:

„So, so Nonni? Du stehst ja da hoch oben wie Olaf Tryggvason in der Seeschlacht bei Svöldr!"

„Ja, Herr Steuermann; aber jetzt halten wir auch unseren Einzug in Kopenhagen!"

Doch ich war nicht recht aufgelegt zum Spaßen; ich war allzusehr von den Wunderdingen eingenommen, die jetzt kommen sollten.

Da waren zunächst die Festung Trekroner, dann Lynetten, dann die Lange Linie.

Dieses Durcheinander von Schiffen, großen und kleinen! Diese Unzahl von Booten, die in dem weiten Hafen hin und her fuhren! Dieses Gewimmel von Menschen, die am Strand auf und ab gingen! Diese unendlichen Reihen von hohen Häusern, die wie Bergketten dastanden!

Alles dies war für mich weit neuer, als es für einen Kopenhagener Jungen wäre, wenn er plötzlich mitten in die Straßen von Peking versetzt würde. Es kam mir vor, als wäre ich vom Mond herab in eine Zauberwelt gefallen.

Ich wußte nicht mehr, ob ich wach war oder träumte.

Wirklich, das war ein Märchen, ein bezauberndes, unbeschreibliches Märchen! –

Inzwischen drehten wir nach rechts in den Neuhafen ein.

Bisher hatte ich all die fremden Schiffe, die nach Akureyri kamen, in dem weiten Fjord frei vor Anker liegen sehen.

Hier aber war dicht vor mir ein Wald von unzähligen Masten.

Nie hatte ich so viele Schiffe in so engem Raum gesehen.

Und alle diese Schiffe waren am Land festgebunden, eng zusammengepfercht, eingesperrt wie Schafe in einer Hürde.

Welch seltsamer Anblick!

Auch wir erhielten unseren Platz mitten zwischen den vielen anderen Schiffen.

Unser kleiner „Valdemar von Rönne" verschwand vollständig zwischen den unzähligen Fahrzeugen, von denen die meisten bedeutend größer waren.

Von dem freien, unendlichen Meer war nichts mehr zu sehen.

Wir lagen hier wie eingeklemmt in einem tiefen, engen Tal mit gewaltigen Häuserreihen auf allen Seiten.

Diese Häuser mit ihren rauchenden Schornsteinen kamen mir vor wie lauter kleine feuerspeiende Berge, von denen es ja in meiner Heimat so viele gibt.

Ich war sprachlos vor Erstaunen.

Und ständig stürzten neue seltsame Eindrücke auf mich ein, so daß es mir zuletzt in den Ohren summte.

Ich warf einen Blick über den Neuhafen hinaus zur Stadt hin.

Plötzlich fuhr ich zusammen.

Was war das doch für eine merkwürdige Erscheinung auf diesen mit viereckigen Steinen belegten Plätzen und Straßen? Eine Menge mächtiger Kasten rollte wie um die Wette mit ohrenbetäubendem Lärm unaufhörlich hin und her und fuhr in beängstigender Verwirrung durcheinander. Was mochte dieser Hexentanz bedeuten? Ich konnte es nicht verstehen. Noch nie hatte ich ähnliches gesehen.

Endlich brachte ich einige Fragen hervor.

„Aber Owe, was ist doch das für ein sonderbares Durcheinanderlaufen dort? Ist es ein Spiel? Oder sind die Leute verrückt geworden?"

„Das ist der gewöhnliche Straßenverkehr, Nonni. Es sind Wagen; die einen fahren hin, die anderen her."

„Wagen sind das, Owe?"

„Ja, Nonni, das sind Wagen."

„Oh, dann werden es die Wagen sein, von denen ich schon oft gelesen habe! Sehen die so aus? Das hätte ich wahrhaftig nicht geglaubt. Ich habe noch nie einen gesehen. – Aber ich verstehe nicht, wie die so schnell daherfahren können, ohne daß sie zusammenstoßen. Sie fahren ja in schrecklicher Unordnung durcheinander."

„O nein, Nonni, das sieht nur so aus. Jeder fährt in eine ganz bestimmte Richtung. Das ist alles wohl geordnet. Es gibt fast nie einen Zusammenstoß."

Owe sprach, wie wenn dies alles ganz selbstverständlich wäre. Und doch, wie sonderbar war es für mich! Ich mochte das seltsame Schauspiel betrachten, wie ich wollte, ich konnte es nicht fassen.

Aber nicht lange, da legte ich ihm wieder eine neue Frage vor.

„Owe, weshalb laufen da so viele Leute umher? Wohin wollen die alle?"

Owe mußte lachen:

„Das ist wieder der gewöhnliche Verkehr. So ist es in allen großen Städten, wo viele Leute auf den Straßen gehen."

So sprachen wir noch eine Zeitlang über Verschiedenes hin und her. Owe erklärte mir dies und jenes, was sonst für mich ein unlösbares Rätsel geblieben wäre. Zuletzt sagte er:

„So, jetzt ist unser Schiff am Kai festgebunden und die Landungsbrücke zurechtgelegt. Willst du nicht etwas ans Land gehen?"

„Ach nein, Owe, noch nicht. Ich fürchte, es könnte mir da in dem Durcheinander schlimm ergehen. Das sieht ja alles ganz lebensgefährlich aus."

Owe lachte.

„Dann bleib noch hier, Nonni, und sieh dich weiter vom Deck aus um; ich muß jetzt an meine Arbeit."

Owe ging, und ich betrachtete nun allein das Leben auf der nächsten Straße bei unserem Schiff.

Da kam ein Junge über die Straße herangelaufen.

Er blieb bei unserem Schiff stehen und besah sich das neuangekommene fremde Fahrzeug.

„Valdemar – von – Rönne", las er langsam den Namen und sagte ihn ein paarmal laut vor sich hin.

Als er auf mich aufmerksam wurde, grüßte er und nickte mir freundlich zu. Ich grüßte wieder.

Der Junge sah gutmütig und freundlich aus.

Jetzt auf einmal bekam ich Mut und Lust, ans Land zu gehen. Ich überwand meine letzten Bedenken und ging, freilich noch etwas zaudernd und zaghaft, über die Landungsbrücke.

Zum erstenmal setzte ich meinen Fuß auf dänischen Boden!

Schritt für Schritt näherte ich mich dem Jungen, blieb in einiger Entfernung vor ihm stehen und schaute ihn an.

„Guten Tag!" sagte er. „Wo kommst du her?"

„Ich komme von Island."

Der Knabe machte große Augen.

„Von Island kommst du?"

„Ja, ich komme direkt von Island."

„Weshalb bist du denn nach Island gereist?"

„Ich bin gar nicht dahin gereist. Ich bin dort geboren."

„Wie? Du bist auf Island geboren?"

Er verschlang mich fast mit seinen Augen.

„Dann bist du ja ein Isländer!"

„Natürlich."

„Nein, das hätte ich doch nicht geglaubt. Ich habe noch nie einen Isländer gesehen. Aber sag mir nun die Wahrheit: Bist du wirklich ein Isländer?"

„Ja, das bin ich."

Der Junge sah mich immer noch verdutzt an.

Doch plötzlich wandte er sich um, steckte zwei Finger in den Mund und pfiff ein paarmal laut. Dann rief er zu einigen Jungen hinüber, die auf der Straße spielten:

„Karl, Knud, Sören, Olaf, Erik, Kai, Ulf, Axel, kommt schnell hierher!

Und ihr auch", rief er zu einer anderen Gruppe, „Rolf, Harald, Helge, Ubbe, Elof, Eskil!" – es wollte mit den vielen fremd klingenden Namen gar kein Ende nehmen – „kommt doch her, alle zusammen! Etwas ganz Neues!"

„Was ist denn los?" riefen einige.

„Ein Isländer! Kommt! Hier ist er!"

Einen Augenblick schauten die Jungen einander an. Dann kamen sie wie eine Schar kleiner Küchlein auf uns zugelaufen.

Als ich sie kommen sah, wurde ich so verlegen, daß ich im Nu mich umdrehte und über die Landungsbrücke wieder auf Deck sprang.

Oben angelangt, machte ich mir Vorwürfe über mein Benehmen. Warum denn davonlaufen wie eine furchtsame kleine Maus?

Ich wußte selbst nicht, wie ich mir vorkam, und schämte mich nun eigentlich.

Aber war es nicht doch besser, daß ich wieder auf unser Schiff ging? Ich fühlte mich da doch sicherer und heimischer.

Um mich her war ja alles so neu und so fremd, und ich fürchtete beinah, daß der unbekannte, unheimliche Zauber, der von allen Seiten auf mich eindrängte, mich förmlich verschlingen würde.

Die Jungen standen noch immer auf der Straße in der Nähe des Schiffes.

„Bist du noch gescheit, Börge?" rief ein älterer Junge. „Das ist kein Isländer. So junge Isländer kommen nie hierher. Er ist vielleicht ein Schwede oder Norweger. Aber ein Isländer? Wie kannst du doch so etwas glauben!"

„Doch, er ist ein Isländer. Er hat es selbst gesagt."

„Zu wem denn?"

„Zu mir, eben vorher."

„Und du hast dir den Bären aufbinden lassen?" spottete der Große.

Nach und nach kamen immer mehr Jungen herbei, und alle schauten nur auf mich.

„Was gibt's denn da?" hörte ich bald den einen, bald den anderen fragen, und einer antwortete darauf:

„Oh, der Börge bildet sich ein, der Kleine da oben auf dem Schiff sei ein Isländer."

Ich konnte gar nicht begreifen, was die Jungen so Merkwürdiges daran fanden, daß ich ein Isländer sei.

Mir wurde allmählich etwas unheimlich zumute.

Und als ich sah, daß der Auflauf ständig größer wurde, flüchtete ich in die Kajüte, um mich dort in Sicherheit zu bringen.

Unterwegs begegnete ich Owe.

„Wo gehst du hin, Nonni?" fragte er.

„In die Kajüte."

„Aber warum denn?"

„Weil die Jungen mich so eigenartig anschauen."

Owe warf einen Blick auf die Jungen und sagte:

„Nonni, du brauchst nicht bange zu sein. Geh nur zu ihnen; sie werden dir nichts tun."

Meine Furcht war verschwunden, und ich bekam Lust, Owes Rat zu befolgen. Doch wagte ich nicht recht, allein hinunterzugehen.

„Willst du nicht mitkommen", bat ich ihn, „und am Anfang dabei sein?"

„Wenn du das wünschst, gern", erwiderte er.

Owe begleitete mich über die Landungsbrücke.

Als wir auf die Straße kamen, wurden die Jungen still.

Der größere von ihnen fing zuerst an zu reden und sagte zu Owe: „Ist es wahr, ist der Junge da ein Isländer?"

„Ja, das ist er."

„Ist das wirklich wahr?"

„Ja, ganz bestimmt. Wir kommen direkt von Island, und ich bin selbst in seinem Hause gewesen und habe mit seiner Mutter gesprochen."

„Nun, dann ist es auch wahr", meinten alle.

Jetzt stellten sie sich im Kreis um uns herum.

224

„Aber ich muß nun wieder an Bord gehen", sagte Owe zu mir;
„bleib du nur hier und spiele mit den Kindern."
Owe ging, und ich blieb.
Die Kinder betrachteten mich von Kopf bis zu den Füßen. Und
ich stand vor ihnen, noch immer befangen, suchte sie aber fest
anzuschauen.
Plötzlich rief einer:
„Da schaut mal, was für Schuhe er anhat!"
Im Nu waren alle Augen auf meine kleinen isländischen Schaf-
lederschuhe gerichtet.
„Was hast du da an deinen Füßen?" fragte der Große. „Hat
man solche Schuhe auf Island?"
„Ja", antwortete ich verlegen und suchte vergebens meine
Füße zu verbergen.
Jetzt wurde über meine Fußbekleidung hin und her gespro-
chen, bis keiner mehr etwas darüber zu sagen wußte.
Dann fragte einer:
„Wie heißt du?"
„Ich heiße Nonni."
„Nonni?" wiederholten sie und schauten einander an.
„Das ist aber ein sonderbarer Name", bemerkte einer, „den
habe ich noch nie gehört."
„Es muß wohl ein isländischer Name sein", meinte ein anderer;
„er lautet doch gar nicht dänisch."
„Natürlich", nahm ein Dritter das Wort, „die Isländer müssen
doch ihre eigenen Namen haben."
Um nicht die ganze Zeit schweigend dazustehen, redete ich sie
an: „Und wie heißt ihr?"
Der Große antwortete:
„Ich heiße Ragnar."
Dann nannte er mir die Namen der anderen, indem er auf jeden
mit dem Finger zeigte:
„Der dort heißt Knud, und der Sören, und der da Olaf, und der
heißt Aage, der Erik, der Torben, und der Ulf, und der Ubbe,
und der Kai, und der Axel, und der Elof, und der Harald, und
der..." So stellte er mir einen um den anderen vor.
Wie seltsam klangen doch die Namen dieser Jungen!
Ragnar wandte sich wieder zu mir:

„Hör, Nonni, willst du nicht mit uns spielen?"

„O ja, sehr gern."

„Was für ein Spiel kannst du denn!"

„Ich kann nur isländische Spiele."

„Das habe ich mir gedacht. Und wir können nur dänische. Kannst du Bockspringen?"

„Was ist das?"

„Weißt du das nicht einmal?"

„Nein, das Spiel kenne ich nicht."

„Gut, dann wollen wir es dir zeigen."

Im Augenblick hatten sich die Jungen in einer Linie hintereinander aufgestellt.

Knud mußte den „Bock" machen.

Er stellte sich, gebückt und die Hände auf die Knie gestützt, einige Schritte weiter vorn hin.

Dann sprangen der Reihe nach alle mit gespreizten Beinen und mit beiden Händen, sich auf Knuds Rücken stützend, über ihn weg.

Wie schnell das zuging!

Ich paßte genau auf und hatte großen Spaß daran.

„Nun spring du auch, Nonni!" riefen sie alle, als sie fertig waren.

Ich nahm einen ordentlichen Anlauf, sprang auf den „Bock", und – plumps! flogen wir beide aufs Pflaster.

Alle lachten laut auf!

„Habe ich dir weh getan?" fragte ich den kleinen Knud.

„Oh, was denkst du denn! Im Gegenteil!" antwortete er und lachte gerade hinaus. Es sollte, glaube ich, ein Witz sein.

„Da braucht man nicht zu lachen", wies Ragnar die anderen zurecht. „Nonni hat eben das Bockspringen noch nicht gelernt."

Damit faßte er mich bei der Hand und führte mich an einen der dicken Holzpfähle, woran die Schiffe festgebunden werden. Sie ragten ein paar Fuß hoch aus dem Pflaster hervor.

„So, jetzt will ich es dich lehren, Nonni", sagte er. „Dieser Bock fällt nicht um."

Dann übte er mich an den Pfählen ein, und in fünf Minuten konnte ich das Bockspringen gerade so gut wie die anderen.

Nun war alle Verlegenheit fort, und ich fühlte mich bald ganz heimisch.

Als wir eine Zeitlang so gespielt hatten, lief die ganze Schar plötzlich in eine anstoßende Straße, und ich mit hintendrein.

Da bot sich mir ein Anblick, der mir angst und bange machte.

Ich stand zum erstenmal ganz in der Nähe eines jener Fuhrwerke, die mich vorher auf dem Schiff von weitem schon in so gewaltiges Erstaunen versetzt hatten.

Es war ein großer Frachtwagen.

Jetzt erst sah ich die fürchterlichen Riesentiere, die davorgespannt waren.

Ich erschrak dermaßen, daß ich mich in meiner Angst zu einem Jungen flüchtete und fest an ihn klammerte.

„Was ist denn los, Nonni?" fragte er verwundert.

Ich zeigte auf die zwei großen Pferde.

Der Knabe konnte meine Furcht nicht begreifen.

„Hast du denn noch nie ein Pferd gesehen?"

„Nein, so ungeheure Tiere habe ich nie gesehen."

Der Junge lachte, stellte sich vor das eine Pferd hin und patschte ihm mit der Hand auf die Brust.

Ich war erstaunt über seinen Mut und über die Gutmütigkeit des gewaltigen Tieres.

Es biß nicht und schlug nicht aus, sondern sah uns ganz sanftmütig mit seinen großen Augen an.

„Gibt es denn in Island keine Pferde?"

„Doch, sehr viele; aber sie sind nicht halb so groß wie diese."

Noch lange betrachtete ich aufmerksam die riesigen Pferde, und meine Furcht vor ihnen schwand nach und nach.

Ich ging mit meinen Freunden noch ein Stück, da begegnete mir ein neues Wunder.

Es kam eine alte Frau auf uns zu. Sie trug zwei große Körbe, an jedem Arm einen.

In den Körben lag eine Menge prachtvoller Kugeln, ungefähr von der Größe eines Handballes. Sie glänzten in den schönsten roten und gelben Farben.

Was konnte das wohl sein?

Ich blieb stehen, zeigte auf die Körbe und sagte zu meinem Begleiter:

„Was sind denn das für Bälle?"
Der Knabe schaute mich verwundert an und sagte:
„Aber Nonni, das sind doch keine Bälle! Das sind doch Äpfel!
Hast du denn noch nie Äpfel gesehen?"
„Äpfel! – Sind das Äpfel?"
„Ja, kennst du wirklich keinen Apfel?"
„Nein, ich habe noch nie Äpfel gesehen. Ich kenne sie nur von
der biblischen Geschichte. – Sind das also Äpfel, wie sie Adam
und Eva im Paradies gegessen haben?"
„Ja, natürlich!"
„Was macht denn die Frau damit?"
„Sie verkauft sie."
„Verkauft man wirklich Äpfel hier auf der Straße?"
„Selbstverständlich! Ist denn daran etwas so Merkwürdiges?"
„Ja, das ist mir ganz neu."
Wirklich, ich konnte es einfach nicht begreifen.
Äpfel! – Das muß doch das Kostbarste sein, was man sich den-
ken kann.
Ich sah diese Frucht für etwas Wunderbares und Heiliges an
und verstand nicht, wie eine alte Frau sie öffentlich auf der
Straße umhertragen und gar noch verkaufen konnte!
Sollte man wirklich Äpfel von derselben Art wie die des Para-
dieses verkaufen? – Das kam mir vor wie eine Entheiligung.
„Willst du dir nicht einen kaufen?" sagte der Junge mit einem
einladenden Blick zu dem Korb hinüber.
„Ich weiß nicht, ob ich soviel Geld habe. Die sind wohl sehr
teuer."
„O nein, jetzt sind sie nicht teuer."
„Kostet einer mehr als einen Taler?"
Der Knabe lachte und rief die Frau her.
Sie kam sofort auf uns zu, nahm zwei der schönsten Äpfel aus
dem Korb und bot sie uns zum Kauf an.
Etwas zögernd nahm ich meinen Geldbeutel aus der Tasche,
gab der Frau einen Taler und hielt mich bereit, noch mehr zu
zahlen, wenn sie es verlangte.
Sie reichte mir die beiden Äpfel, nahm den Taler zwischen die
Zähne und gab mir zu meiner Verwunderung eine ganze An-
zahl Geldstücke zurück.

228

Ich zählte nach und entdeckte, nicht wenig erstaunt, daß ich fast all mein Geld wiederbekommen hatte. Es fehlten nur einige Pfennige daran.

„Kosten sie denn nicht mehr?" fragte ich.

„Nein, Kleiner", antwortete die Frau und ging weiter.

Ich steckte die Äpfel vorsichtig in die Tasche.

Als ob ich wunder was für Schätze erobert hätte, begab ich mich ganz stolz auf den Weg zum Schiff zurück, nicht rechts und nicht links schauend.

Gleich stieg ich in die Kajüte hinab. Sie war leer. Ich schloß sorgfältig die Tür und setzte mich an den Tisch.

Dann nahm ich die Äpfel aus der Tasche und betrachtete sie lange.

Wie schön sahen sie doch aus!

Ich konnte nicht begreifen, daß Eva beim Anblick so köstlicher Früchte in Versuchung geriet.

Zum erstenmal in meinem Leben sollte ich nun einen Apfel essen!

Ich nahm mein Taschenmesser und schnitt ein Stück ab.

Ein erwartungsvoller Augenblick!

Dann steckte ich es in den Mund. –

Aber ach! Wie war ich enttäuscht!

Kaum hatte das Stück meine Zunge berührt, da fühlte ich einen solchen Widerwillen, daß ich es schnell wieder aus dem Munde nahm.

Der Geschmack ekelte mich förmlich.

Ich machte einen neuen Versuch mit dem anderen Apfel, und wieder war es das gleiche.

Nein, das hätte ich doch nicht gedacht.

Aber daran mußte ich glauben: Äpfel waren für mich ungenießbar. Oder mußte man sie vielleicht anders essen, als ich es tat? Ich steckte Äpfel und Messer in die Tasche und ging auf Deck.

Da begegnete mir mein Freund, der Matrose mit dem kranken Bein.

„Ah! Nonni, bist du da! Gut, daß ich dich treffe. Gerade wollte ich dich aufsuchen und glaubte schon, du wärest vielleicht ans Land gegangen. Ich habe nämlich etwas für dich gekauft."

„Sie sind doch allzu gut", antwortete ich; „hoffentlich haben Sie meinetwegen nicht zuviel Geld ausgegeben."

„Nein, das habe ich nicht; es ist nur eine Kleinigkeit."

Ich mußte nun mit ihm nach vorn gehen.

Dort lag auf einem Stuhl eine große Tüte. Er nahm sie und sagte:

„Schau, Nonni. Du warst während meiner Krankheit immer so gut zu mir. Nun bitte ich dich, nimm diese kleine Gabe als Zeichen meiner Dankbarkeit."

Er überreichte mir die Tüte. Sie war voll von – Äpfeln und Birnen!

Ich war ganz gerührt von dem Geschenk des Matrosen und hütete mich, ihm etwas von meinen Kostproben in der Kajüte zu erzählen.

Ich tat also, was sich geziemte, und dankte ihm von Herzen.

„Ich habe gerade Äpfel und Birnen gekauft", erklärte er mir, „weil sie gesund sind und weil Kinder sie immer gern essen."

Ich mußte mich ordentlich zusammennehmen, daß er nichts merkte.

Schließlich hatte ich nur noch *eine* Furcht: er könnte mich auffordern, von den Äpfeln und Birnen gleich zu essen.

Um dem vorzubeugen, sagte ich:

„Ich will jetzt mit den schönen Früchten ans Land gehen, und ich werde wohl bald keine mehr davon haben."

„Ja, tu das", antwortete der Matrose arglos.

Es tat mir leid, ihn so beschwindeln zu müssen; aber ich tat es ja nur, um ihn nicht zu betrüben.

Mein Plan war schon gefaßt: ich wollte den Inhalt der Tüte an meine neuen Freunde verteilen.

Auf der Straße begegnete ich den anderen Matrosen, die eben aus der Stadt zurückkehrten.

„Sieh, da kommt ja unser kleiner Isländer!" riefen sie mir freundlich entgegen.

Und kaum daß ich mich versah, füllten sie mir mit größter Freigebigkeit alle meine Taschen mit – Äpfeln und Birnen!

Ich dankte auch ihnen für ihre große Freundlichkeit und eilte dann, schwer beladen mit den „leckeren" Früchten, in die nächste Straße, wo die Jungen noch miteinander spielten.

Wie aus einer Kehle schrien sie alle, als sie mich erblickten:
„Der Isländer! Nonni! Nonni! Komm her!"
Gleich rief ich ihnen zu:
„Mögt ihr gern Äpfel?"
„O ja!" erwiderten sie freudig, und im Nu war ich von ungefähr
einem Dutzend Knaben umringt.
Ich begann auszuteilen.
„Aber jeder nur einen!" rief ich, da ich bemerkte, daß einige,
die ihren Teil schon hatten, zum zweitenmal die Hand her-
streckten.
„Nachher gibt's mehr!"
Ich gab genau acht, wie sie die Früchte aßen.
Keiner nahm ein Messer; jeder biß einfach von seinem Apfel
ab, und im Handumdrehen waren sie fertig.
„Sind sie gut?" fragte ich.
„Und wie! Danke schön, Nonni, danke schön!"
Dann kamen die Birnen an die Reihe.
Ich versuchte eine und machte es genau wie die Jungen.
Aber es half nichts; ich mußte auch sie fortwerfen wie vorher
die Äpfel.
Einer der Jungen sah es und fragte:
„Warum ißt du deine Birne nicht?"
„Sie schmeckt mir nicht."
„Warum denn nicht?"
„Das weiß ich selbst nicht."
„Magst du denn Äpfel und Birnen überhaupt nicht?"
„Nein. Ich habe noch nie einen Apfel oder eine Birne gegess-
sen."
Die Jungen schauten sich erstaunt an.
„Gibt es denn auf Island kein Obst?"
„Nein."
„Ja dann!"
Nun gab ich den Jungen auch fast alle meine Birnen. Nachdem
alles verspeist war, sagte Ragnar:
„Jetzt müssen wir dem Isländer auch etwas geben."
„Ja, das ist wahr", stimmten alle bei.
„Ißt du gern Kuchen?" fragte er.
„O ja."

„Napoleonskuchen?"

„Den kenne ich nicht."

„Komm, ich will dir einen zeigen."

Er führte mich, die anderen natürlich alle hintendrein, zu einer Konditorei und zeigte mir im Schaufenster einen Kuchen, der aus mehreren Schichten bestand und dazwischen mit Creme, Zucker und Eingemachtem gefüllt war.

Mir lief das Wasser im Munde zusammen.

„Nun, was meinst du zu dem?"

„Der scheint mir sehr gut zu sein."

„Wollen wir ihm einen Napoleonskuchen kaufen?"

„Ja, einen Napoleonskuchen!" riefen alle durcheinander.

„Gut, dann wollen wir einsammeln."

Bald hatte Ragnar zehn Pfennige beisammen, ging mit mir in den Laden und kaufte ein Stück Napoleonskuchen.

Als wir wieder draußen waren, wollte ich, den Kuchen vorsichtig in der Hand tragend, gleich aufs Schiff gehen.

Da baten mich aber die Jungen, ihn doch gleich zu essen.

Ich ließ mich nicht lange nötigen.

„Nun, wie schmeckt er?"

„Großartig! Noch nie habe ich so was Feines gegessen."

„Napoleonskuchen sind aber auch die besten!" meinte ein Kleiner.

Bald merkte ich, daß einige von den Jüngeren auch gern solche Kuchen hätten.

Großmütig sagte ich daher zu der ganzen Schar:

„Wollt ihr auch Napoleonskuchen! Ich kaufe jedem einen."

„Ja, Nonni, tu das!" baten die Kleinsten.

„Nein, nein!" rief einer, der ungefähr so alt war wie ich und Harald hieß, „tu das nicht, Nonni."

„Schämt euch doch", sagte er dann zu den anderen; „erst hat er uns alle seine Birnen und Äpfel gegeben, und nun soll er noch Kuchen für uns kaufen? Ihr solltet euch schämen, so was zu verlangen."

„Nein, Nonni", wandte er sich an mich, „du darfst nichts für uns kaufen."

„Ja, der Harald hat recht", stimmten ihm die Größeren bei.

Harald nahm mich nun beiseite und sagte:

„Nonni, so etwas darfst du nie tun. Du mußt dein Geld behalten. Meine Eltern sagen immer, kleine Kinder dürfen nicht soviel Geld ausgeben, das sei gefährlich, besonders hier in Kopenhagen.

Im Sommer war auch ein fremder Junge hier. Er war ungefähr so groß wie du und kam auch auf einem kleinen Schiff. Der hatte drei Taler in seinem Geldbeutel und gab sie alle in zwei Tagen für Näschereien aus."

„Ist das möglich, Harald?"

„Ja, Nonni, und dann hatte er gar nichts mehr."

Eine Weile noch erzählten wir miteinander, dann aber war es Zeit für mich geworden zu gehen.

Ich dankte Harald herzlich für seinen guten Rat und nahm Abschied.

Auf dem Weg zum Schiff dachte ich über seine Worte nach. Diese große Stadt war nicht nur ein herrliches Abenteuer. Hinter den schönen Dingen lauerten auch viele Gefahren, die ich nicht kannte. Ich mußte lernen, vorsichtig zu sein.

An Bord suchte ich zuerst Owe auf. Er war, wie gewöhnlich, in der Kombüse.

„Nonni", redete er mich an, als ich zur Tür hineintrat, „du hast ja noch gar nicht zu Mittag gegessen. Es ist höchste Zeit, daß du etwas ißt."

Und wehmütig fügte er hinzu:

„Das wird dein letztes Mittagessen an Bord sein."

Auch ich wurde bei diesem Gedanken traurig.

„Aber es ist doch eigentlich sonderbar", sagte ich zu Owe, „ich fühle heute noch gar keinen Hunger."

„Das kann ich gut verstehen; das kommt daher, weil du heute so viel Neues erlebst. Aber es ist dennoch besser, du ißt etwas. Ich werde dir das Mittagessen gleich in die Kajüte bringen."

„Du bist sehr freundlich, Owe. – Aber erlaube mir eine Frage: „Ißt du gern Äpfel und Birnen?"

„Ja."

„Gut, da habe ich dir einige mitgebracht."

Ich leerte meine Taschen und schenkte ihm alles Obst, das ich noch hatte.

„Aber etwas mußt du für dich behalten", wehrte er.

„Nein, ich kann nichts davon essen."
Owe wunderte sich darüber ebenso wie vorher die Jungen.
Gleich darauf brachte er das Essen.
Als ich fertig war, kam Kapitän Foß.
„Wie? Du ißt jetzt erst zu Mittag! Es ist ja schon bald Zeit zum Abendessen!"
„Ich habe nicht ans Essen gedacht, Herr Kapitän. Ich habe mich die ganze Zeit so gut unterhalten."
Lächelnd gab er zur Antwort:
„Freilich, es ist ja das erstemal, daß du in Kopenhagen bist. – Aber sag mal, Nonni, hast du deine Sachen zusammengepackt?"
„Jawohl, Herr Kapitän."
„Gut, dann lasse ich deinen Koffer noch heute abend in deine zukünftige Wohnung in der Stadt bringen. Sie ist nicht weit von hier."
„So, ist sie in der Nähe?"
„Ja, in der ersten Straße, am Neuen Königsmarkt, kaum fünf Minuten weit. Dort wohnt der Präfekt Grüder, bei dem du bis zu deiner Fahrt nach Frankreich bleiben sollst."
„Wissen Sie, wie lange das dauern wird?"
„Nein, das weiß ich nicht. Aber es wird gewiß eine gute Zeit dauern; denn Frankreich ist überschwemmt von deutschen Truppen. Solange Krieg ist, kannst du nicht reisen."
„Wie lange, glauben Sie, wird der Krieg noch dauern?"
„Das ist schwer zu sagen, mein Junge. Doch wollen wir hoffen, daß es zwischen Frankreich und Preußen nicht so lange gehen wird."
Bei diesen Worten wurde ich sehr nachdenklich.
Der Kapitän merkte es und sagte:
„Sei ohne Sorge, Nonni. Es ist allerdings möglich, daß du etwa ein Jahr in Kopenhagen bleiben mußt; aber das ist ja kein großes Unglück."
„Nein, das glaube ich auch nicht, Herr Kapitän. Bis jetzt gefällt mir Kopenhagen sehr gut, besonders die Kinder, die sind so freundlich zu mir."
„So? Bist du schon bei ihnen gewesen?"
„Oh, ich habe mit ihnen Bock gesprungen, und dann habe ich

ihnen Äpfel gegeben, und sie haben mir einen Napoleonskuchen gekauft!"

„Einen Napoleonskuchen?" sagte der Kapitän und lachte. „Das ist ja ganz großartig! Da glaube ich freilich, daß du die Kinder in dein Herz geschlossen hast und ganz Kopenhagen mit."

Dann aber fuhr er etwas ernster fort:

„Diese Nacht, Nonni, wirst du noch hier auf dem Schiff schlafen. Morgen früh bringe ich dich dann zu Herrn Gisli Brynjulfsson draußen bei den Seen. Zu ihm sollst du ja zuerst gehen. Er wird dich dann zu dem Präfekten in der Breitstraße führen.

So, und jetzt laß es dir noch gut gefallen hier", schloß er und ging.

Ich nahm meine Papiere hervor und setzte mein Tagebuch fort.

Erst warf ich einen flüchtigen Blick auf die vielen Seiten, die ich schon während meiner langen Seereise geschrieben hatte; dann schrieb ich bis zum Abend weiter.

Als ich mich ganz müde geschrieben hatte, trat Owe in die Kajütentür und sagte:

„Nonni, willst du mit mir und einem Matrosen in die Stadt gehen?"

„Sehr gern", erwiderte ich und packte alle meine Papiere zusammen.

Dann nahm ich meine Mütze und ging mit Owe auf Deck, wo der Matrose auf uns wartete.

Die Straßenlaternen waren schon lange angezündet.

Wir gingen über die Landungsbrücke und wandten uns links zur Stadt hin.

Als wir zur ersten Laterne kamen, sagte Owe:

„Siehst du jetzt, Nonni, daß das Licht da ohne Docht brennt?"

Ich blieb stehen und schaute zu der brennenden Gasflamme hinauf.

„Nein, das ist doch nicht möglich", sagte ich. „Es ist gewiß ein Docht da, ich kann ihn nur von unten nicht sehen."

Da packte mich der Matrose und hob mich in die Höhe.

„Stell dich auf meine Schultern", sagte er, „und sieh dir mal genau die Flamme an, die aus dem Röhrchen kommt."

Ich umfaßte mit beiden Händen den Laternenpfahl, setzte die Füße auf die Schultern des Matrosen und kam so bis an das Licht.

Nun sah ich aber genau zu. Und wirklich, es war so, wie man mir gesagt hatte.

„Ja, Sie haben recht; es ist kein Docht da."

Dann setzte der Matrose mich wieder auf den Boden.

Dieses Licht war für mich wieder eine große Merkwürdigkeit, ja das reinste Wunder.

Wir gingen weiter und kamen zu einem großen Platz.

Hier blieb der Matrose stehen; denn es war ein dichtes Gedränge, und viele Menschen strömten aus einer breiten Seitenstraße zur Rechten.

„Wie heißt dieser Platz?" fragte ich.

„Das ist der Neue Königsmarkt, der Mittelpunkt von ganz Kopenhagen", antwortete der Matrose.

Kaum hatte er dies gesagt, da kam aus der Straße ein anderes Wunder.

Das Ding glich einem gewaltigen, länglichen Kasten, und es sah aus, als ob er aus lauter glänzendem Kristall gebaut wäre.

Er warf so grelle Lichtstrahlen nach allen Seiten, daß ich fast geblendet wurde, und drinnen saß eine Menge Herren und Damen.

Man hörte nur ein schwaches Läuten, sonst glitt der Kasten lautlos an uns vorüber wie ein Boot, das auf dem Wasser fährt.

Ich konnte mir gar nicht denken, was das sei.

Aber schon war auch die strahlende Erscheinung vorbei und zwischen den Menschen auf dem großen Platz verschwunden.

Mir pochte das Herz, und ganz außer mir, fragte ich den Matrosen:

„Um Gottes willen, was war doch das?"

„Ich glaube gar, Nonni, du hast Angst bekommen vor dem Wagen", antwortete der Matrose. „Das war doch nur ein Pferdebahnwagen."

„Aber das war doch kein Wagen. Der hatte ja gar keine Räder, und man hörte ihn nicht fahren; er hat nur geläutet."

„Doch, Nonni, er hatte ganz kleine Räder und lief auf Schienen."

„Schienen? Was ist denn das?"

Der Matrose zeigte mir die Schienen auf der Straße. Ich kannte mich gar nicht mehr wieder vor Staunen und Bewunderung.

„Aber in dem Kopenhagen gibt es merkwürdige Sachen!" wandte ich mich mit großen Augen zu Owe. „Nicht wahr, Nonni, da schaust du! Aber warte nur, du wirst dich bald daran gewöhnen."

Wir gingen weiter über den Platz.

Als wir in die Mitte kamen, blieb ich plötzlich erschrocken stehen.

„Owe! Owe!" rief ich und schaute in die Luft. „Was ist denn das? Da oben reitet ja ein Mann auf einem furchtbar großen Pferde!"

Owe und der Matrose lachten beide hell auf.

„Seid doch ruhig, Nonni! Das ist ja bloß eine Reiterstatue", erklärte Owe. „Die lebt nicht; sie ist nur gegossen aus Metall."

„Was? Die ist nur gegossen?" fragte ich noch ganz verdutzt. „Ich glaubte wirklich, sie sei lebendig! Ich habe noch nie eine solche Statue gesehen."

Ermutigt durch die Versicherung Owes, daß Roß und Reiter nicht lebendig seien, betrachtete ich sie neugierig von allen Seiten.

„Ist dieses Tier auch wirklich ein Pferd?" fragte ich Owe.

„Gewiß, Nonni."

„Aber warum sieht es denn nicht so aus wie die Pferde, die auf der Straße laufen?"

„Das kommt daher, weil es so alt ist. Früher wurden die Pferde so gemacht.

Komm, wir gehen jetzt dort hinüber in die Östergade. Das ist eine der schönsten Straßen von Kopenhagen."

Am Eingang zur Straße stand ein Mann an einem eigentümlichen kleinen Wagen, auf dem ein Feuer brannte.

Er wandte sich an Owe und mich und lud uns ein, seine Apfelkuchen zu kosten. „Komm doch, kleiner Seemann! Komm, mein Junge!" redete er Owe und mich freundlich an. „Hier gibt's die Apfelkuchen in Kopenhagen, die am besten sind. Sie sind fertig, ganz warm und mit Zucker bestreut. Kommt doch und nehmt ein paar mit!"

Damit reichte er mir auf einem niedlichen Teller zwei schöne, warme Apfelkuchen.

„Was doch die Kopenhagener für gastfreie und freundliche Leute sind!" dachte ich.

Ich nahm das Tellerchen an, gab dem guten Manne die Hand und dankte ihm herzlich.

Owe und der Matrose schlugen das freundliche Anerbieten ziemlich trocken ab, gingen einige Schritte weiter und blieben stehen.

Ich wunderte mich darüber sehr und konnte mir gar nicht denken, warum sie nicht auch Kuchen essen wollten.

Mir schmeckten sie vorzüglich, und bald war ich damit fertig.

Dann zog ich meine Mütze ab, dankte dem Mann nochmals für seine Gabe und wandte mich zum Gehen.

Aber kaum hatte ich einen Schritt getan, da faßte mich der „Gute Mann" beim Arm.

„He! Kleiner, das Bezahlen nicht vergessen!"

„Bezahlen? Muß ich bezahlen?"

„Hoffentlich!" lautete es jetzt ziemlich unfreundlich. „Glaubst du denn, ich teile meine Apfelkuchen umsonst an die Leute aus?"

Diesmal erschrak ich zwar nicht, aber ich war doch gewaltig enttäuscht, und meine hohe Meinung von der Gastfreiheit der Kopenhagener war stark gesunken.

Ich mußte mit meinem Geldbeutel heraus und dem Mann ein paar Pfennige zahlen.

Er nahm sie, ohne Dank zu sagen.

Etwas kleinlaut lief ich zu Owe und dem Matrosen.

Beide konnten ein Lachen nicht unterdrücken.

Doch der Matrose schaute mich freundlich an und entschuldigte sich:

„Nimm uns das nicht übel, Nonni. Wir wollten dich nur etwas auf die Probe stellen und sehen, was du machst. Solche Erfahrungen schaden nichts. Du wirst dafür ein andermal besser aufpassen."

238

„Oh, ich nehme euch das nicht übel."

Eine Weile noch setzten wir unseren Spaziergang durch die hellerleuchtete Östergade fort.

Dann kehrten wir auf das Schiff zurück und legten uns bald zur Ruhe.

Es war meine letzte Nacht auf „Valdemar von Rönne".

Nie war ich mit so vielen und mannigfachen Eindrücken zu Bett gegangen wie an diesem Abend.

Lange konnte ich nicht einschlafen.

Meine Gedanken waren zu lebhaft beschäftigt mit allem, was ich tagsüber gesehen und auf der langen Reise erlebt hatte.

Unermüdlich trieben sie selbst im Schlaf noch ihr geisterhaftes Spiel in meinem Kopfe.

So träumte ich die ganze Nacht hindurch die wunderlichsten Dinge.

Ich fuhr in einem strahlenden Kristallwagen durch lichte Buchenwälder, und an allen Zweigen hingen Napoleons- und Apfelkuchen.

Plötzlich verwandelte sich der schöne Wald in eine blendend- weiße Schneelandschaft, wo viele kleine Bären über die auf- rechtstehenden Eiszapfen Bock sprangen.

Auf einmal war wieder alles verändert.

Die ganze Landschaft wurde zu einem wogenden, schäumen- den Meere, und die Eisbären schwammen darin wie weiße Mö- wen munter umher.

Dann wieder wurde der Wagen in ein Schiff verwandelt, und ein großer englischer Segler fuhr plötzlich neben uns her. Der Kapitän rief mit gewaltiger Stimme zu uns herüber...

Ich fuhr auf und schaute mich um.

Es war Morgen.

Der fremde Kapitän aber war kein anderer als Kapitän Foß, der sich bemühte, mich aus meinem tiefen Schlaf zu wecken.

„Steh auf, Nonni, und zieh dich an! Wir gehen dann zusammen zu Herrn Gisly Brynjulfsson."

Bald war ich fertig und trank zum letztenmal meinen Morgen- kaffee in der kleinen, vertrauten Kajüte des „Valdemar von Rönne".

Dann ging ich auf Deck und nahm herzlichen Abschied von der

Besatzung, besonders von meinen zwei guten Freunden, dem Steuermann und dem kranken Matrosen.

Die Tränen standen mir in den Augen, als ich scheiden mußte von den guten Menschen, die ich während der langen Reise so liebgewonnen hatte.

Dann kam der Abschied von Owe, meinem liebsten Freund.

„Es tut mir so leid, daß ich jetzt von dir scheiden muß, Owe. Auf der ganzen Reise warst du immer so gut und liebevoll zu mir. Ich danke dir von Herzen dafür und wünsche dir alles Gute."

„Du hast mir nichts zu danken, Nonni. Ich habe dir nicht mehr Liebe erwiesen als du mir. Es tut auch mir leid, daß ich von dir scheiden muß. Wir sind ja so gute Freunde geworden."

„Doch bevor wir uns trennen, Owe, habe ich noch eine Bitte an dich. Wenn du nächstes Jahr nach Island fährst, kannst du dann meine Mutter besuchen und ihr einen Gruß von mir bringen? Erzähle ihr, wie froh ich bin und wie gut es mir geht. Sag ihr auch, daß ich alle ihre guten Ratschläge und Ermahnungen halten will."

„Ja, das will ich gern tun, Nonni."

Seine Augen füllten sich mit Tränen.

„Nun komm, Nonni!" rief der Kapitän. „Seid ihr noch nicht fertig mit eurem Abschied?"

„Ich komme gleich, Herr Kapitän!"

Owe und ich drückten uns zum letztenmal die Hand.

Mit schwerem Herzen verließ ich das kleine Bornholmsche Schiff, wo ich so glückliche Tage verlebt und das mich so sicher den langen, gefahrvollen Weg über das Meer getragen hatte.

Und dann ging ich mit Kapitän Foß durch die Straßen Kopenhagens auf die Dossering zu.

Meine Seereise war zu Ende.

In der glänzenden Großstadt am Öresund sollte nun für mich ein neues Leben beginnen.